O Sintoma-Charlatão

Campo Freudiano no Brasil

Coleção dirigida por Jacques-Alain e Judith Miller
Assessoria brasileira: Angelina Harari

O SINTOMA-CHARLATÃO

Textos reunidos pela
Fundação do Campo Freudiano

Jorge Zahar Editor
Rio de Janeiro

Título original:
Le symptôme-charlatan

Tradução autorizada da primeira edição francesa, publicada em 1998 por Éditions du Seuil, de Paris, França (textos em espanhol traduzidos diretamente desta língua; textos em português publicados a partir do original)

Jorge Zahar Editor Ltda.
rua México 31 sobreloja
20031-144 Rio de Janeiro, RJ
tel: (021) 240-0226/fax: (021) 262-5123

CIP-Brasil. Catalogação-na-fonte
Sindicato Nacional dos Editores de Livros, RJ.

S625 O sintoma-charlatão/textos reunidos pela Fundação Campo Freudiano. — Rio de Janeiro: Jorge Zahar Ed., 1998 (Campo Freudiano no Brasil)

Tradução de: Le symptôme-charlatan
Inclui bibliografia
ISBN 85-7110-470-0

1. Psicopatologia. 2. Psicanálise. 1. Fundação Campo Freudiano. II. Série

CDD 616.8917
98-0992 CDU 616.89

Sumário

Apresentação

Os autores dos textos reunidos neste volume são psicanalistas membros das cinco Escolas do Campo Freudiano, reunidas na Associação Mundial de Psicanálise (AMP): École de la Cause Freudienne (França, Bélgica), Escuela del Campo Freudiano de Caracas (Venezuela, Colômbia, Equador), École Européenne de Psychanalyse (Espanha, Itália), Escuela de la Orientación Lacaniana (Argentina) e Escola Brasileira de Psicanálise (Brasil).

Como a Fundação do Campo Freudiano, que se encarregou através de minha pessoa da escolha daqueles a quem solicitar uma contribuição para um volume como tal, decidiu se dirigir a estes e não a outros membros da AMP?

No momento em que dentro de cada uma dessas Escolas está instituído o dispositivo do passe, pareceu-me, bem como àqueles juntos aos quais me aconselhei, que se impunha que eu solicitasse aos AE (Analistas da Escola) nomeados que contribuíssem para o volume que tradicionalmente, desde 1982, desbrava o tema do Encontro internacional seguinte. Essa nomeação os convoca com efeito para um lugar singular, do qual se espera uma transmissão.

Esse primeiro critério, a nomeação de um AE durando atualmente três anos, fornece a moldura de uma fotografia exata do Campo Freudiano hoje: conjunto vazio, onde inscrevem seu trabalho todos aqueles que estimulam suas instâncias de ensino, de estudo e de pesquisa.

Esse conjunto dedicado à reconquista do campo freudiano, segundo a expressão de Jacques Lacan, supõe iniciativas sempre novas, da qual ele não é, muito felizmente, a única fonte. Atualmente são numerosos os grupos jovens que, de Ierevân a Cidade da Guatemala, de Havana a Cracóvia, de Chisinau a Eliti, contam com o sopro da Fundação do Campo Freudiano que anima o archote de seu desejo decidido, encontrando assim seu vínculo com uma Escola da AMP. Numerosas são as redes de pesquisas que se empenham através do mundo em elaborar um campo particular da clínica contemporânea e contribuem para elucidar, caso a caso, os pontos de condensação do mal-estar da civilização hoje.

O conjunto do Campo Freudiano deveria se manter vazio, é sua própria definição, depois de ter sido engendrado pela Associação Mundial que deve agora aprender a se desdobrar e cujo primeiro Congresso dos membros se dá às vésperas do X Encontro Internacional do Campo Freudiano.

Significa isso que o Campo Freudiano esqueceu de si próprio? Sem dúvida não, como testemunha sua estreita articulação com a AMP, que ele incompleta com suas novas iniciativas.

É em resposta a essa pergunta que encontrei uma segunda via para propor o mesmo a outros que não os AE: voltei-me para aqueles que se inscreveram ativamente na marcenaria complexa do Campo Freudiano antes do nascimento da AMP, da qual agora fazem parte. Entre esses últimos, sou especialmente grata a François Leguil que teve a boa idéia de declinar meu convite me orientando para um psicanalista, naquele dia, ao-menos-um não-membro da AMP entre os autores dessa obra coletiva.

Agradeço a eles, em meu nome pessoal e em nome do Campo Freudiano, assim como a todos aqueles que mais uma vez deram prova da solidariedade e da sinergia que animam a comunidade de trabalho do Campo Freudiano traduzindo os textos que era necessário traduzir: Adriano Oliveira, Angelina Harari, Antônio Gonçalves dos Santos, Ilka Franco Ferrari, Iordan Gurgel, Lázaro Elias Rosa, Lucia Grossi dos Santos, Lúcia Mello, Lucíola Freitas de Macêdo, Marcela Antelo, Maria Arminda Brinco de Freitas, Maria Josefina Sota Fuentes, Maria Vitoria Bittencourt, Paulo Siqueira, Sylvana Clastres, Vitoria Eugênia de Carvalho, Yolanda Fernandes Vilela.

Minha gratidão também a Nathalie Marchaison, que cuidou comigo durante dezoito meses da gestação e da orquestração desse conjunto.

O sintoma-charlatão demonstra que, de um para outro, a passagem é rigorosa e desemboca tanto na elucidação da clínica como em novas questões. A doutrina analítica, assim armada, poderá encarregar-se delas, se os analistas derem um pouco de si, o que depende da decisão de cada um. Que este volume contribua para isso, o futuro o dirá.

JUDITH MILLER

O sintoma como aparelho

Jacques-Alain Miller

A primeira conferência, ontem, foi para produzir mal-entendidos; a segunda, hoje, para corrigi-los. *Lacan elucidado,* página 339. A frase é minha, dita em castelhano no mês de junho de 89, em São Paulo. Acabo de repeti-la, em português e como citação própria. Parece-me uma frase justa, ainda que incomode minha modéstia. Tem a ver com a própria estrutura do significante, e relação S_1 e S_2: o sentido de S_1 é fornecido por S_2. Precisa-se sempre de um significante a mais, para revisar o sentido do anterior. A frase de 89 é verdadeira ainda hoje, porque nossos Encontros têm a mesma estrutura. Há o efeito de repetição. Certamente não repetirei o mesmo estilo. Ontem foi um dia de abertura, um pouco solene; foi necessário traçar uma via, percorrer um caminho. Agora quero um estilo mais relaxado de seminário, para tocar em temas mais técnicos que aqueles, os quais podem ser denominados mais estéticos. Desta vez, virão do interior do campo analítico.

Há outra frase também justa, nesse livro. De setembro de 93, em Belo Horizonte: "Falarei uma hora, não mais. Percebi ontem que, depois de uma hora, os ouvintes manifestavam certo cansaço". Tornei a percebê-lo desta vez. Mas já estava dada a largada e queria terminar, embora lesse nos rostos, nos olhares: "quando terminará este senhor? Já entendemos 'sintoma e cometa', bem poderia terminar!". Forcei o tempo e não mais o farei. E além disso sei que não poderei fazê-lo, pois a Silvina me alertou, da forma mais amável, tocando-me com a mão: "Não ultrapasse o limite de tempo, senão vou lhe cortar a palavra". Não quero e não posso, pois, desobedecer as ordens de Silvina.

Citei duas frases justas do livro, mas há várias que assim parecem. Estou julgando o livro, porquanto desde que pronunciei tais conferências, mudei, saí de onde estava e, relendo-me, vejo certas coisas que me havia esquecido que dissera. Ontem à noite não resisti ao gosto de folheá-lo e de, prazerosamente, constatar a presença, através dos nomes próprios, de velhos companheiros desde longos anos. Seria necessário, evidentemente, publicar outro livro para corrigir os mal-entendidos suscitados pelo primeiro. Visto o livro representar o percurso de 15 anos, isto é esperado. E a publicação de um segundo livro dentro de 15 anos supõe que o Brasil continue a me amar, e eu também continue a amar o Brasil e os brasileiros.

Ao fazer a introdução, pensei "Lacan tem razão; o amor é sempre recíproco". E aí me perguntei se condensaria alguns resultados de meu seminário deste ano com Éric Laurent para vocês ou continuaria a derivá-lo apenas de "o amor é sempre recíproco". Tendo algumas horas pela manhã, preferi a segunda opção.

Lacan elucidado testemunha que "o amor é sempre recíproco" — frase de Lacan ou repetida por ele. Creio lembrar-me de ter-me dito, ou confessado, certa vez, ser a frase favorita de uma senhora, seu amor da juventude. Talvez fosse uma citação que ele, porventura, teria adotado. Importa-nos a este título e por sua justeza. Não reli todo o livro e portanto não posso garantir se a referida frase já foi explicada. Talvez, Angelina Harari, que o organizou, e assim o conhece bem, pudesse nos dizer. Mesmo que já a tenha explicado, hoje será diferente.

Esta frase é a esperança de cada um. Se alguém diz a outro "gosto de você" e o outro responde: "não gosto de você", poder-se-ia dizer: "você não é lacaniano(a)". Poder-se-iam favorecer os amores no Campo Freudiano. O valor da frase certamente não é este; a experiência infelizmente nos ensina que, às vezes, as demonstrações de amor são mal recebidas. Quando cheguei, por exemplo, disse a Silvina: "Que prazer vê-la aqui!" e ela respondeu como me respondeu! Porém não digo que não me queira!

Que significa: "o amor é recíproco"? Que algo profundo sobre o amor está presente, embora não o possamos entender à primeira vista. Ressoa em cada enamorado: "Se a(o) quero é porque você se faz amar"; ou "Meu amor é a resposta ao que há de amável em você" ou ainda "meu amor é a prova de que existe afinidade entre nós". Continuando, "se diz não me querer, mas se faz amar por mim, meu amor é em razão de algo que estando em você, você o desconhece, é inconsciente". Eis então que não mais traduzo, e sim explico como se dirigir a um ponto no outro a fim de responsabilizá-lo pelo enamoramento. "Você rejeita algo inconsciente que conheceria caso se deixasse amar". É o escândalo dos amores não correspondidos: "Fazer-se amar, mas não se deixar amar". A lição a se extrair, ao menos desta perspectiva, é ser necessário ultrapassar sem violência a barreira do não, que aí não é resposta. E creio que na linguagem ele jamais se constitui resposta. Em francês há a expressão *une fin de non recevoir*, um rechaço de receber. Existe uma similar em português ou castelhano?

Verei ao retornar a Paris como se constrói em francês, não é uma expressão comum. O não, que não é resposta, deixa em seu lugar o rechaço de receber. A única verdadeira resposta, na linguagem, é o sim.

Ao encontrar hoje pela manhã tal expressão, pensei na diferença, dentro do cristianismo, entre o protestantismo e o catolicismo. A primeira é a religião do "não" e a Segunda é a do "sim". O termo protestante, embora não seja sua única denominação, remete ao "não". Lutero afrontou o poder da Igreja para rechaçar, dizer "não"; constituiu a origem do individualismo moderno, através do kantismo e da filosofia alemã. O catolicismo, por sua vez, poderia ser pensado como a religião que acolhe, aceita, "venham todos a meus braços", como o manifestam as colunas de Bernini em Roma. E o lacanismo não é religião, mas teria algo dos dois: "não" ao desvio da *ego psychology* e "sim" à acolhida múltipla e aberta do Campo Freudiano. O judaísmo não seria religião, nem raça; na melhor das hipóteses seria a ética do separar. Constitui a posição do objeto *a,* objeto rejeitado na história, pelo menos na ocidental. Motivo pelo qual tem a ver com a posição do analista. Lacan comenta que não por acaso coube a um judeu a invenção do dispositivo analítico, aí situando o analista.

Na psicanálise há sempre um sotaque estrangeiro, "de fora", que é bem recebido, do mesmo modo que a figuração do lugar do Outro. Do mesmo modo a relação transversal com a língua nada impede. Ao contrário, funciona na psicanálise quase como sotaque de verdade. Na França, entre as duas grandes guerras, viu-se que ao sotaque alemão ou da Europa Central lhe era creditada a posição analítica. Atualmente na América Latina o sotaque francês não parece incomodar. Alguns argentinos, que viveram na Europa, ao retornar a seu país com uma tonalidade de sotaque francês, deixam a dúvida se é contaminação ou para creditar-se posição analítica.

Voltando ao sim e ao não, a nível de catolicismo e protestantismo, paramos nos sintomas da cultura. Não quero afirmar que as religiões sejam sintomas da cultura, mas até poderiam ser. Na cultura, a posição se inverte, porque com o sujeito tendo o direito de sujeito de dizer não, o Outro social não pode ou deve tomar cuidado ao dizer não ao sujeito. Foi a partir da convicção protestante que adquirimos, no mundo, a liberdade de dizer, da imprensa, do publicar; tudo isso surge do direito de dizer não, que por sua vez impede o Outro social de dizer não aos sujeitos. No catolicismo isso se inverte, pareceu sempre normal que o Outro social poderia impedir de publicar, de dizer etc. A censura, paradoxalmente, concorda com o sim da posição fundamental. Ao mesmo tempo, não saberia situar os judeus entre o sim e o não, conquanto, tal como os protestantes, sejam esmagados pelo Outro da religião, que é tão maior e com o qual se confrontam diretamente.

Tratarei de vincular isso ao sintoma. É um fato: não se levantam questões sobre religião. No livro *Lacan elucidado,* constatei as trocas constantes entre mim e a platéia. Parte inextinguível do livro, faria com que este não despertasse o mesmo interesse sem ela, o que não ocorre alhures. Contudo, não surgem questões de interesse religioso. Quem sabe nestas Jornadas poder-se-iam abordá-las?

Mas qual seria o ponto de partida? Lacan disse que "os verdadeiros católicos não são analisáveis". Agora talvez entendamos melhor, por não ter dito que os verdadeiros protestantes não são analisáveis. É mais simples ser verdadeiro católico — há uma regra da Igreja — do que ser verdadeiro protestante — há várias medidas e orientações. Quanto aos judeus, há várias seitas ortodoxas e os mestres da verdade brigam para estabelecer quais são os verdadeiros judeus. Uma vez terminada a briga com os vizinhos, iniciaram uma querela interna de como definir o judeu. Por que o protestante é analisável? Porque tem um agudo sentimento de culpa. Lutero renovou, no mundo, o sentimento de culpa. Foi sua grande invenção. O catolicismo não o cultivou, ao contrário, encontrou formas de saldá-lo mediante pagamentos. A insurreição de Lutero incidiu sobre as indulgências, que considerava escandalosas, a venda destas, papéis que liquidavam o sentimento de culpa e eram trocados por contribuições em dinheiro. É o que ocorre na psicanálise, livramos as pessoas da culpa mediante pagamento. Graças a Lutero, a renovação sensacional do sentimento de culpa deu lugar à psicanálise. O protestante acha que tudo acaba num julgamento. A pessoa é julgada antes que possa fazer qualquer coisa. Está escrito em algum lugar que só no final poderá ser descoberto o veredicto. Há aí um confronto direto do desejo de Deus e da ignorância de seu desejo. O resultado são os sintomas de angústia, a necessidade de se justificar, decorrendo disso um sujeito perfeitamente analisável.

No catolicismo, até agora — tem se modificado — o sujeito não fica só à mercê da potência terrível de Deus. Entre o Outro e o sujeito há a instituição Igreja, que representa o poder Superior e permite o que, na língua francesa, segundo Molière na peça *Tartuffe*, chamamos *accommodement: "il y a avec la verité quelques accommodements",* há com a verdade alguns arranjos possíveis. Isso diz algo da posição católica. Há no catolicismo um "faça o que lhe dizem e tudo ficará bem"; "remeta-se à sabedoria da mãe Igreja e tudo ficará bem". Sem dúvida é esta uma fonte de verdade, uma fonte de sabedoria. A Igreja sempre soube o que fazer com o sintoma. Razão de sua resistência através dos séculos. Se nós possuíssemos esse "saber fazer" também teríamos um belo futuro. Um profundo "saber fazer" com o sintoma e o gozo. "Saber fazer" um invólucro para o gozo, tapá-lo, distribuir lugares, repartir. Os homossexuais masculinos sempre encontraram refúgio na Igreja. Algumas histórias recentes nos fizeram constatá-lo. Porém, agora algo aparece no cenário desarrumado, nesse dispositivo tão seguro durante séculos, embora ainda haja formas de arranjos tranqüilos através dos meios de comunicação.

Na Igreja, há por um lado a ordem do gozo, por outro a da verdade, irmãzinha da impotência — menos φ (– φ). Do lado oposto está o gozo — o Φ maiúsculo — ainda que fale — ou o pequeno *a*. Devem conviver, podem fazê-lo sem misturar ordens: "Dando a César o que é de César e a Deus o que é de Deus". Também "Dando ao gozo o que é do gozo e à verdade o que é da verdade". Na Igreja, onde também se sabe muito a respeito da palavra e sempre foi assim, a verdade não perturba o gozo. Michel Foucault, quando queria atingir o orgulho dos analistas, dizia ser a psicanálise a confissão católica transformada. Embora a tese seja exagerada por se tratar de provocação, há nela algo de verdadeiro. A confissão permite, com certeza, a descarga libidinal; aquilo que não pode ser dito a ninguém pode ser dito a um representante da Igreja. Há descarga libidinal e simbólica, com absolvição: "Em nome do poder superior dou-lhe a absolvição". Ao esforço de confessar segue-se o benefício. Se é assim que ocorre, não sobra espaço para a psicanálise, que permite a descarga libidinal na associação livre sem, no entanto, absolver do Outro. O "sim" neutro do analista não absolve. Na análise não há como, dizia Lacan, aliviar a culpa, pois ela indica o caminho do desejo. Se alguém sente culpa é porque há desejo nessa via. A angústia ao contrário deve, se possível, ser aliviada. Não cabe ao analista absolver, cabe ao sujeito conquistar sua absolvição. O passe, de certa forma, implica absolver-se com o consentimento do analista. No final do artigo, "Observações sobre o relatório de Daniel Lagache", Lacan utiliza o termo absolvição. Os AE ficam contentes, pois, além de se absolverem, recebem a confirmação através dos representantes da comunidade analítica.

Estive pensando que há sujeitos que se absolvem e não sentem culpa de nada, desde o início da experiência analítica. Cabe suscitar-lhes culpa, o que Lacan chama retificação subjetiva, tema que levantou interesse quando o enfatizei em Belo Horizonte. Na seqüência surgiu uma como Escola de Retificação Subjetiva, cuja meta é suscitar culpa no sujeito, para que se sinta o responsável e o culpado pelo que lhe ocorre. Caso contrário, é um canalha. É a própria definição do que Lacan chama o canalha (em francês é do gênero feminino, como "cometa"). Devemos investigar por que termos como cometa e canalha, que têm a mesma raiz, a mesma fonte etimológica latina — têm gêneros opostos —, em francês são femininos e em português/castelhano são masculinos. A meu ver dizer canalha feminiliza o homem, não se diz canalha a uma mulher, é coisa de homem e o feminino aqui o castra.

Os sujeitos sem culpa apresentam uma contra-indicação ao tratamento analítico. Não se trata de diagnóstico, mas de ética. São sujeitos sem supereu; como força que os atravessa, vivem em homeostase e entrementes buscam a análise. Por quê? Para aprender a lidar tecnicamente. Trata-se, porém, de uma contra-indicação grave. Chegam e partem após o aprendizado, pensando que é fácil enganar o Outro. O que levou Lacan a dizer que a psicanálise torna bobos os canalhas.

Segundo Lacan não somente os verdadeiros católicos não são analisáveis, os japoneses também não o são. A língua japonesa tem estrutura profundamente dividida e com equívocos, mas não pretendo comentar isso. Apenas ressalto que os japoneses, assim como os católicos, dizem sempre "sim". O "sim" católico já foi comentado por nós e o "sim" japonês é a resposta, pois o não é insulto, não é resposta. Não há simetria entre o "sim" e o não. O primeiro é abertura, o segundo, fechamento. O sim é alienatório — "continuamos" — e o não é separador — "tchau" —, como ruptura. O sim dos japoneses é exatamente o mesmo sim dos analistas, significa "continuamos a relação", mas não a "concluímos". Não sei se contei a história do editor japonês, não? Bem, após vários contatos com os japoneses que me desorientavam com o sim polissemântico, marquei um encontro com o editor, nada a ver com nosso editor brasileiro, Jorge Zahar, homem de palavra e compromisso. No dia marcado, o editor japonês começou perguntando se eu gostava do Japão e o que pensava dos japoneses, e esperando de mim abertura sobre a questão. Fiz-me de japonês, escapei. Tínhamos uma hora de tempo e durante cinqüenta e cinco minutos falei por falar. E foi ele quem finalmente perguntou: "Sr. Miller, que quer realmente?". Não sei se tudo foi uma operação dele, mas restou-me um sentimento de vitória. Tentar se fazer entender pelo Outro parece uma atitude passiva, porque permite ao Outro tomar a iniciativa, mas trata-se de passividade que dissimula atividade, um modo invisível de "fazer o Outro fazer". Os japoneses, por exemplo, sabem não concluir as negociações comerciais deixando a conclusão para o outro e fazendo as coisas durarem. Concluir pode ser eventualmente até romper, deixando o japonês imune. Não é o que agrada ao homem de formação ocidental. Na minha vinda a São Paulo viajou a meu lado no avião um senhor aposentado que durante anos importou produtos japoneses para o Brasil e contou-me sobre sua exasperação no trato com os japoneses, confirmando assim minha versão. No amor ocorre o mesmo. No pedido de amor "queira-me" *aime moi* há falta de sutileza. Devemos ser mais japoneses no amor. Há que se fazer amar. Friso o fazer-se entender e o fazer-se amar, que é a própria fórmula enfatizada por Lacan da pulsão. Nunca a expliquei de fato, e não creio ter havido uma explicação que lhe faça jus. É no capítulo 15,

"Do amor à libido", que Lacan fala da pulsão escópica como o fazer-se ver, fazer-se ouvir, fazer-se comer ou fazer-se chupar (pulsão oral). Depois não mais retomou o assunto. Quero explicá-lo por ser muito importante.

Há que se retornar, partir de uma localização significativa para o tema do sintoma. Aí Lacan sinalizava a não-existência da pulsão genital, corrigindo Freud, que reconheceu as pulsões parciais, mas na pulsão genital não reconheceu a mesma configuração. Entende-se isso? É importante para compreender que se leia o capítulo de Lacan e os textos correspondentes de Freud. Não há tempo para explicá-los agora. É surpreendente: quando Lacan formula a não existência da pulsão genital, já poderia ter formulado que "a relação sexual não existe", como implicação. Detenho-me nesse capítulo em que há o campo das pulsões parciais:

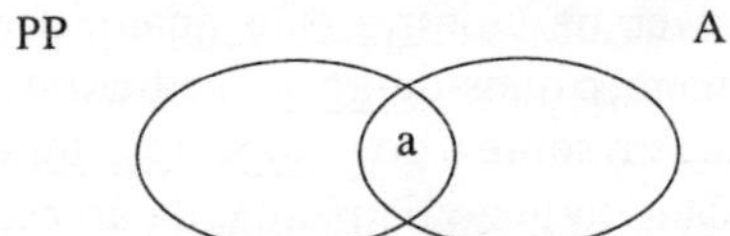

Tal campo distingue-se de outro — esquema da alienação/separação — em que se formaliza ou se amarra o das pulsões parciais, a relação com o Outro.

Ao nível das pulsões parciais há relação com o objeto oral, o objeto anal, escópico, mas não há a relação com a pessoa. Contudo, há sujeitos que estagnam aí, crianças que passam a vida jogando com as fezes, que não se desenvolvem. Por mais que vigore certo tipo de interpretação analítica, "todas as atividades sociais não passam de jogos com a merda, com os seios etc.", devemos diferenciar quando isso é exercido diretamente ou a nível de interpretação. Um segundo campo deve ser necessariamente vinculado ao primeiro para nos transformar nos encantadores seres sociais que somos. É chamado por Lacan o campo do Outro, campo da cultura. Como não existe a pulsão genital, deve-se fabricá-la (*façonner*) no campo do Outro, submetendo-a à circulação do complexo de Édipo, às estruturas de parentesco, o que denominamos campo da cultura. A existência apenas das pulsões parciais implica vinculação com o campo da cultura, com o grande Outro como campo da cultura; assim com o tema deste Encontro não estamos fora da clínica.

Ao nível das pulsões parciais não há homem e mulher, não há relação do homem e da mulher como tal, o que se formaliza do lado do grande Outro. A relação homem/mulher toma forma no discurso, no laço social, no campo da cultura que propõe modos de parceria.

Lacan, ao distinguir os quatro discursos, propõe formas de vincular um sujeito a outro. Há modos imemoráveis. O discurso do mestre/senhor faz parte da própria estrutura, o da histeria tem presença reconhecida desde a Antigüidade, conquanto não saibamos se é localizável nos textos egípcios. Nos quatro discursos há alguns históricos, como o da Universidade nascido no séc. XII ou o do analista, no séc. XX: no campo do Outro (A) há invenção, criação de dispositivos. Do outro lado (PP), no entanto, é sempre o mesmo. Os dispositivos não mudam as pulsões parciais, motivo pelo qual colocamos o pequeno *a* na interseção, no campo da cultura, que varia de acordo com os artifícios sociais. O conceito pequeno *a* de Lacan é o do Deus *Janus,* tem duas caras: de um lado (PP) pequeno *a* é gozo, e do outro (A), pequeno *a* é sentido. Razão pela qual Lacan muito tempo depois fala do pequeno *a* como sentido gozado. É a parte do gozo das pulsões parciais, a qual se pode envolver na cultura. Não qualquer gozo, mas a parte elaborável pela linguagem, o mais-de-gozo, medida que constitui um efeito da existência da linguagem sobre o gozo suposto natural, mas do qual nada se sabe. Segundo Lacan, do gozo da planta, da árvore, da ostra, nada se sabe. Pode ser suposto, mas nada se sabe por não haver o mais-de-gozo, a parte extravagante do gozo envolvido nos aparelhos da cultura. Nada se sabe do gozo da ostra, mas como na França comer ostras é um prazer, talvez o gozo supremo dela seja fazer-se comer, se houvesse uma pulsão oral. Não afirmamos por não termos um significante que nos localize e por estar o gozo mais ou menos envolvido na cultura.

Faz mais de uma hora que estou falando e vejo sinais de cansaço, mas gostaria de continuar. Por suas exclamações entendo poder seguir adiante.

Assim se passa no campo da cultura: coloca-se o pequeno *a* em um aparelho, que também significa emparelhar (*appareiller*) o gozo sob a forma elaborável do objeto pequeno *a.* É o mesmo que colocá-lo no aparelho para que suporte o gozo, o sintoma. Falei do discurso, mas o sintoma é um aparelho individual para situar o objeto pequeno *a,* essa parte elaborável do gozo. Aí está a teoria freudiana do sintoma, dita de outra maneira, a teoria da vertente *Bedeutung* e não da vertente *Sinn.*

Nela o sintoma é chamado discurso por Lacan, discurso do mestre, discurso da histeria, prova de que há clínica nisso. Ou seja, é um aparelho para localizar o pequeno *a.* A diferença entre sintoma e discurso é que este vale para muitos e aquele só para um. Deve-se relativizar isso. Há sintomas que se divulgam, houve epidemias de histeria em isoladas comunidades de mulheres.

Isso complementa o ponto de vista de Lacan, mencionado por Celso em sua exposição ao se referir à definição de sintoma como uma cruz para impedir que as coisas andem e sejam satisfatórias. Em outro lugar afirma algo diferente, não exatamente o contrário, ao definir o sintoma neurótico como algo que facilita a vida dos neuróticos. Por um lado impede o bom andamento das coisas, como por exemplo o sintoma fóbico que não deixa andar na rua, e por outro lado facilita a vida, apesar do desprazer. Na vida dos casais isso fica claro, o parceiro é ao mesmo tempo uma cruz dificultando o bom andamento das coisas e o facilitador da vida. As duas coisas vêm juntas.

Ao dizer que o sintoma é um aparato para emparelhar o sujeito e o pequeno *a,* estamos quase definindo-o como a fantasia. O sintoma no sentido de Lacan insere o elemento cultural, o grande Outro da cultura. Insere-se entre esses dois elementos como mediador. Aí estão as coordenadas mais conhecidas do ensino de Lacan. Proponho, para reinscrever nelas a última definição do sintoma no ensino de Lacan, colocar o pequeno "s" do grande Outro, s(A), no meio da punção:

$$\$ \lozenge a$$
$$[\$ < s(A) > a]$$

Uma mediação entre o sujeito e o gozo por intermédio da significação do Outro. O problema é que a cultura mesma propõe sintomas, *ready made* sintomas. São sintomas de supermercado, de grande divulgação, do tipo "não é necessário criar sintomas próprios, sai caro, pensem bem", bem diferente do sintoma analisado e decifrado por Freud.

Se retomarmos conceitualmente o exemplo da droga, o sintoma toxicômano suscita muito interesse, por quê? Ao contrário da indústria do tabaco, ela não pode fazer propaganda, só publicidade contra. Nos Estados Unidos a indústria do tabaco tenta reunir trezentos bilhões de dólares em vinte e cinco anos para indenizar os prejudicados pelo tabaco. Eu não conseguia crer em tal fato, contado a mim por Carlos Forbes, mas aqui tive a oportunidade de lê-lo no jornal. A droga, mesmo sem publicidade, alcança um êxito comercial impressionante. É uma forma de gozar que corresponde a algo na cultura atual, responde ao autismo contemporâneo. Isso se manifesta nas invenções de meios para nos isolar uns dos outros: telefone, fax, internet; hoje em dia conversamos quase diariamente com colegas do Campo Freudiano que vemos raramente. Criaram-se parcerias no Campo Freudiano, entre pessoas que nunca se encontraram, Beckerman de Buenos Aires e Oscar Ventura de Alicante. Eles dominam a AMP-Varia de forma impressionante.

Quanto à droga, diria que está na fórmula quando se apaga o significado do Outro $\$ < > a$. Ou seja, prescinde das significações do Outro. Permite gozar sem passar pela palavra, pela cultura, obtendo um gozo talvez superior ao do orgasmo. Lacan deveria realmente ter inventado um homem capaz de aceitar a morte para ter relação sexual com a mulher proibida, ele o fez a propósito da ética. São casos-limites, lemo-los em Stendhal ou Balzac, não ocorrem com freqüência. Os toxicômanos, alguns pelo menos, podem matar ou morrer por esse gozo supremo.

Entrando nos detalhes, o ópio foi um sintoma estudado, divulgado na China. Foram os ingleses que divulgaram o ópio para corromper. Com certeza havia predisposição dos chineses, mas o sintoma obedeceu à programação política de domínio muito evidente. A dominação através do sintoma é a mais elegante, invisível e poderosa. Deve-se, porém, escolher o bom sintoma.

Os catalães (da Catalunha) foram derrotados pelos castelhanos que os reduziram não apenas a serem escravos, mas a servos de segunda categoria. Os catalães como resultado ficam com o sintoma, o trabalho. Na antiga Tchecoslováquia a nobreza foi eliminada no séc. XVII; sobraram os trabalhadores, comerciantes, os sem-valores da nobreza. Mantiveram-se assim durante séculos, até a queda dos amos, segundo a lei hegeliana. Passaram a amar o trabalho de tal forma que os catalães adquiriram uma segunda natureza, o trabalho, que tem a exata estrutura do sintoma.

Essa propriedade especial é a do sintoma obsessivo, assinalado por Freud em "Inibição, Sintoma e Angústia", distinto do sintoma histérico. A segunda natureza para o sujeito torna-se o sintoma obsessivo. Um sintoma que o orgulha quando é um trabalhador, como lhe dizer não? Faz parte da sua personalidade, vem no caráter e é bem conhecido, classicamente, na psicanálise. Por outro lado, os castelhanos identificaram-se na posição de amo, senhor. Pensava-se a preguiça como virtude até a decadência da Espanha e foi aí que se livraram do peso dos valores da nobreza. Nessa questão os ingleses são dignos de admiração; embora haja aristocracia inglesa, esta não se incompatibiliza com o valor do trabalho. Na França não foi assim; para um nobre francês trabalhar implicava perder sua qualidade de nobre. Até quando trabalham têm um "jogo de trabalhar".

A maconha é um sintoma às vezes compatível com o social, pois não se pode dizer que ela afasta do Outro, pode até facilitar os laços sociais. O presidente Clinton comentou sua experiência pontual e parcial com essa droga. Ela não corresponde à definição de Lacan: a droga é o que separa do pênis. No caso da maconha não há um prazer que substitua o orgasmo. Em relação à heroina e cocaína, são os mais agarrados à cadeia social que recorrem à cocaína, por ser uma droga típica da alienação. A heroína separa.

Quero ainda comentar os sintomas na moda, onde deve-se reconhecer o poder do mercado significante. Vidigal perguntava sobre o significante novo. Observamos a cada momento, a cada época, fenômenos envolvidos no circuito da moda. A partir da existência dos meios de comunicação, que Freud não levou em conta no "Mal-estar da cultura", os fenômenos da cultura foram envolvidos na engrenagem da moda. Isso ocorreu a partir do séc. XX, com palavras que funcionam. Podemos até criticá-las, mas reconhecemos que se divulgam. A depressão, por exemplo, costumamos criticar este conceito. Do nosso ponto de vista clínico é ambíguo, mas não podemos fazer como os médicos de Molière: "Ah! depressão, devemos distinguir depressão x de depressão y". As pessoas referem-se ao significante depressão; é um significante formidável, bem-sucedido. Apesar da nossa necessidade de fazer distinções quanto à depressão, nos teria agradado inventar um significante novo com tanto êxito, como queria Vidigal.

Depressão diz algo a todos na atualidade; ou seja, é uma boa metáfora, um ponto de basta que fixa e ordena. É um sintoma de separação e faz parceria com outro sintoma, o estresse. Todos têm um pouco de estresse, embora menos que depressão. É um sintoma de alienação para os agarrados excessivamente na cadeia significante da atividade e combina nisso com a cocaína. Até agora os chineses não têm estresse, supomos que terão. Não comentei outros sintomas na moda como a anorexia e a bulimia, deixa-los-ei para amanhã.

Perguntas e respostas

Antônio Carlos (EBP — Bahia) — O senhor afirmou que a segunda conferência seria para corrigir a primeira, mas foi mais adiante. Hoje falou do avesso da primeira, o avesso como ponto de basta, mostrando a própria estrutura do sintoma na psicanálise, onde não tem forma, nem novas formas, nem formas na moda.

Marcus André Vieira (EBP — Rio) — A partir da articulação como vem sendo feita, ressurge-me uma dúvida: se nas novas formas de sintoma pode-se ler a velha presença da pulsão, não haveria uma ruptura? Não estamos ante um novo real? A psicanálise deve colocar-se de outra maneira? Ou estaríamos diante de uma nova irrupção da velha presença da pulsão?

J.-A. Miller — A Antônio Carlos sobre psicanálise e moda. É difícil saber se há moda na psicanálise, visto que Lacan está em moda há quarenta anos. O ciclo não é tão rápido como em outras coisas. É moda permanente para os que se vestem ou não de Lacan. Há os que se vestem de ortodoxos, mas a ortodoxia não está na moda. Lacan está na moda há tanto tempo, que terminamos não sabendo se na psicanálise existe moda. Portanto pode-se dizer que existe moda, autores na moda, que podem deixar de ser moda em outros momentos. Supomos que Freud e Lacan estejam na moda para sempre. Há renovação de pontos de vista; talvez não suficientes. Pode-se dizer: o que se estigmatiza como imitação pode-se elogiar como renovação da moda.

Quanto a Marcus Vieira, um novo real. Penso que acontecem coisas no real. O *noumenon* de Kant, por trás da aparência, não pode ser conhecido em sua definição e tem a ver com um real, mas não com o real de Lacan. Um filósofo da lógica, John Searle, recentemente publicou *La construction de la realité sociale*, livro que comentei em Paris. Redescobre nele as ficções de Bentham. Sem citá-lo, redefine a ficção no sentido de Bentham comentado por Lacan. Dedica os dois últimos capítulos ao real. Questiona se tudo é ficção, se tudo são modos sociais de dizer, ou se sobra um real. Coloca-se contra o relativismo que vê como perigoso para a ciência. Segundo ele, tudo que é social depende do modo de dizer e da avaliação do sujeito; há coisas, porém, que independem de serem ditas ou não — por exemplo, o monte Everest no Himalaia. Considera isso como o cometa: ambos existem independentes da linguagem e do aparelho de ficção. É um argumento falso porque, no momento que se descobre o Everest e ganhamos acesso a ele, as coisas mudam. Garanto que, se chegarmos ao pico do Everest, encontraremos uma garrafa vazia de Coca-Cola. O exemplo que toma do real não fica imune a partir do momento que se insere na linguagem. É o famoso exemplo de Lacan em seu primeiro Seminário, o do elefante. Assim que descobrimos os elefantes, eles começam a morrer, porque os matamos. O real de Lacan não ficaria imune ao significante? Difícil consegui-lo. Em 4.000 anos, se a humanidade continuar até lá, na volta do cometa Hale-Bopp, talvez possamos passear nele. Quem sabe será a Disneylândia das crianças daqui a 4.000 anos? A esperança de um novo real formulada por Vieira, ou de um novo significante formulada por Vidigal, têm duas versões. Ou será um real de dejetos, garrafas de Coca-Cola vazias espalhadas por todos os lados, ou será um real de Disneylândia, que não sei se será melhor.

Angelina Harari (EBP — São Paulo) — É a respeito do matema da fantasia em que J.-A. Miller reinscreve o sintoma. Fica claro que o sintoma é sempre o novo, o que muda. Em relação às mudanças do lado do sujeito e do objeto *a*, o que se pode dizer?

J.-A. Miller — Coloquei no centro o s(A), do grande Outro, para indicar o campo da cultura. Podem-se escrever fórmulas mais complexas, como a dos discursos, ou ainda outras a inventar. Localizei a anorexia do lado do sujeito barrado, $, a paixão do vazio. Isso me permitiu dizer que a estrutura de todo desejo é anoréxica. Equivale a dizer que é histérico. A bulimia constitui um erro sobre o objeto *a,* o erro de substancializá-lo. A diferença, pensando na frase de Apollinaire, citada por Lacan, "quem come nunca está sozinho", é que na relação com a comida está o grande Outro no horizonte, quem dá de comer, mesmo que quem recebe pague ou cozinhe, o Outro, que dá, está sempre presente. A bulimia está do lado da alienação, do vínculo com o Outro que dá de comer, a mãe. Enquanto na anorexia há o rejeitar a mãe, rejeição do Outro maternal, do lado da separação.

O amor sintomático

Jacques-Alain Miller

Postula-se a inexistência da pulsão genital, a que levaria um sexo em direção ao outro, tendo como finalidade o coito e a reprodução. Certamente é necessário na espécie humana o encontro do espermatozóide com o óvulo para a reprodução acontecer. Um união de gametas condiciona a reprodução humana e pode ser escrita na fórmula: ♀ ◊ ♂, que indica o encontro entre espermatozóide/óvulo e está inscrita na própria natureza da espécie — o real da espécie — mas não funda nenhuma pulsão. Sabemos hoje ser o encontro separável da relação entre corpos. O desenvolvimento contemporâneo da genética colocou em evidência que a fórmula da reprodução humana pode ser realizada fora da relação física de dois corpos: inseminação artificial, *in vitro*. A perspectiva da clonagem manifesta a separação em dois níveis: a reprodução sexuada e relação sexual. Fica possível reproduzir sem relacionar, assim como a relação acontece sem forçosamente haver reprodução. A distância entre a reprodução sexuada e a relação sexuada dá lugar ao imperativo: relação não, reprodução sim. Trata-se de um imperativo ético.

A Igreja evidencia tudo que permite o real genético. Não sabemos se daqui a quatro mil anos, quando o cometa voltar, a espécie humana terá uma ou duas caras ou se ainda terá dois braços. Supomos que serão conservados os dois sexos ou talvez tenhamos o *unisex*. Na reprodução de bactérias veremos o meio econômico interferindo. Nesse contexto entende-se o convite, reiterado, da Igreja para seguirmos a natureza, que sofre com a ciência facilitando a relação sem reprodução. A pílula do dia seguinte nem chegou a ser divulgada, o *lobby* religioso interditou-a e conseguiu fechar a empresa que a fabricava. Isso relativiza a liberdade dada às seleções; impõe-se uma certa dialética. A ciência assume a reprodução: "não se preocupem, faremos isso em laboratório". Embora, não se tenha esperado o desenvolvimento da ciência para inventar métodos de realizar o coito sem reprodução.

Constatamos, porém, que o espermatozóide e o óvulo obedecem melhor aos ensinamentos da Igreja que os seres humanos, que não seguem com o ato sexual o ensino eclesiástico como o fazem os gametas, mesmo sem o saber. O ensino da Igreja está inscrito no real genético humano. A fórmula é programada a nível de gametas e não de indivíduos sexuados. Aí se trata de exigência de ordem ética. A clivagem está entre a reprodução sexuada e a relação sexual, afetando tanto o carneiro quanto o ser humano. Uma segunda clivagem entre amor/sexualidade afeta o ser, se seguirmos Freud retomado e formalizado por Lacan. Não posso entrar em detalhes dos textos de Freud/Lacan sobre o assunto para quem não os conhece, pois minha fala pareceria cifrada. Para Freud, a clivagem se dá nas pulsões. Por um lado fundamenta o amor, requisito dos ensinamentos da Igreja, ao nível de *Ichtrieb,* pulsões do eu, as quais se dirigem ao ser humano propriamente dito; por outro, destaca as pulsões de outra ordem, oral, anal, escópica, sadomasoquista, voltadas para os objetos pulsionais. O que levou os analistas, fora do Campo Freudiano, a pensarem, desde muito tempo até nossos dias, na evolução do desenvolvimento do ser humano. Das pulsões sexuais, parciais chegariam à confluência das pulsões dirigidas ao ser humano, carente delas para sobreviver como organismo. Estamos falando esquematicamente. A correção de Lacan, no Seminário 11, é a seguinte: as pulsões do eu não são verdadeiras pulsões. E em nosso uso comum do Campo Freudiano, quando nos referimos às pulsões excluímos as pulsões do eu, porque pulsões propriamente ditas são as parciais. Não se trata somente de correção de vocabulário; para-além se abre todo o campo no qual trabalhamos ao excluirmos as pulsões do eu. E pode-se dizer que as indicações mais profundas de Freud também. De tal maneira que consideramos o nível de *Ich,* o nível do eu, como não pulsional, não sexual; e isso figura no Seminário 11 de Lacan.

Por que Lacan escolhe, em Freud, privilegiar a definição do amor como narcisista e não como pulsional? Pode-se dizer que a corrente principal de Freud caminha em tal direção. No Seminário 11, Lacan pensa o amor localizado no eixo a-a' do estádio do espelho. Assim se escreve a relação especular, entre dois semelhantes que passam do amor à agressividade e vice-versa, na relação imaginária que é instável. Lacan segue Freud ao dizer que o amor é fundamentalmente narcisista. Em outro momento Freud distingue duas escolhas de amor. Lacan pensa o amor a partir da "Introdução do Narcisismo" e, baseando-se nele corrige o artigo freudiano das pulsões. Ao dizer que o campo do amor é narcisista, estamos afirmando que nele não se encontra a sexualidade propriamente dita, nem o famoso grande Outro. A clivagem amor/sexualidade intervém através das pulsões parciais. O amor do lado imaginário e fora da sexualidade, que é feita de pulsões parciais.

As pulsões parciais afetam, animam e se satisfazem no corpo próprio. Se há gozo, ele é do corpo próprio, do corpo do Um. No nível das pulsões parciais, não há grande Outro. É a significação da referência ao auto-erotismo que fundamenta toda a concepção das pulsões parciais. Por outro lado, elas correspondem à lógica que Freud apresenta como gramática, atividade e passividade; ver e ser visto, bater e apanhar. A lógica das pulsões obedece a uma gramática que passa da forma ativa do verbo à passiva. É uma lógica com poder quase matemático que contagiou o campo da psicologia, da clínica, da patologia. "Bato em você, bates em mim", sadismo/masoquismo estariam numa relação de contrários, quase de projeção. Ao voyerismo corresponderia o masoquismo, temas que inspiraram a Lacan toda a clínica analítica e para-além dela. Por motivos teóricos essa apresentação não convém à temática lacaniana. A lógica das pulsões parciais ficaria exatamente no eixo a-a', no verso e no reverso imaginários. Lacan trouxe uma contribuição que parece ainda não ter sido entendida em todas as suas conseqüências. Em vez da inversão pulsional no espelho, Lacan introduziu o que chama de movimento circular da pulsão. A princípio, não conseguimos entender bem qual é o ganho obtido ao substituir inversão por círculo. No entanto, Lacan trata de dar conta da noção de que o corpo próprio está tanto no início como no final da pulsão — se é que podemos dizer assim. No conceito freudiano dos mitos, as pulsões são zonas erógenas e, além de constituírem a fonte, estão exatamente onde se dá a satisfação; são o lugar do gozo. É o fundamento auto-erótico da pulsão.

Abrindo um parêntese, devo dizer que o fundamento auto-erótico da pulsão torna problemático o gozo do Outro. Em que sentido se pode gozar do Outro? do corpo do Outro, sendo as pulsões parciais e portanto gozo do corpo próprio? Lacan prossegue nisso durante anos. Não permanecendo apenas no movimento circular da pulsão, restituiu-lhe o caráter que Freud reconheceu para a libido. Opôs à pseudoforma passiva da pulsão, explorada em Freud por toda a clínica, seu caráter sempre ativo.

Exatamente neste ponto ele faz intervir o "fazer-se", fazer-se ver, comer etc. Foi a referência que explorei ontem e que havia prometido situar no ensino de Lacan, necessitando para tanto de dispor os elementos. O "fazer-se" serviu como argumento sobre a fase passiva da pulsão, na realidade, a seqüência da fase ativa. Para parodiar o dito famoso de Clausewitz, teórico da guerra: "A passividade é a seqüência da atividade, por outros meios". Freud opõe "ver" a "ser visto", Lacan substitui a forma passiva, ser visto, pelo "fazer-se ver", que não somente é ativo, como ainda instrumentaliza o Outro para servir às finalidades da pulsão.

Pode-se dizer que o "fazer-se" reflete a estrutura masoquista da pulsão, na medida em que ela parece passiva, quando, ao contrário, consegue mover o Outro, no caso o Outro tirano, para fazer-se bater. O amo/senhor da cena masoquista, verdadeiro mestre de sua fantasia, é ele mesmo. Faz o Outro trabalhar como tirano, dar ordens. Quem trabalha como louco é o suposto torturador. Na perversão, às vezes, se buscam profissionais no assunto. Quando se trata de relação comercial, quem promove tudo é o cliente. O outro sofre, recebe os golpes e o resultado é seu gozo, o gozo de seu corpo próprio. Com isso Lacan evidencia o caráter fundamental masoquista de toda pulsão: chamou masoquismo o "mover o Outro em benefício do próprio gozo".

O círculo da pulsão concebido por causa do "fazer-se", nada tem a ver com o puro reverter-se simétrico do espelho, atividade-passividade. O Outro deslocado pela pulsão, assim concebida, não é o duplo do [eu], mas o grande Outro manifestado pelo masoquismo. Eis por que Lacan conseguiu dizer e escrever coisas incríveis no Seminário 11, cito: "É no movimento circular da pulsão que o sujeito tem acesso à dimensão do grande Outro, na pulsão". Entende-se que a pulsão é obrigada a buscar a resposta no Outro, e para tal se introduz nele. Na terceira parte do capítulo XV do Seminário, encontra-se o argumento, que, partindo da pulsão escópica, se estende às outras pulsões. Não preciso retomar em detalhe esta parte para mostrar seu esquema e sua tensão interna

A tensão estabelece-se na medida em que, por um lado, localizamos a estrutura auto-erótica da pulsão, e, por outro, a estrutura masoquista que move o Outro. Como pensar ao mesmo tempo o "fazer-se" para o Outro. Estou, pois, realizando uma cartografia de Lacan: ele se deslocou nesse espaço e pelos paradoxos de várias maneiras, buscando vários tipos de solução. Vou indicar como sair bem do impasse.

Ao dizer que a pulsão é o movimento de busca de algo no Outro, fica a pergunta: que é "o algo no Outro"? É o que usualmente chamamos objeto pequeno *a*. Lacan reduz a libido ao objeto perdido, com o conceito de objeto *a* objeto perdido. Concebia-se a libido como um fluido, mas Lacan a apresenta como um objeto perdido. Faz a redução da libido a um objeto perdido que o sujeito busca no Outro. Está dentro do esquema que ontem escrevi:

O objeto pequeno *a* pode ser visto, no esquema, como algo no Outro transportado pela trajetória pulsional ao campo do sujeito. Por que dizemos que a pulsão busca o objeto no Outro? Para designar que o objeto perdido, freudiano, foi separado do espaço potencial do sujeito.

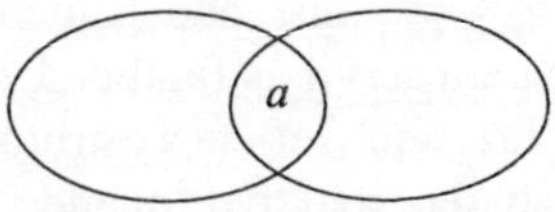

É uma concepção a localizar, uma vez que ao se pensar no objeto oral, seio, pode-se concluir que ele pertence desde sua origem ao corpo materno, ao Outro, e não ao sujeito. Lacan objeta: é certo que o seio faz parte do corpo da mãe e portanto lhe pertence, mas o que interessa à psicanálise é o seio do desmame, o seio a ser perdido pela criança, que assim lhe pertencia. Trataremos de pensar o objeto pequeno *a*, não com as coordenadas da realidade. É assim para o seio e para todos os objetos pequeno *a*.

Assim sendo, o seio, as fezes etc. são apenas os representantes e não os objetos pequeno *a* de Lacan, lugares-tenentes dele. Representações que não se encontram no nível do significante são encarnações.

A satisfação no objeto oral tem mais a ver com a própria zona erógena do que com o objeto, motivo pelo qual Lacan recupera de Freud a expressão "boca que beija a si mesma", convertendo-a em paradigma da pulsão, do auto-erotismo pulsional. Só mesmo um Dali poderia pintar esse quadro. Quem sabe o tenha feito? A encarnação: o gozo está mais na contração muscular da boca, no sentimento interno da língua com o espaço — a caverna interna da boca — e menos no objeto suposto oral. O chamado objeto oral serve para sentir a boca que abraça a si mesma. O autochupar passa pela mediação de um objeto cuja natureza é indiferente. O nó da questão é que o autochupar da boca necessita de um objeto hetero. O auto-erotismo é alcançado através de um objeto. No caso do objeto oral — encarnado pela comida, seio etc. — não é mais que um meio para se obter o efeito autochupar.

A pulsão, Lacan explica de forma complexa, satisfaz-se em um circuito auto-erótico por meio do objeto que busca no Outro. Trato de encontrar uma frase que junte o auto-erotismo com os meios hetero, que vêm do Outro. O termo seria auto-hetero-erotismo. A junção dos contrários desloca a lógica comum, mas felizmente temos em São Paulo um Newton da Costa, que pode nos levar a pensar fora das categorias binárias. Caso contrário não dá para entender a pulsão.

Nesse sentido pode-se dizer que o objeto não é senão um oco, necessário para obter o circuito da pulsão. Desse modo o objeto *a* constitui um vazio. Tudo que se coloca dentro são substitutos: objetos orais, anais etc., como o seio e as fezes. Não são os primordiais, apenas os primeiros na história do bebê a preencher esse oco, esse sim primitivo e fundamental. Razão pela qual Lacan fez uso da topologia para tratar de captar e fazer entender o valor estruturante do oco, do vazio, do furo. Se assim não fosse, não se entenderia por que fumar e comer satisfazem a pulsão oral. Satisfazem porque permitem o auto-erotismo da boca. O objeto pequeno *a* não é algo substancioso, para Lacan ele é esse vazio topológico encarnado por diversas substâncias ou objetos materiais.

Tento explicar esse ponto há 10 anos, entretanto ainda não o consegui. A última vez foi no Rio de Janeiro, na conferência "A imagem rainha". Devo ir de passo a passo. Espero conseguir desta vez.

O ponto é que todos esses objetos materializados em objeto *a* são semblantes, e não o próprio objeto *a*. Se o objeto *a* é um vazio ou oco, todos os objetos materializados nele são semblantes.

A objeção que sempre me fazem vem com a frase "Lacan disse uma vez que o analista devia fazer semblante de objeto pequeno *a*". Ele imita a merda, mas não é a merda. O analista é o semblante e a merda o próprio objeto *a*. Insisto que não é assim. O analista representa o objeto pequeno *a* e é semblante, como toda representação material do objeto pequeno *a*. Assim sendo, a merda também é um semblante do objeto pequeno *a*.

No Campo Freudiano pensa-se o semblante em oposição à matéria. Na verdade, há por um lado o real do objeto pequeno *a*, o oco, um real topológico. Por outro lado, está o semblante e a matéria (os dois do mesmo lado).

oco // semblante e matéria

Quando o bebê quer o seio, recebe a chupeta e a acha tão boa quanto o seio. Ao nível do gozo o seio e a chupeta são da mesma ordem, do nível semblante e matéria. Distinto do nível das pulsões do [eu], da fome, da sede etc. Seio e chupeta, a nível de pulsão, estão a serviço do auto-erotismo. O auto-erotismo da pulsão permite ao bebê satisfazer-se. É só ver com que imperatividade uma criança de vinte meses exige a chupeta, inventa uma palavra para pedi-la.

O real do objeto pequeno *a* é vazio, localizado como oco-furo, que responde a um gozo perdido substituível por equivalentes que são semblantes. De tal maneira que faço diferença entre o objeto pequeno *a* como real e como semblante. E, talvez, em nosso uso da expressão objeto pequeno *a* devêssemos indicar tal distinção. Não o fazemos e Lacan não o fez, mas deveríamos ter isso sempre em mente.

As pulsões são mitos mas não me incomoda pensar que o real por trás delas seja constituído pelos fenômenos químicos do cérebro. Muito pelo contrário, há afinidade entre as teses: os sujeitos envolvidos com heroína podem obter um gozo supremo, e até demonstrar com isso que o real do fenômeno está ao nível da química cerebral. Em comparação ao real químico, o resto é semblante. A química do cérebro, a ciência neuronal que, com seu cinismo, reduz tudo a fenômenos cerebrais químicos, ajuda a mostrar o caráter de semblante do resto. Não há que se considerar só a heroína, pode-se gozar falando, lendo, escrevendo, escutando etc. São todos meios de gozo. Para Freud esse foi sempre um ponto fundamental, introduziu seu aparato psíquico para dar conta de um funcionamento para o gozo.

O ponto de vista cínico afirma que a finalidade é o gozo e esmaga toda a sublimação. A alegoria dessa situação é o rato, no qual são colocados eletrodos no cérebro para ativar os centros do prazer. Fornecem-se meios para o rato enviar descargas elétricas ao próprio cérebro, o que o faz gozar até morrer. Desse modo reduzem-se os semblantes. Felizmente nós temos circuitos mais complexos para gozar. Quando se fornece ao rato o meio de gozar diretamente com a eletricidade que ativa a química de seu cérebro, se o conduz à morte. Nós vamos até a morte fazendo histórias, teorias e muito mais.

O exemplo de Lacan é Dante, não o rato. Dante busca o gozo no Outro, busca o olhar de Beatriz. O olhar é semblante, matéria não-apreensível. A partir daí contudo ele não se satisfaz do Outro, Beatriz, e coloca no horizonte o Outro Divino. Para Lacan basta um olhar de Beatriz para que Dante imediatamente pense em Deus. De certo modo esse objeto olhar é uma alusão ao gozo feminino, a encarnação do objeto *a*. Sustenta Deus; a idéia de Deus é o que sustenta para a humanidade. A noção de Deus sustenta-se, quando não se localiza o gozo feminino.

O que permite afirmar que não fundamentei cada passo, mas somente situei no texto que a pulsão leva ao campo do Outro. É no campo do Outro — a pequena Beatriz, tendo Deus por detrás — que a pulsão encontra semblantes necessários ao seu auto-erotismo. Nessa medida pode-se estender o campo do Outro até o da cultura. Se não o fizermos, não entenderemos nada. E não se trata apenas de um gosto pela novidade, já criticado. Os semblantes são inventados no campo da cultura, modos de gozar para satisfazer a pulsão parcial. Os modos de gozar são móveis e variáveis, assim o fundamenta o relativismo, e não é nosso objetivo curar a cultura, da qual fazemos parte. Contudo, o que nos causa interesse nesse modo de gozar está ao nível do sujeito, nível esse onde há grande inércia no modo de gozar, embora esteja vinculado a semblantes. Que há de mais semblante que a encenação masoquista, por exemplo? É difícil discernir um verdadeiro masoquista; ele não se cura e raramente freqüenta o analista, a não ser umas poucas vezes para ver como funciona a análise. É que o masoquismo não causa sofrimento, como a neurose ao neurótico.

Razão por que situamos como real o sintoma, aparato que localiza o real do objeto pequeno *a*, com seus semblantes. É o recurso para saber o que fazer com o Outro sexo. Falta-nos, no entanto, a fórmula da relação entre os seres sexuados, embora tenhamos a da reprodução humana, que escrevi logo no início.

Há, conforme mencionei ontem, os sintomas típicos ou sociais. O casamento é um sintoma social, o matrimônio monogâmico é invenção de um dado momento da história e vem recebendo muitas significações, inspirando literatura, arte; fato fundamental de nossa cultura. A Igreja, por sua vez, sempre soube que é semblante e que o gozo teria que ser respeitado. O que inquieta, atualmente, é a própria Igreja ter se tornado intolerante com o gozo. Em nome da reprodução faz pensar que o matrimônio é natural e monogâmico: um ser de um sexo casa-se com um de outro sexo. É a razão de a chamarmos a Mãe Igreja.

Observamos que os *gays* reivindicam o casamento, sinal dos novos tempos, ofensiva para demonstrar que o matrimônio é semblante. Agrada-lhes demonstrar o caráter de semblante que tolamente os neuróticos tomam como coisas em si mesmas. Trata-se de um *lobby* forte que prevalecerá nos Estados Unidos primeiro, e já no Havaí há um certo reconhecimento. Na França, são mais cuidadosos, discretos, mas houve recentemente uma manifestação a favor dos casamentos homossexuais reivindicando os mesmos benefícios dos casamentos heterossexuais. Um amigo *gay* pediu-me que a assinasse e o fiz porque me parece justificável. Pensei inclusive em Michel Foucault, protetor do Departamento de Psicanálise, como dívida à memória dele, que vivia com um parceiro. Há, com efeito, fortes vínculos de ternura e amor bastante duráveis entre homossexuais. A meu ver não é essencial preservar o antigo semblante do matrimônio. Podemos fabricar outro. É uma reflexão que não poderemos evitar: como manobrar a ofensiva *gay* dirigida aos semblantes? Esta comunidade que sabe melhor do que os neuróticos o que é o gozo das pulsões parciais e situa o resto como semblante. É preciso aprender com eles; nós o fazemos muito mais com os neuróticos, desde que o *main stream* de cada associação analítica é neurótico. É o Partido Central de nossa sociedade, mas devemos querer bem aos colegas homossexuais e aprender com eles.

Não desenvolverei o que li recentemente sobre bactérias, "A 'linguagem' das bactérias". O incrível fato de elas se comunicarem em código chamou a atenção dos professores de Harvard, autores de experiências. Parece que, nas colônias em que vivem, ao atingirem certo número, seiscentas ou mais, começam a produzir luz. Iluminam-se somente quando são mais de seiscentas. Como Jorge Forbes ao ver a multidão que tinha convocado, apesar do preço alto para inscrever-se. A questão dos cientistas é: como as bactérias sabem que atingiram seiscentas? Não trato de interpretar, eles usaram o termo "saber". Dizem que as bactérias sabem o número *n*, a partir do qual passam a produzir luz. Isso encarna bem o que é o “saber no real”. O número permanece invariável, elas vivem nas lulas, ajudando-as a sobreviver. Nós, seres humanos, temos órgãos e não sabemos o que fazer com eles, tratamos de dar-lhes sentido, encontrar-lhes função. Lacan formula que não há relação sexual. Não há equivalentes para a fórmula gamética ao nível da relação de um ser sexuado com o outro, por isso há sintomas, coletivos, atípicos ou próprios de um sujeito; todos correspondem à ausência de uma fórmula da relação sexual, no real.

E pela primeira vez escrevo: o sintoma substitui a ausência da relação sexual (símbolo do conjunto vazio)

$$\frac{\Sigma}{\varnothing}$$

Devo justificar, não agora, na próxima quarta, em Paris: a não relação sexual é um atributo da espécie humana; o que nos leva a dizer que não há ser humano sem sintomas. Por isso não podemos atribuir o uso patológico comun ao sintoma. Trabalharei nessa perspectiva.

O sintoma inscreve-se no lugar do que se apresenta como falta, falta do parceiro sexual natural. O sexo não designa um parceiro natural, é insuficiente para emparelhar. A relação quando estabelecida é sempre sintomática. Segundo Lacan, a necessidade, o que não cessa de se escrever, se inscreve como sintoma. Não há relação possível entre dois seres da espécie humana que não passe pela via do sintoma. Lacan identificou algumas vezes parceiro e sintoma; poder-se-ia pensar que o parceiro é sintoma quando é mau parceiro, quando de fato se sintomatiza o melhor parceiro.

Em análise, quando o sujeito testemunha ter um parceiro insuportável, cabe ao analista pensar que esse emparelhamento não é fortuito. O parceiro insuportável traz consigo o mais de gozo, o pequeno *a* que convém ao sujeito. Os casos de união sintomática apontam para o que pode existir da relação sexual em nossa espécie. Vamos às perguntas.

Perguntas e respostas

Bernardino Horne (EBP — Bahia) — O senhor distingue o objeto *a* como real e semblante. Pergunto se o que o analista pretende conduzir ao lugar é o objeto *a* como semblante ou como real? É o objeto *a* como real, como oco, e se o transforma em semblante? O semblante de *a* analítico é o mesmo do pequeno *a* real?

J.-A. Miller — Insisti muito no caráter de semblante do objeto pequeno *a*, fazendo oposição à idéia substancialista desse objeto. Mais ainda insisto ao opor o objeto pequeno *a* como real e como semblante. Reservo o termo real ao objeto *a*, puro contorno topológico. É o mais real do objeto. Se o analista é um semblante só pode ser como encarnação do objeto pequeno *a*. Torno equivalentes todas as encarnações do objeto pequeno *a*.

Dentre as encarnações podemos distinguir o objeto analista, semblante muito elaborado do objeto merda, menos elaborado. Há distinções entre os objetos pequeno *a* semblantes, mas me detive em opô-los ao objeto pequeno *a* real. O resto constitui-se de elaborações da cultura; constitui-se do Outro.

Fernando Grossi (EBP — Minas) — Surpreendeu-me o matema do sintoma/não há relação sexual. Em *Mais, ainda* Lacan se refere à fantasia como uma suplência da não relação sexual. Pergunto se nas novas formas do sintoma esse matema ajuda a pensar nas modalidades de gozo que não passam pela fantasia.

J.-A. Miller — Lacan afirma muita coisa, em tempos variados, as quais tomam diversos sentidos. A definição que utilizo para sintoma inclui a fantasia. Trata-se de definição ampla. Nos seminários seguintes Lacan postula o sintoma em seu sentido mais desenvolvido, como suplência à falta da relação sexual. Não descarto sua referência, muito pelo contrário.

Oscar Cirino (EBP — Minas) — Gostaria que o senhor desenvolvesse mais a expressão "estádio do telefone", mencionada em seu seminário de fevereiro de 96. Não sei se ela tem status de conceito ou de noção. Foi utilizada designar a inversão de perspectiva que Lacan adota a partir de *Mais, ainda* com relação à dialética gozo/grande Outro.

J.-A. Miller — Constato que meus cursos de Paris chegam até aqui. Tratando de ilustrar a antinomia entre auto-erotismo do gozo e grande Outro, pus no exemplo os meios utilizados para colocar o Outro a distância. O filme *Denise está chamando* ilustra bem o sintoma atual. Há uma fobia normal, evitar contatos físicos para distanciar-se do Outro. As empresas não enviam mais os executivos a outros países; para economizar organizam videoconferências simultâneas. Quem sabe nós mesmos não o faremos daqui a pouco. Eu, de Paris, olhando-os pela tela. Não sei como faria sem o Jorge Forbes cochichando ao meu ouvido para traduzir as palavras que desconheço em sua língua. Não digo que esteja a favor. Mas talvez futuramente vocês mesmos deixarão de viajar, cada um, em seu país, se comunicará com os outros. Uma Escola feita de pessoas em casa comunicando-se. É a idéia de Pascal no séc. XVII, que considerava sair de casa perda de tempo. Estaremos realizando a idéia.

Cláudia Povoa (Belo Horizonte) — Em se tratando de Psicanálise e Cultura, da interseção e conjunção, o senhor mencionou o semblante operando nos campos da cultura. Quanto à disjunção, mencionou no discurso analítico a questão do semblante. Como operar com o semblante na singularidade de um sujeito, relembrando a menção feita à inércia da cena masoquista? Lacan no Seminário "De um discurso que não seria de semblante" faz uma aposta. A questão de Bernardino Horne caminha nessa direção, quando o senhor faz a disjunção entre o objeto *a* na vertente topológica do furo e o objeto *a* como semblante, resposta ao furo. Gostaria que o senhor abordasse o assunto a partir do discurso, da aposta, tentando traduzir a frase enigmática de Lacan

J.-A. Miller — Será difícil responder a tudo.

Cláudia Povoa — É só uma frase, a identificação do analista com o sintoma. O *sinthome* na topologia, como quarto termo. Como poderíamos ler essa fórmula lógica?

J.-A. Miller — Devo escolher algo dentro do que você falou. A psicanálise, como novo dispositivo na história humana, introduziu algo novo no amor. Talvez se possa dizer de nova forma de gozar da palavra — isso quando a psicanálise não funciona muito bem. Nem todos os semblantes se equivalem. Ia dizer que uma cerimônia da Igreja e um carnaval são coisas distintas, mas dei-me conta de que estava no Brasil. Aqui o carnaval é instituição. Para um francês dizer "é um carnaval", significa: "não tem importância".

A pergunta menciona o analista e o sintoma. Um analista pode tornar-se sintoma para um paciente quando a análise não andou bem. Há pacientes carregados de um sintoma que, para o sujeito, é a forma que sobra do parceiro-analista. Eis um tema a desenvolver.

Maria Alice Novaes (EBP — São Paulo) — Gostaria que o senhor retornasse rapidamente ao seminário de ontem, quando fez uma brilhante relação entre Igreja/Psicanálise. Como entender o judaísmo que o senhor identificou com a posição analítica. Não entendi bem a relação.

J.-A. Miller — O paradoxo da história judaica é que os eleitos por Deus viraram dejetos, rechaçados pelos povoados onde viviam. Até a liberação e atualização com a Época das Luzes, cuja reação foi logo após um extermínio como nunca antes visto. Situar o povo judeu na posição de objeto pequeno *a* da história ocidental não me parece forçado. Com o aparelho da separação, de gueto, por um lado e correlativamente o imperativo religioso de permanecer juntos, com um estranho afeto pelos semblantes do tipo opressão. Vestir-se de negro, no século antigo, foi marca da opressão e a ortodoxia judaica claramente começou a querer essa marca. Ao ponto de permanecerem vestidos de negro sob o Sol em que todos se vestem com cores vivas e vestidos leves. É admirável ver isso em Israel. Eles estão com roupas pesadas, tecidos pesados. Sem exagerar, pode-se dizer que há uma relação entre essa história e essa posição de objeto pequeno *a,* permitindo dizer que dessa filiação surgiu Freud, e não por acaso. Está aí implicada a tradição de decifrar a Bíblia. Lacan diz que os judeus sabem interpretá-la e, quem sabe, foi isso que facilitou a Freud a leitura das formações do inconsciente? Sem dúvida, esta é uma profissão favorecida pelos judeus. Lacan, no entanto, não era judeu e a psicanálise não é uma prática judaica, como queriam alguns.

Dominique Fingerman (EBP — São Paulo) — Sobre a relação sintoma/fantasia, poderíamos localizar a fantasia com a noção freudiana de fixação de semblante, fixação inaugural de um semblante modelo, dando forma de merda ao objeto *a*?

X — Tenho uma pergunta mais geral. Queria saber o que pensa a respeito de novas formas de intervenção, postura ou impostura do analista frente aos avanços tecnológicos e científicos? Para onde caminhamos como analistas?

Jairo Gerbase (EBP — Bahia) — No decorrer dessas três conferências o senhor quis prescindir do conceito de fantasma, fantasia. Pergunto se o conceito de sintoma, tal como foi desenvolvido, permite que a teoria psicanalítica prescinda do conceito de fantasia.

Jorge Forbes (EBP — São Paulo) — Para desenvolver a aula de hoje você partiu da diferença entre as pulsões do [eu], referindo-as ao narcisismo e às parciais referidas ao auto-erotismo. Será que poderia, de forma simples, diferenciar auto-erotismo de narcisismo?

J.-A. Miller — Para responder precisaria de uma quarta conferência, talvez hoje à noite em vez da festa!

A Dominique Fingerman — Não faço objeção à sua proposta. Lacan definiu primeiramente o sintoma como algo que se decifra, uma definição simbólica. Correlativamente deu uma definição imaginária da fantasia, um imaginário estilizado e simbolizado, mas fundamentalmente imaginário. Passou depois por várias etapas de reflexão. Em sua última perspectiva acentuou o sintoma como real. Em lugar do que falta no real, inventamos um novo real, particular a cada sintoma, àquele que é nosso sintoma, que se repete, que não cessa de se inscrever. O "não cessa de se inscrever" falta, na espécie humana, para a relação entre os sexos. Mas para um sujeito há um sintoma fundamental que não deixa de se repetir, o conceito de sintoma, assim visto, inclui a fixação.

À pergunta de X — Para onde vamos? A tese de Lacan era "vamos ao pior". Deixamos a etapa do pai, dos ideais: para nós o Édipo mesmo é um sintoma. Assim, deixando o pai, vamos ao pior e todo o movimento da cultura o indica. Melhor ir ao pior com humor.

A Jairo Gerbase — De fato não usei a fantasia, não usei muitos outros conceitos, porque ela se inclui no sintoma.

A Jorge Forbes — A pergunta me obrigaria a uma nova conferência. Direi somente que o próprio Lacan começou situando a libido ao lado do narcisismo, antes de distingui-la. Ao opor narcisismo com lógica de simetria, de reversibilidade, de reciprocidade e de outro, o auto-erotismo em que contamos com o movimento circular ao redor do oco, estabelecemos duas lógicas distintas.

O sentido do sintoma e os caminhos de sua formação

Antoni Vicens

Em sua "Conferência em Genebra sobre o sintoma", Jacques Lacan assinala: *"Leiam um pouco(...) as* Vorlesungen *de Freud. Existem dois capítulos sobre o sintoma. Um chama-se* Wege zur Symptom Bildung, *é o capítulo 23; logo se darão conta de que existe um capítulo 17 que se chama* Der Sinn, *o sentido dos sintomas. Se Freud aportou algo, é isso: que os sintomas têm um sentido, que somente se interpreta corretamente (...) em função das primeiras experiências, a saber, na medida em que [o sujeito] encontra o que hoje chamarei, por não poder dizer mais e melhor, a realidade sexual."*[1] Estas frases de Lacan serviram de pretexto para que Vicente Palomera sugerisse a Jacques-Alain Miller que, na ocasião das IIIas Jornadas da EEP-Catalunya, apresentasse um Seminário sobre as duas Conferências Introdutórias sobre psicanálise de Sigmund Freud dedicadas ao sintoma.[2] O presente comentário da obra de Freud se inspira e toma sua orientação neste seminário.

Em uma primeira síntese, o sintoma é uma forma de circulação do gozo sexual pelos desfilamentos do significante, tal como os traça o inconsciente, isto é, a metáfora e a metonímia. Esta circulação caracteriza-se pela fixidez de alguns itinerários orientados por pontos nodais que, para sorte ou desgraça do sujeito, se convertem em seu guia. É na realidade sexual onde temos que procurar a razão deste retorno que cria um sentido privilegiado.

A argumentação de Freud em suas *Conferências* apresenta-se em dois tempos. Primeiro: os sintomas têm um sentido; segundo: este sentido está orientado.

Do sentido ao discurso

O sentido dos sintomas pertence à mesma ordem que demonstram as formações do inconsciente, os sonhos e os atos falhos, que têm a mesma relação com as experiências de realidade do paciente. Trata-se de um acúmulo de materiais conjugados em uma formação que possui uma certa coerência e que pode se apresentar como tal à consciência.

Esta premissa permite estabelecer uma gradação, que de algum modo já oriente a análise do sintoma. Com efeito, se partimos com Freud da idéia de uma relação do sintoma com o vivenciar efetivo do sujeito, entre os sentidos do sintoma encontraremos desde as experiências mais particulares, criações exclusivas que conformam a história singular de um sujeito, até os atos mais gerais (respirar, alimentar-se etc.). O sintoma adquire todos os aspectos da vida. É a partir daí que Freud fala de uma *gemeine Nervosität,* uma neurose ordinária na qual se confundem o sintoma e as condições da existência.

Entre estes dois extremos situa-se também o diagnóstico do sintoma, que parte da generalização de suas variedades. Para começar, pode-se ver como alguns sintomas retiram do corpo a matéria com a qual podem produzir sentido enquanto que outros se incluem no pensamento. Temos assim a histeria e a neurose obsessiva. E, a partir desta primeira generalização, a clínica permite estabelecer listas de sintomas típicos. É algo parecido ao que acontece com o conteúdo manifesto dos sonhos, que, sendo sempre particular, apresenta-se de tal modo que é possível estabelecer sonhos (ou elementos de sonho) típicos, como cair, voar, andar despido etc.

Porém, como o próprio Freud mostra, no sintoma não é clara a correspondência entre o típico e o histórico.[3] E justamente aí reside a dificuldade do sintoma quando é tomado somente a partir de seu sentido manifesto: não se torna fácil distinguir entre o mais geral e o mais particular. O sentido mais particular resistiria a toda mediação analítica; o mais geral seria intratável ou, no limite, tratável somente com a morte do sujeito. A clínica psicanalítica situa-se precisamente nesse espaço intermediário, onde o sintoma toma formas que se articulam com uma necessidade de discurso. Nesse amplo espaço entre alguns extremos intratáveis, reside a entrada do sintoma no discurso analítico: a isto chamamos a histerização do sujeito.

A significação do sintoma

Em Freud, o sintoma não é somente um sentido manifesto e decifrável, porém algo mais: possui um "sentido profundo", uma história especial de sua formação. Jacques-Alain Miller propunha em seu seminário de Barcelona distinguir, seguindo Freud, entre o sentido e a *Bedeutung* (referência e significação) do sintoma.[4] De fato, a interpretação de um sintoma indica o fato de que, no campo de seu sentido, se encontra algo que não se tem (é *sinnlos*). A prova é o ato obsessivo, cujo sentido escapa ao sujeito que se encontra obrigado a executá-lo. Daí precisamente parte o tratamento, quando o sujeito apresenta isso que não tem sentido para ele como uma divisão, da qual surge a queixa. Mais ainda: chamamos sujeito à conexão — ao significante, isto é, à relação de significação — que falta no campo do sentido do sintoma e que, para encontrá-la, é necessário analisar o campo do sentido do sintoma apelando a outra significação.

Então Freud, do mesmo modo que para encontrar a significação dos sonhos começa pelo sonho infantil, para o estudo da significação dos sintomas parte da neurose traumática. É que nela se pode ler de maneira quase imediata a referência real ao sintoma, sua *Bedeutung,* que se reproduziria literalmente ao pé da letra no sentido mesmo do sintoma. Na neurose traumática o sentido e a significação do sintoma quase se confundem.

O problema surge na hora de situar as condições e a natureza conceitual do que a clínica nos apresenta como traumático. É traumático, em princípio, o que, por causa de um excesso de estímulo, deixa uma impressão no aparelho anímico; porém fica por definir em relação a que é excessivo este estímulo. E aqui não se pode generalizar (como acontecia no campo do sentido), porque uma mesma vivência pode ser traumática para uns e não para outros.

Ante a insuficiência do conceito de um núcleo traumático universal no sintoma, e para ampliar esta idéia a qualquer tipo de neurose, Freud subordina-o a outro conceito: *Nachträglichkeit,* a retroatividade, na qual se define não o sentido, mas a significação do traumático. Este é, como ensina Lacan, um ponto forte na concepção freudiana: algumas vivências, inócuas em seu momento, podem ser reinvestidas retroativamente, com o que mudam de significação até o ponto de adquirir a dimensão de um traumatismo psíquico. É retroativamente, pois, que o sintoma encontra sua significação e sua referência.

E se a *Nachträglichkeit* vale algo na formação do sintoma no ser falante, é precisamente pelo sentido que tem o sexual para ele. A especificidade humana do sexo define-se, a partir dos *Três ensaios,* segundo uma perversão originária e uma historicidade que inclui a sexualidade infantil, uma fase de latência, e um retorno na puberdade sob o império da castração. E é essa historicidade que permite interpretar a significação sexual do sintoma e diferenciá-la de seu sentido manifesto, sempre presente.

Somente a partir dessa temporalidade freudiana é possível definir uns possíveis elementos traumáticos generalizados: trata-se das fixações em umas fases determinadas do desenvolvimento sexual. Aí se encontrariam os referentes exatos e universalizáveis do sintoma. Com uma reserva: nem todas as fixações produzem neuroses.

Um certo despertar

As organizações históricas que sustentam o sintoma obrigam o sujeito a viver em um conflito: entre as exigências do presente e o ressurgimento do passado, entre a vida e aquilo que a danifica, entre a vontade e o ato, entre o prazer e o desprazer. É, em suma, o conflito da libido que, para sua satisfação, se vê obrigada a seguir alguns caminhos que não lhe são próprios.

A contradição provém do fato de que a libido deve, para avançar, retroceder para *"uma das organizações já superadas ou a (...) um dos objetos a que renunciou antes"*[5]*; aí, nesse espaço regressivo, reside a forma fixa que a captura. Esses "tempos passados que foram melhores"*[6] nos quais encontra satisfação fazem-na entrar em luta com a formação para a realidade que é o *Ich*. Isto é como dizer que as representações que guiam a libido no sintoma não se articulam segundo o princípio de realidade, mas segundo o sistema inconsciente: a condensação e o deslocamento. Aí reside outra semelhança do sintoma com o sonho.

Tal como um sonho é um compromisso entre um sistema de representações inconscientes (uma fantasia) e o que permite a censura, no sintoma a libido vê-se obrigada a regressar a suas fantasias inconscientes pactuando-se com essa mesma censura. Daí a deformação do desejo libidinal que se satisfaz com o sintoma.

No entanto, deformar com o fim de transpor a censura implica recorrer a representações; e será precisamente nelas onde se poderá ler os termos do conflito.

Por outro lado, no sonho o campo de representações é mais amplo, e tudo se cumpre nelas enquanto o sujeito não deixa de dormir. Em troca, o sintoma implica uma manipulação expressa da realidade, um despertar ao menos parcial, com o fim de acomodar essa realidade à satisfação ordenada pela fantasia.

A pulsão procura então seu objeto através de uma realidade submetida a uma transformação causada pelo sintoma; e certamente o faz segundo as matrizes fixas de sua referência. Para que estas matrizes possam driblar a censura, têm que pertencer a uma ordem indiscutível para o *Ich*, têm que ser tais que ele não pode se opor a elas. Freud encontra a razão desse valor absoluto no período infantil de desenvolvimento. Supostamente foi então quando se formularam as primeiras escolhas na orientação pulsional; quando o sujeito, em suas experiências e em sua manipulação da realidade, nos gozos e nos objetos de amor encontrados, partia de uma ausência de história e de uma liberdade suprema. Mas Freud se vê obrigado a ampliar esse passado a um tempo anterior à existência individual, até chegar a uma pré-história filogenética. E, como vimos, o passado não é tampouco uma evolução linear e de sentido único; é aquilo que retroativamente se reconstitui.

A realidade

Outra questão é o tipo de realidade com a qual trata o sintoma. Em primeiro lugar, e partindo da diferenciação entre a histeria e a neurose obsessiva, na primeira aparece claramente a realidade posta a serviço do gozo sintomático — trata-se de partes do corpo, ou de sistemas de laços sociais —; na segunda pode tratar-se somente da realidade do mental.

Logo se materializarão as experiências infantis que proporcionam representações à fantasia. E sucede que na análise resulta difícil, ou impossível, decidir a realidade ou ficção dessas referências fantasmáticas. E se o analista se interessa por comprovar sua realidade, certamente provocará a incredulidade ou a ironia do analisando. Mas tanto faz, porque a realidade na análise não é outra que o próprio trabalho analítico consumido na produção da fantasia.

De outro lado, a fantasia estrutura-se sob formas que retornam sempre e que parecem apresentar uma realidade humana, universal. Trata-se da observação do coito dos pais, de ser objeto de sedução ou destinatário da ameaça de castração. O sintoma recorre a essas representações de qualquer modo; se a realidade não as proporcionou, inventa-as a partir do suposto material filogenético. O importante é que, na fantasia, núcleo da interpretação do sintoma, o sujeito organiza, segundo esses cenários regulares, a forma que pode adquirir para ele aquilo que não tem forma: a realidade do sexo. Isto, de um lado, causa a interpretação que é o sintoma mesmo; de outro, permite a interpretação no tratamento.

Mas, afinal de contas, a realidade mesma é um sintoma generalizado; isto prova o artista, que extrai de sua fantasia novas leis com as quais dá consistência à precária e contingente existência humana. Ele encontra novos nós entre o herdado e a nova realidade que, em si mesma, não se transmite.

Obviamente, aqui se tem que ampliar o termo artista, *Künstler,* a todo aquele que confere a seu trabalho um princípio de inovação, de criação, de constituição dos artifícios que nos tornam indispensável a existência; e que nos permitirão continuar constituindo novos sintomas.

NOTAS

1. Lacan, J., "Conférence à Genève sur le symptôme", *Le Bloc-Notes de la Psychanalyse*, 5.
2. Miller, J.-A., "Seminário de Barcelona, sobre *Die Wege der Symptombildung*", *Freudiana*, 19, p.7-56.
3. Freud, S., *Conferências introdutórias sobre psicanálise*, ESB, XVI, Rio de Janeiro, Imago, 1976.
4. Miller, J.-A., "Seminário de Barcelona, sobre *Die Wege der Symptombildung*", op. cit., p. 23
5. Freud, S., *Conferências introdutórias sobre psicanálise*, ESB, XVI, op. cit. 6. Ibid.

O sintoma entre o princípio do prazer e o princípio de realidade

Chaves para uma teoria unificada do campo freudiano

Samuel Basz

O estabelecimento das coordenadas para dar conta da formação de sintomas está, desde os primeiros trabalhos de Freud, intimamente vinculado a uma concepção quantitativa. Efetivamente, trata-se de uma verdadeira economia da energia psíquica que Freud considera necessária para extrair da psicopatologia noções fundamentais que esclareçam a psicologia normal. Já na carta que envia a Fliess em 25 de maio de 1895, em plena elaboração do "Projeto de uma psicologia para neurologistas", vincula estreitamente a produção sintomática com o enfoque quantitativo.

A problemática da satisfação, encarada precocemente na vertente das sensações de prazer-desprazer, é um espaço teórico privilegiado em Freud que, ao fazê-la funcionar em concordância com a noção lacaniana de gozo, oferece uma base segura para a leitura conjunta de Freud e Lacan.

Mais precisamente, tomando a substituição como fundamento da estrutura da metáfora (em contraste com o termo mais frouxo, articulação) e aplicando-a sistematicamente ao funcionamento do princípio do prazer e do princípio de realidade por uma parte e à elucidação das categorias lacanianas de gozo e de Outro por outra, se verifica por onde passa um dos eixos principais para dar conta de uma unificação do campo freudiano. Esta verdadeira demonstração de como os desenvolvimentos de Lacan se correspondem logicamente com as formulações de Freud permite discriminar o sentido de retorno a Freud promovido por Lacan no marco do que Miller batizou de "uma teoria unificada do campo freudiano".[1]

Dentro deste marco trataremos de avançar na consideração do status do sintoma entre os dois princípios do suceder psíquico.

Há uma preciosa indicação de Lacan, que permitiu tomar as decisões epistêmicas necessárias em função dos pontos de difícil resolução que surgem dos impasses nos desenvolvimentos de Freud.

Trata-se da seguinte asseveração: "resulta claro que o princípio de realidade funciona de fato como isolando o sujeito da realidade."[2]

Na medida que toda regulação homeostática implica necessariamente um processo de isolamento em relação à realidade, se impõe a noção de uma profunda subjetivação do mundo exterior, a tal ponto que o homem é obrigado a ver através de pedaços escolhidos da realidade.

No "Projeto"... e na atualidade

É indubitável que o "Projeto", ou melhor, seu invisível espectro – como disse James Strachey — está presente em silêncio durante toda a série de escritos teóricos de Freud, até o final. É ali onde considera que "junto às séries das qualidades sensíveis temos que considerar outra série muito diferente daquelas: a das sensações de prazer e desprazer"[3], vinculadas respectivamente com a descarga ou com um acréscimo de pressão.

Dando continuidade, Freud vincula a tendência a evitar o desprazer com o princípio de inércia neuronal que regula o funcionamento primário do aparelho: a circulação livre de energia. Por outra parte, a lei de constância se conecta a processo secundário, ou seja, à energia, ligada.

O central é o que Freud considera regulado pelo princípio de inércia; um tipo de processo que postula a partir do descobrimento do inconsciente: o processo primário. Não advertir a força desta premissa tem conseqüências em posições atuais da psicanálise da IPA que apontam para o encontro de uma homologia estrutural entre o inconsciente e a estrutura bioenergética cerebral.[4]

Freud descreve o processo primário tomando como eixo a formação do sintoma histérico e o sonho. O deslocamento total de uma representação a outra, a comprovação clínica da intensidade e eficácia das representações substitutivas, somente se fazem inteligíveis se considerarmos sua expressão econômica, neste caso pela formulação do princípio de inércia.

A parte II do "Projeto", consagrada à psicopatologia da histeria, coloca em evidência o fator quantitativo como o essencial das "representações hiperintensas" responsáveis pelo que Freud chama a "compulsão histérica"[5]. Temos que considerar que já nos *Estudos sobre a histeria*, no texto escrito com Breuer intitulado: "Sobre o mecanismo psíquico dos fenômenos histéricos" de 1893, Freud inclui o princípio de constância em uma articulação dinâmica, que permite vermos ser uma equivalência entre o princípio de prazer-desprazer. Neste texto, principalmente nos pontos 2 e

5, essa dinâmica está essencialmente vinculada à produção de sintomas. A tal ponto que os sintomas se atribuem a um defeito de ab-reação e portanto o tratamento se orienta na busca de uma descarga adequada dos afetos concomitantes.

A defesa, uma hipótese clínica

Mas é em "As neuropsicoses de defesa" (1894) que a relação entre a formação de sintomas e a defesa se estabelece manifestamente na histeria adquirida, em muitas fobias e representações obsessivas e em certas psicoses alucinatórias.

A defesa, entendida como uma hipótese clínica a respeito da formação de sintomas, estava por sua vez baseada numa verdadeira teoria econômica de *Besetzung*, de investidura. É o mesmo Freud, nos últimos parágrafos de "Neuropsicoses de defesa", quem expõe os fundamentos dos quais tem se utilizado, todos articulados na linha de um "quantum de afeto", de uma "quantidade de excitação", de algo que cabe definir indubitavelmente como as "propriedades de uma quantidade", "algo que é susceptível de aumento, diminuição, deslocamento e descarga"[6]. Freud considera esta hipótese o fundamento da teoria da ab-reação, sendo portanto a base indispensável do princípio de constância, que aparece no começo intimamente ligado com o princípio do prazer.

O interesse do que sublinhamos neste percurso está centrado em que a virada que Lacan faz a partir dos anos 70, com respeito ao status do gozo, nos deixa ler não somente a caracterização lacaniana do sintoma nos diferentes momentos do seu ensino, senão também constatar que, quase originalmente em Freud, a formação de sintomas e o gozo estão fortemente implicados. Constitui-se também no eixo de todo o desenvolvimento que ulteriormente permite captar o valor da satisfação que se faz presente tanto na estruturação do sintoma como na estruturação das formações do inconsciente.

Formulações freudianas. Matemas lacanianos

No seu curso "Causa e consentimento", Miller[7] trabalha exclusivamente com o texto canônico de Freud de 1911[8], referido à diferenciação e articulação entre os dois princípios reguladores — o princípio do prazer e o princípio de realidade — que dominam, respectivamente, os processos primário e secundário.

Uma das chaves da leitura é a consideração do caráter relativo do princípio de realidade a respeito do princípio do prazer, tal como fica consignado no texto: "O relevo do princípio do prazer pelo princípio de realidade, com as conseqüências psíquicas que dele se seguem (...) em verdade não se cumprem de uma só vez nem simultaneamente em toda a linha"[9]. "Em verdade, a substituição do princípio do prazer pelo princípio de realidade não implica o destronamento do primeiro, porém seu asseguramento"[10].

Miller "matematiza" os resultados da elaboração lacaniana a respeito do resto não metaforizável em toda substituição significante referida do gozo e os aplica à elucidação do funcionamento dos dois princípios: efetivamente uma substituição não é uma evacuação.

Uma seqüência equivalente é lícita para compreender o status do fantasiar a respeito do processo do pensar[11]; se faz evidente que o fantasiar é o "resto" — a nível do pensar — que não passa ao princípio de realidade. A fantasia é o lugar onde permanece o resto não metaforizável do princípio do prazer pelo princípio de realidade no plano do imaginário, do sentido.

O sintoma, suplência de um fracasso

Assim, considerar o sintoma "entre" os dois princípios tem o maior interesse, pois surge sua dupla função estabilizadora: a) estabilização do sentido frente ao não sentido e b) estabilização do gozo frente ao excesso ou déficit de satisfação. Em íntima correlação com a predisposição — estrutural — a adoecer do neurótico e à forma da constelação de sintomas — "a escolha de neuroses"[12] — Freud estabelece uma dupla transmutação. Por um lado o eu deve ir do eu-prazer ao eu-realidade, ao tempo que as pulsões sexuais também devem experimentar as mudanças que as levam desde o auto-erotismo inicial, até o amor de objeto. É em função deste duplo movimento que o sintoma encontra seu lugar, segundo Freud, nas inibições do desenvolvimento de algumas das fases destes processos.

Se nós somos coerentes com a asseveração de que é impossível uma metaforização completa, sem resto, podemos estar certos de que não pode haver inibições do desenvolvimento; já que um desenvolvimento sem elas, um desenvolvimento bem-sucedido, implicaria um submeter-se absoluto ao princípio de realidade, uma completa evacuação do gozo. O sintoma é a suplência deste fracasso estrutural.

Uma inversão da teoria do desenvolvimento

Na perspectiva do que registramos como uma "teoria unificada do campo freudiano", podemos pôr à prova o valor de trabalhar certas equivalências entre termos de Freud e de Lacan. O Pai e o Outro, o *Lust* e o Gozo, o princípio de realidade e o Outro. A tal ponto que se poderia completar o *Lustprinzip* pelo que poderia se chamar "o princípio do Outro"[13], enquanto este determina um novo regime de funcionamento psíquico em relação ao gozo. É assim que nos encontramos com o dualismo do prazer e a realidade transformados em Lacan em dualismo do gozo e do significante. Isto é o que faz com que o princípio do Outro pareça atuar, numa economia do gozo que o preexiste, apagando o gozo.

Mas é precisamente aqui que — como diz Miller — "Lacan vem corrigir Freud". E, tomando a referência do capítulo V do Seminário *Mais, ainda*, mostra a oposição lacaniana à noção de que o *Lust-Ich* seria anterior ao *Real-Ich*. Assim, corrigindo Freud, Lacan propõe uma "contrateoria" do desenvolvimento onde o primário não é o primeiro, e que desloca o *Lustprinzip* de sua posição primária em Freud a tal ponto que nos leva a considerar o *Lustprinzip* ao nível do Outro, quer dizer sucedâneo da linguagem e de tal sorte que o gozo seja impensável antes da linguagem.

Esta "contrateoria" do desenvolvimento em Lacan esclarece que há no começo uma relação satisfatória com o mundo exterior por parte do *Ich*, na exata proporção em que a criança ainda não fala. E é a partir do momento em que o sujeito fala que ele não obterá satisfação do mundo exterior; é a partir desse momento que obterá satisfação da linguagem mesma. Quando Lacan formula que a realidade é abordada com os aparelhos do gozo, está no mais íntimo da veia freudiana, mas com a condição de reter que o aparelho do gozo é a linguagem.

Lacan, ao renovar o conceito de inconsciente a partir dos anos 70, abre o caminho pelo qual sua própria investigação equivale ao status freudiano do sintoma captado "entre" os dois princípios. É um retorno ao Freud que vê no sintoma algo mais que uma significação ao Outro; trata-se de sua implicação numa economia que transgride a ordem significante da emergência da verdade.

Há não obstante em Freud, precisamente em suas "Formulações sobre os dois princípios", uma clara referência a que, "em sua origem, o pensar fora inconsciente na medida que se elevou por cima do mero representar e se dirigiu às relações entre as impressões de objeto. Então adquiriu novas qualidades perceptíveis para a consciência unicamente pela relação com os restos da fala"[14]. Trata-se da fala fora da dialética da pergunta e da resposta, dos restos de fala que entorpecem a comunicação na medida em que se excluem da referência.

NOTAS

1. Miller, J.-A., "Cause et consentement" (1987-88), lição de 20.4.1988, inédito.

2. Lacan, J., O Seminário, livro 7, *A ética da psicanálise* (1959-60), Rio de Janeiro, Jorge Zahar, 1995.
3. Freud, S., "Projeto de uma psicologia científica" (1895), ESB, IV, op. cit.
4. Etchegoyen, H., Miller, J.A., *Silence brisé*, Paris, Agalma-Seuil, 1997.
5. Freud, S., "Projeto de uma psicologia científica" (1895), ESB, IV, op. cit.
6. Freud, S., "As psiconeuroses de defesa" (1894), *ESB*, III, op. cit.
7. Miller, J.-A., "Cause et consentement" (1987-88), lição de 23.3.1988, op. cit.
8. Freud, S., "Formulação sobre os dois princípios do funcionamento mental" (1911), ESB, XII, op. cit.
9. Ibid.
10. Ibid.
11. Ibid.
12. Ibid.
13. Miller, J.-A., "Cause et consentement" (1987-88), lição de 1.6.1988, op. cit.
14. Freud, S., "Formulação sobre os dois princípios do funcionamento mental" (1911), ESB, XII, op. cit.

Além das referências citadas neste trabalho, remetemos a dois textos fundamentais para nosso tema: a 23ª Conferência de Freud sobre "Os modos de formação dos sintomas", ESB, XVI, op. cit., e o Seminário , livro 2, *O eu na teoria de Freud e na técnica da psicanálise*, de Jacques Lacan, Rio de Janeiro, Jorge Zahar, 1985.

Os benefícios do sintoma e a segunda tópica

Serge Cottet

As dificuldades próprias à ação terapêutica, os obstáculos da interpretação, o conjunto de problemas levantados nos finais de análise[1] são cada uma das manifestações da persistência do sintoma: um real que resiste à interpretação.

A tradição psicanalítica clássica quis reduzir esse problema àquele da resistência.

Novas demarcações do sintoma

Lacan resume esse ponto de vista para criticá-lo em "Variantes do tratamento-padrão": "Se, desde então, o analista dando ao sujeito a palavra de seu sintoma este não deixa de persistir, é que o sujeito resiste a conhecer seu sentido[2]."

Todos concordam com o fato de fazer da segunda tópica de Freud a resposta da doutrina às dificuldades técnicas geradas pela inércia do sintoma. Esse despertar teórico é a origem dos principais artigos da segunda tópica: *Para-além do princípio de prazer* (1921), *O eu e o isso* (1923), *O problema econômico do masoquismo* (1924), *Inibição, sintoma e angústia* (1926) e *Mal-estar na cultura* (1930).

Esses textos trazem à metapsicologia freudiana as modificações necessárias para esclarecer o problema do benefício do sintoma e principalmente as relações de condescendência e de compromisso do sintoma com o eu.

Lembrando as construções anteriores, o sintoma era definido pela noção de compromisso entre o recalcado e a instância recalcadora. Na primeira tópica, é o recalque da libido que produz um sintoma enquanto retorno do recalcado, mais ou menos travestido e disfarçado, filtrado pelo inconsciente.

No período precedente (1910-1920), o conceito de substituto fundava-se na plasticidade da libido, suas metamorfoses simbólicas. O sintoma não tem uma estrutura muito diferente das metáforas do sonho. Ele é essencialmente sobredeterminado enquanto compromisso entre a pulsão e o recalque.

Essa acepção é aquela que retém Lacan em "Função e campo da fala e da linguagem": "... para se admitir um sintoma na psicopatologia psicanalítica, seja ele neurótico ou não, Freud exige o mínimo de sobredeterminação constituído por um duplo sentido, símbolo de um conflito defunto, para-além de sua função, num conflito presente *não menos simbólico*[3]."

Com a segunda tópica, o ponto de vista econômico prevalece sobre o ponto de vista conflituoso ou dinâmico. Enquanto o sintoma resultava de um conflito da pulsão com o eu, agora trata-se de dar conta de um conflito interno ao eu ou dos efeitos sintomáticos de um eu dividido entre várias intâncias, ou ainda das satisfações narcísicas que o sujeito encontra no seu sintoma[4].

A grande questão passa a ser então a adoção do sintoma pelo eu, como diz Freud, sua infiltração, seu comprometimento com as diferentes instâncias do eu.

Portanto, não se poderia considerar o eu como um simples agente dos mecanismos de defesa. Com efeito, ele é ao mesmo tempo um espião, um cavalo de Tróia ou um aliado provisório. A segunda tópica leva em conta essa estratégia, onde um novo compromisso entra em ação entre o recalcante e o recalcado.

Com efeito, não é mais o triunfo do princípio de prazer que, até então, estava na origem do recalque. Há um para-além do princípio de prazer onde as alianças obscuras se elaboram e novas formas de gozo tiram proveito.

Em 1926, em "Inibição, sintoma e angústia", Freud modifica sua definição do sintoma: "O sintoma é um sinal e um substituto de uma satisfação instintual [pulsional] que permaneceu em estado jacente[5]."

Essa definição não é nova, mas Freud lhe dá um conteúdo novo. Ele se refere sobretudo à falta de satisfação e à parte faltante de gozo pulsional que procura uma outra satisfação. Certamente é uma satisfação no sintoma, porém ela não se encontra mais numa relação simbólica ou metafórica com a satisfação pulsional; ou outras pulsões estão em jogo para suprir a satisfação que falta (a pulsão de morte), ou o eu oferece uma compensação a essa falta na medida em que ele é descrito por Freud como atravessado pelo inconsciente.

A segunda tópica procura essencialmente articular o sintoma à parte inconsciente do eu. Nas páginas célebres, Freud ressalta as analogias entre o recalcado e a estrutura do eu. As próprias defesas tiram do recalcado sua estrutura: seu modo compulsivo, repetitivo. A compulsão de repetição aparece então independente do princípio de prazer[6].

A partir daí, Freud identifica o sintoma à compulsão de destino, de maneira que não se vê mais qual é o desprazer que o sintoma evita ao eu, nem qual é a instância que se pode satisfazer com isso. Portanto, daí em diante, a atenção se fixa na independência dos sintomas em relação ao princípio de prazer. A compulsão de repetição vem no lugar do conflito neurótico como se os sintomas manifestassem cada vez mais sua autonomia em relação aos interesses do eu. Eles não são mais descritos como o sucedâneo ou os *Ersätze* de uma satisfação infantil. Eles suprem essencialmente à ausência de um compromisso possível.

Até então, essa verdade estava escondida; pois o para-além do princípio de prazer como a pulsão de morte aparecem raramente em estado puro.

No entanto, a proximidade dos conceitos de pulsão de morte e do eu, sublinhados por Lacan em sua última teoria do estádio do espelho, não permitem mais tratar o sintoma em termos de simples satisfação...

Em seus últimos textos sobre o conceito de gozo, Freud se refere ao mito de um gozo não impossível mas sempre insuficiente e falho, servindo de protótipo à parte faltante de gozo incluída na satisfação pulsional que o sintoma supre, sobretudo a inibição[7].

Resumindo, se o eu é uma parte do isso e se ele mesmo adota a estrutura do recalcado, poderíamos dizer, como Lacan, que "a personalidade do sujeito estrutura-se como o sintoma que ela sente como estranho."[8]

Essa descoberta dos anos 25-30 é normalmente atribuída a Wilhelm Reich, cuja obra *A análise do caráter*[9] tira todas as consequências dessa dependência imaginária do eu em relação à libido, mesmo que o autor tenha sido mal compreendido na época. Com efeito, a psicologia do eu tirou dessa dependência a ideologia de uma terapêutica do eu fraco[10], sem levar em consideração que o pretendido reforço do eu se faz em benefício dos próprios sintomas. Reforçar o eu é reforçar as estruturas do caráter.

Entretanto, seria insuficiente pretender que a segunda tópica dá um novo esclarecimento à estrutura dos sintomas mais conhecidos: a histeria, a obsessão e a fobia. Com efeito, mesmo se esses sintomas beneficiaram-se de remanejamentos da doutrina para explicar sua inércia, uma nova demarcação da clínica se inicia, os novos sintomas são tomados em consideração. A própria prática da psicanálise está na origem desse conceito e de certos sintomas.

Sobretudo, é o caso dos sintomas próprios ao final de análise, a resistência do isso, a depressão feminina, a fuga do sintoma obsessivo na espiral do gozo.

Do mesmo modo, notamos a aparição nos anos 30 do conceito de caráter, considerado como defensivo. A obra de Anna Freud[11], especialmente *O eu e os mecanismos de defesa*, reserva um lugar de destaque à formação do caráter na adolescência, contribuindo para o estabelecimento de uma espécie de correlação entre o estágio da libido e o sintoma.

Numa outra perspectiva, Freud considera o mal-estar da civilização como estruturado como um sintoma; os fenômenos de massa, o apelo ao pequeno pai dos povos aparecem para ele, à medida das grandes catástrofes mundiais, unindo estruturas sintomáticas comparáveis.

Conseqüências clínicas da gulodice do supereu

Esses deslocamentos conceituais têm conseqüências sobre as novas demarcações a que o sintoma se presta.

Mostramos que a ambigüidade do conceito de substituto poderia permitir a distinção de duas épocas:

O sintoma como mensagem, testemunha de um retorno do recalcado;

O sintoma como suplência no eu à insatisfação pulsional.

Certamente os sintomas são sempre criados para retirar o eu de uma situação de perigo. No entanto, não é mais a libido recalcada que vai determinar o sintoma. O perigo é relacionado à instância do real. O acento é colocado sobre a falta ou o impossível da satisfação que é o último significante do complexo de castração. A castração freudiana designa esse gozo impossível que o sintoma assinala ao fingir substituí-lo.

Na realidade, é preciso dar seu nome a esse sinal: a angústia.

O segundo eixo da nova tópica, em torno do qual gira a natureza do sintoma, é essa teoria da angústia como sinal de perigo. Dissemos que o conflito simbólico se atenua. A angústia do real (*Realangst*) torna-se o paradigma da angústia de desejo: elas têm uma estrutura homóloga e produzem defesas comparáveis.

O caráter traumático da diferença dos sexos, do gozo sexual, o enigma do desejo do outro, assim como essencialmente o desejo feminino em Freud, levando em conta a falta que o define, faz da angústia não uma nova forma de uma libido metamorfoseada, mas uma parada que desencadeia a operação recalque. Nessas condições, o sintoma seria mal definido por suas coordenadas libidinais. Novo gozo ou outro gozo, certamente, mas não sexual ou assexual, ou como na psicose, transexual.

É verdade que, nessa época, o caráter foi descrito a partir do modelo pulsional como caráter oral, anal, fálico ou ainda narcísico, como análogo à satisfação orgásmica.

Sabemos que Lacan não adere a essa genitalização do sentido dos sintomas, acentuando a pregnância do significante unário ou do significante mestre nos seus modos de identificações.

Aliás, Freud coloca o acento sobre a falta. Ele reafirma que a relação ao Outro primordial é fundamentalmente perdida, assim como a pulsão é insatisfeita por natureza. O sintoma é a marca dessa falta suspensa à espera do outro, "(...) esperando sempre qualquer coisa que não vinha."[12] Esse modo freudiano de não-existência do Outro gera sintomas que a histeria declina em função dos novos critérios que ressaltamos, tratando-se do conceito de satisfação ou de recusa (*Versagung*).

Deste modo, Freud pode distinguir em *O eu e o isso* vários tipos de identificação: histérica, identificação ao objeto de amor perdido, identificação com os pais, atribuindo-as à mesma pessoa[13].

Em seguida, Hans Sachs[14] vai descrever um tipo de desvario feminino, distinto da mascarada de Joan Rivière[15], mesmo que esta tente, tal como Sachs, de fazer da feminilidade um sintoma. Em algumas mulheres, o acúmulo de desencontros com seus amantes faz com que, a cada perda ou a cada ruptura, reste um significante que o sujeito incorpora como traço do supereu. A divisão que resulta disso, a título da "multiplicidade de pessoas psíquicas", encontra sua explicação nessa adição heteroclítica de traços identificatórios formando um "supereu compósito."[16] Aqui, nenhuma fantasia, nem recalque, como nos casos clássicos de repugnância histérica[17]; pelo contrário, a discontinuidade dos gozos, a nostalgia, o luto, a ausência do outro amado que aprofunda o vazio no qual se precipitam os significantes da identificação[18]. Na mesma época, seguindo uma inspiração análoga, Fenichel[19] acentua à sua maneira essa correlaçao da feminilidade e do sintoma com a célebre igualdade simbólica ressaltada por Lacan: *Mädchen = phallus*.

De maneira geral, a nova tópica contribuirá para o remanejamento da concepção dos sintomas próprios à feminilidade. De maneira recíproca, a atenção é dirigida para as posições subjetivas e os comportamentos femininos que derrubam os preconceitos e forçam a doutrina a formulações mais adequadas. É sobretudo o caso dos estudos de Helene Deutsch[20] sobre a neurose de destino. Em seu artigo, a autora procura articular dois períodos heterogêneos da concepção freudiana do sintoma: um edipiano e o outro marcado pela pulsão de morte, o masoquismo e a culpabilidade.

Outras linhas de demarcação se movem ainda mais em função da importância que se dá ao supereu nos anos 25-30 na formação dos sintomas.

Longe de considerar os efeitos do supereu como uma nova forma do conflito eu-isso, nos espantamos com o fato do supereu emprestar à pulsão certos traços tais como o caráter impulsivo ou sádico do gozo[21].

Essa intrusão do objeto *a* no supereu, como ressalta Lacan, faz "a báscula da segunda tópica". O supereu não censura a pulsão em nome do princípio de prazer. O imperativo de gozo do qual é agente depende de sua gulodice, cuja intensidade aumenta em proporção à renúncia à satisfação[22].

Essa inovação conduz a um debate sobre os numerosos paradoxos da clínica, tais como a passagem ao ato, perverso ou criminoso, a propósito do qual não poderíamos colocar em causa somente o domínio da energia pulsional. É sobretudo o caso dos estudos de Theodor Reik[23], referentes aos crimes cometidos pelo sentimento de culpa inconsciente.

Outros sintomas comparáveis chamam a atenção na mesma época, visto que colocam em jogo a dialética do ideal do eu e da pulsão. Por exemplo, os estudos de Aichhorn[24], consagrados aos delinqüentes e com prefácio de Freud, colocam em evidência não o pretenso instinto criminoso ou a tendência anti-social, como dirá mais tarde Winnicott, mas a ligação do sujeito às ordens de sua ficção.

Enfim, outros sintomas mais clássicos são retomados do campo oferecido por esta segunda tópica: especialmente a inércia e a inibição obsessiva, em contraste com a impulsão que foi, segundo Freud, a origem de um questionamento sobre as múltiplas personalidades contraditórias do obsessivo. Sobre esse tema, a agressividade obsessiva se submete a um novo deciframento relativamente independente das flutuações do amor e do ódio, uma origem independente é estabelecida na pulsão de morte e na autodestruição. Essa contribuição que resume o conceito de "desintricação pulsional" (*Triebenmischung*) deu origem à mortificação do desejo acentuada por Lacan.

Após Freud, o conceito de clivagem do eu, apesar de ser construído especialmente para dar conta do fetichismo perverso, será utilizado sem discernimento para contribuir finalmente na dissolução da especificidade do sintoma obsessivo, logo afogado nos *borderlines* e nas personalidades narcísicas.

É verdade que a segunda tópica favoreceu, indiretamente, um recobrimento da clínica dos sintomas pela síndrome. A invenção de novas tipologias, características dos anos 20-30, conduz às vezes a descrições transestruturais tais que o sintoma não é necessariamente ligado a um único tipo clínico (obsessivo, histérico, psicótico...).

Às vezes, Freud descreve sintomas comuns às estruturas clínicas diferentes, mas com intensidade variável; por exemplo, a melancolia como uma forma suprema da inibição. Daí a preocupação, por exemplo, de um estudo comparativo entre a fobia do Pequeno Hans e a do Homem dos Lobos, correlacionadas a uma perseguição. Os dois sintomas apresentam uma finalidade diferente, levando em conta a hipótese implícita da psicose do Homem dos Lobos. Aliás, todo o campo da psicose será remanejado nos anos 20 e se tornará mais autônomo em relação à referência edipiana, graças às observações de Freud sobre as relações do campo da realidade com o explodir da estrutura do outro.

Finalmente, se dirá brevemente "o fetichista", "o deprimido", "o fóbico", "o toxicômano", identificando o sintoma com o sujeito. É um avatar da ideologia do eu produzido pela interpretação pós-freudiana da segunda tópica.

NOTAS

1. Associação Mundial de Psicanálise, *Como terminam as análises*, Rio de Janeiro, Jorge Zahar, 1995; ver também *Os poderes da palavra*, Rio de Janeiro, Jorge Zahar, 1996.
2. Lacan, J., "Variantes do tratamento-padrão" (1955), *Escritos*, Rio de Janeiro, Jorge Zahar, 1996, p.335.
3. Lacan, J., "Função e campo da fala e da linguagem em psicanálise, (1953), *Escritos*, op.cit., p.270.
4. Freud, S., *Inhibition, symptôme et angoisse* (1925), Paris, PUF, 1975.
5. Ibid., p.7.
6. Freud, S., "Au-delà du principe de plaisir" (1920), *Essais de psychanalyse*, nova tradução, Paris, Payot, 1981, p.63.
7. Freud, S., "Résultats, idées, problèmes" (1938), *Résultats, idées, problèmes* (1921-38), t.II, Paris, PUF, 1985, p.287.
8. Lacan, J., "Variantes do tratamento-padrão" (1955), *Escritos*, op.cit., p.343.
9. Reich, W., *L'Analyse caractérielle* (1928), Paris, Payot, 1971.
10. Sobre a interpretação da segunda tópica freudiana de uma orientação próxima da IPA, cf. Bercherie, P., *La Genèse des concepts freudiens*, Paris, Navarin, 1983, cap. XVI.
11. Freud, A., *Le Moi et les mécanismes de défense* (1946), Paris, PUF, 1949.
12. Em francês no texto, cf. Freud, S., "Résultats, idées, problèmes" (1938), *Résultats, idées, problèmes* (1921-38), op.cit., p.288.
13. Freud, S. "Le Moi et le Ça" (1923), *Essais de psychanalyse*, op.cit., p.242.
14. Sachs, H., "Sur un motif de la formation du surmoi féminin" (1927), *Ornicar?*, 29, Paris, Navarin, 1984.
15. Rivière, J., "La féminité en tant que mascarade" (1927), *La Psychanalyse*, 7, trad. do inglês por V. Smirnoff, Paris, PUF, 1964.
16. Ibid.
17. A este título, pode-se comparar a histérica apaixonada de *L'Interprétation des rêves* (1899), de Freud, Paris, PUF, 1967, p.448.
18. Freud, S., "Le Moi et le Ça", *Essais de psychanalyse*, op.cit., p.242.
19. Fenichel, O., "The symbolic equation: Girl = Phallus", *Psychoanalytic Quartely*, XX, vol.3, 1949.
20. Deutsch, H., "La névrose hystérique de destinée" (1930), *La Psychanalyse des névroses*, Paris, Payot, 1970, p.22-33.
21. Freud, S., *Malaise dans la civilisation* (1929), Paris, PUF, 1971, p.82, 83, 96.
22. Lacan, J., *Télévision*, Paris, Seuil, 1973, p.48.
23. Reik, T., "La compulsion d'aveu" (1926), *Le Besoin d'amour*, Paris, Payot, 1973.
24. Aichhorn, *Jeunesse à l'abandon* (1925), Paris, 1973.

O sintoma analítico

Enric Berenguer

A noção de sintoma analítico é crucial, pois só ela nos permite diferenciar com propriedade a psicanálise de uma psicopatologia qualquer, ou seja, de um conjunto de considerações nosográficas mais ou menos acertadas — distinção que Jacques-Alain Miller colocou em primeiro plano ao definir a análise como clínica sob transferência, em um artigo já clássico[1]. Por isso, nos importa determinar o lugar que lhe corresponde na obra de Freud, ainda que falte uma formalização acabada. E, como sempre, a consideração das dificuldades com que tropeça o descobridor do inconsciente é, por si mesma, uma fonte considerável de ensinamentos.

Na atualidade, quando certa definição e o correspondente manejo dos sintomas se inscrevem plenamente em uma política da identificação[2] — se fala de bulimia, anorexia, depressão, como categorias capazes de fundar os correspondentes conjuntos de indivíduos definidos por cada um de tais traços —, é fundamental sustentar a definição de sintoma analítico, que aponta o singular de um sujeito em sua relação com o Outro.

A constituição do sintoma analítico supõe transcender o plano dos fenômenos, a aparência do sintoma, para articulá-lo com significantes decisivos da história do sujeito. Ao mesmo tempo, esta posição anuncia o sintoma como um querer dizer que estava à espera de um encontro memorável com o destinatário adequado.

Assim, o sintoma analítico pode se opor estritamente a esses sintomas objetivados que não deixam ao sujeito outra alternativa além de alguma forma de conformismo, ou seja, uma penosa cronicidade ou a promoção de um ego capaz de livrar-se de uma batalha interminável com a causa de seu mal-estar — a diferença, no fundo, é só de matiz.

Uma política do sintoma

Freud, em "Recordar, repetir, elaborar", fala da necessidade de uma mudança de política com respeito ao sintoma. Trata-se, segundo ele, de abandonar a "política da repressão" e atentar para a verdade que está em jogo no sintoma: este deve ser considerado por aquele que demanda análise; "um adversário digno, como uma parte de seu próprio ser, fundada em motivos importantes e da qual poder-se-á extrair valiosos ensinamentos". Isto, que Freud descreve como uma nova relação com a doença, se traduz em uma nova organização sintomática de maneira que, inclusive, podem "passar à primeira linha transtornos até então pouco precisos". Não só a hierarquia dos sintomas se modifica, mas estes se especificam com a emergência do que, com Lacan, podemos chamar seu invólucro formal [3].

A forma na qual o analista se situa desde o primeiro momento com relação ao sintoma e sua interpretação constitui, pois, uma das condições decisivas do início da análise. Muita coisa está em jogo e sabemos que a análise não tem tudo a seu favor. Freqüentemente o neurótico se presta, com facilidade, a uma identificação objetivante, com o fim de remediar sua falta-a-ser e de se poupar da angústia de sustentar uma pergunta (*que sou [eu]?*) que necessariamente passa pelo Outro e requer um longo percurso (*que quer de mim?*). Se, por outro lado, o mais real que muitos sujeitos possuem, para não dizer todos, é o seu sintoma, entende-se a tentação de convertê-lo em pretexto de uma resposta errônea e prematura.

Esta é a alternativa que se estabelece desde o primeiro encontro com o analista: ou o sintoma é submetido a uma falsa objetivação, ou é incluído na estrutura que fará dele um sintoma analítico. Mas, as conseqüências desta disjunção não se limitam ao início, já que o sintoma acompanha, como um ponto de referência constante, todo o curso da análise, do princípio ao fim.

A neurose de transferência

A relação profunda que existe entre a definição do sintoma e a própria práxis se manifesta, nos textos de Freud, pela polissemia da expressão "neurose de transferência": o conceito de transferência, definidor da psicanálise como prática, está incluído na definição da neurose[4]. Este equívoco designa um fato estrutural. É uma conseqüência do fato de o analista fazer parte do conceito de inconsciente.

Pois bem, poder-se-ia pensar que tal articulação direta entre uma categoria de neurose e o que constitui o motor do tratamento não concerne em particular ao sintoma. Mas, em "Recordar, repetir, elaborar", Freud descreve assim a constituição da neurose de transferência: "Conseguimos dar a todos os sintomas de sua doença uma nova significação baseada na transferência e substituir a neurose comum por uma neurose de transferência da qual pode ser curado (o paciente) pelo trabalho terapêutico[5]."

Assim vemos que a concepção da neurose de transferência não se reduz a uma forma mais ou menos vaga de repetição, senão que em sua própria definição intervém o sintoma. Esta não é uma referência isolada, pois encontramos indicações similares em outros textos. Nas *Conferências introdutórias* (XXVII)[6] Freud insiste em dizer que a constituição de uma nova neurose no tratamento, distinta da neurose primitiva, supõe que alguns sintomas adquiram uma nova significação, enquanto que outros, simplesmente desaparecem. Nas *Conferências introdutórias* (XXVIII)[7], a produção de uma nova enfermidade, artificialmente provocada ("enfermidade da transferência"), é considerada desde um ponto de vista tático na direção do tratamento, como o demonstra a singular expressão "conseguimos apoderar-nos dos sintomas".

A significação do sintoma e a fantasia, sob transferência

Resulta notável a insistência de Freud na nova significação do sintoma como indicação da passagem da neurose comum à neurose de transferência. Podemos considerá-la o nome freudiano do sintoma analítico. Por outro lado, a relação entre um sintoma e sua significação estabelece, por si mesma, uma questão sutil, tanto mais quanto se define como uma relação variável.

A elucidação deste problema apaixonante na obra de Freud se vê obstada pela inegável ambigüidade do termo correspondente à "significação" (*Bedeutung*), o qual aparece incontáveis vezes em múltiplos contextos e com *significações* diversas[8].

Do que se trata, em última instância, é da relação entre pulsão e sentido, que está em jogo nas diversas formações do inconsciente. Efetivamente, a pulsão não tem por si mesma uma significação e, no entanto, em sua relação com "o psíquico", adquire sempre alguma (ou, para dizê-lo de outra maneira, é interpretada pelo inconsciente). Esta articulação tem precisamente no sintoma uma de suas expressões, talvez a mais fundamental[9]. Nele, diferentemente do que ocorre em outras formações do inconsciente, se destaca o caráter antinômico do vínculo entre pulsão e sentido que torna a significação sempre problemática.

Como já dissemos, o sintoma não é a única articulação possível entre a satisfação pulsional e o sentido. Considerar a neurose de transferência em função do sintoma supõe uma eleição, de nossa parte, de acordo com os ensinamentos de Lacan, embora tenha também sua justificativa nos próprios textos de Freud.

Contudo, se examinamos os distintos empregos da noção de significação *(Bedeutung)* na obra de Freud, vemos que nem sempre se distingue claramente entre as diferentes modalidades de formações do inconsciente no que se refere à junção entre pulsão e sentido[10]. Ainda que em "Inibição, sintoma e angústia", texto já tardio e que supõe um esforço de formalização considerável, se alcance um tratamento claramente diferenciado e privilegiado do sintoma a este respeito.

Destacamos este ponto porque tomar o sintoma como uma bússola não é tampouco a única orientação possível, e a eleição feita condiciona decisivamente a concepção do tratamento e sua direção. De acordo com o que indicou Eric Laurent em sua conferência "Sintomas e transferência"[11], a concepção kleiniana do tratamento, que se traduz em um manejo conseqüente da interpretação, considera a transferência baseada na inclusão do analista na fantasia e não do ponto de vista freudiano da troca de significação dos sintomas.

Interessa-nos insistir nesta opção e elucidar as distintas posições possíveis, para mostrar, finalmente, como a solução que propõe Lacan acata as melhores intuições de Freud a esse respeito e evita seus becos sem saída. A seguir, examinaremos brevemente os problemas com os quais tropeçou Freud, na análise do Homem dos Lobos, para demonstrar que talvez não bastasse a sua intuição, para manter o analista fora da inclusão na fantasia, a mesma que a direção kleiniana do tratamento persegue tão ativamente. Sem dúvida, as conseqüências que isso teve para Sergei Pankejeff não são alheias à recomendação que deu mais tarde Freud em "Para-além do princípio do prazer": "O médico se esforçou em limitar a extensão dessa segunda neurose, em fazer entrar o mais possível no recordar e permitir o menos possível a repetição[12]." Sim, o médico se esforçou, mas mesmo assim…

Significação primitiva e nova significação

Resulta interessante comparar as referências mais gerais de Freud à neurose de transferência, definida como nova significação dos sintomas, com os comentários mais concretos que faz da evolução do sentido de uma série de sintomas no tratamento de alguns de seus pacientes. O contraste pode parecer chocante à primeira vista, porque no primeiro caso Freud não vacila em destacar o elemento novo, ainda sem deixar de referir-se a um fundo de repetição; enquanto que, no segundo caso, não obstante a dialética das modificações de significação dos sintomas esteja claramente articulada com a atualidade da transferência, a repetição parece ser em todo caso o elemento decisivo.

Esta aparente contradição torna ainda mais notável a força das metáforas, às quais recorre Freud em algumas passagens para descrever a neurose de transferência: "neurose artificial" (*Conferências introdutórias sobre psicanálise)* [13], "nova neurose de transferência" ou "nova neurose" ("Para além do princípio de prazer") [14].

A contradição que assinalamos se deve em grande parte a que Freud não dispõe de uma definição da transferência independente o bastante do conceito de repetição. Mas algo em sua experiência das neuroses de transferência ultrapassa amplamente o marco da oposição rememoração/atuação desenvolvida no artigo de 1914, "Recordar, repetir e elaborar", [15] para tratar deste problema. E não há solução possível até que Lacan, em 1964, define a transferência, vinculando-a não mais com a repetição, mas sim com a pulsão[16].

Se examinarmos a evolução dos sintomas sob transferência ao longo da análise do Homem dos Lobos, veremos que a nova significação que vai emergindo no curso do tratamento está muito articulada com significações primitivas[17] que haviam perdido sua capacidade de manifestar-se ainda sem deixar de produzir efeitos. Assim, o que surge sob transferência são significações latentes que em outro tempo haviam se manifestado a céu aberto. Nada desmente, aqui, a concepção da transferência em termos de repetição.

Por exemplo, no capítulo IX de *História de uma neurose infantil* (*O Homem dos Lobos*), Freud analisa a evolução histórica de um sintoma de seu paciente, as "perturbações do apetite", situando-o na retroação das diversas organizações que afetam a pulsão oral. Mas uma leitura detalhada mostra que a junção deste sintoma com a transferência se estabelece em relação com a repetição e a fantasia: "O fim sexual desta fase não podia ser mais que o canibalismo, a ingestão de alimentos; em nosso paciente tal fim exterioriza, pela regressão de uma fase superior, o medo de ser devorado pelo lobo… Já expusemos em outra ocasião a hipótese de que o pai de nosso paciente costumava dirigir a seu filho tais ameaças humorísticas, brincando com ele de ser o lobo ou um cachorro que ia devorá-lo. O paciente confirmou essa suspeita com sua singular conduta durante a transferência. Muita vezes retrocedia diante das dificuldades do tratamento; refugiando-se na transferência, ameaçava com a devoração, e logo com toda uma série de maus-tratos, o que constituía somente uma expressão de carinho."[18] Como podemos ver neste parágrafo, muito representativo da abordagem que Freud mantém ao longo de todo o relato do caso, a implicação do analista no nó sintoma-transferência balança inteiramente ao redor da fantasia e supõe a identificação do analista no lugar do pai.

O mesmo sucede com a análise de outra série sintomática que, como o próprio Freud afirma, explicitamente, desempenhou um "papel capital no final do tratamento": a série que interliga os problemas de Sergei Pankejeff com o dinheiro e seus transtornos intestinais. Não vamos seguir o desenvolvimento detalhado que se faz da questão no histórico do caso. Limitar-nos-emos a destacar o que o próprio Freud designa como a intervenção do sintoma na análise: "Prometi ao sujeito o total restabelecimento de sua atividade intestinal; fiz surgir a plena luz com tal promessa a sua incredulidade, e logo tive a satisfação de ver desvanecerem-se suas dúvidas quando o intestino começou a "intervir" em nosso trabalho e acabou por recuperar no decorrer de algumas semanas sua função normal, durante tanto tempo perdida."[19] Pois bem, pelo que sabemos através do próprio Freud — mas sobretudo pela análise posterior do Homem dos Lobos realizada por Ruth Macbrunswick, precisamente para resolver certos "restos transferenciais" do tratamento anterior — a intervenção do sintoma em questão na transferência se manterá excessivamente centrada na fantasia. Uma vez mais, o que poderia ter sido a produção de uma "nova significação" do sintoma sob transferência parece reduzir-se à inclusão do analista na fantasia, ocupando também, nesta ocasião, o lugar do pai. Em conseqüência, a compulsão à repetição não encontra nenhum limite.

Sintoma analítico e fantasia

Como podemos ver por estas dificuldades de Freud, que logo se converteriam em uma prática sistemática com a interpretação kleiniana da transferência, a questão crucial concerne à relação e, sobretudo, à distinção entre sintoma e fantasia. Neste sentido, a maneira com que Lacan define a fantasia no Seminário 4[20] — como limite da elaboração, em um momento dado da vida do sujeito, ou em um momento dado da análise, da articulação entre real e simbólico — nos proporciona uma indicação muito precisa do que devemos promover e o que se trata de evitar na constituição e no manejo do sintoma sob transferência. Efetivamente o encontro com o analista produz uma abertura pela qual a junção entre o real do gozo e o significante é mobilizada, com os efeitos que isto tem no plano do sentido. Pois bem, a fantasia tende a intervir em cada momento (com as peculiaridades que correspondem às distintas fases de sua construção) como limite que fixa e detém a elaboração mediante uma significação absoluta.

Obviamente, este limite não intervém da mesma forma nos diversos momentos da análise. Mas a constituição do sintoma analítico, e sua manutenção como tal ao longo da análise, exige que o analista evite estimular, com sua posição e com sua interpretação, a garantia da fantasia. O sem sentido só poderá ser suportado ao final do percurso. Mas a promessa de sentido que, inevitavelmente, opera no começo, fará muito bem de não recorrer a certos alimentos enganosos, algumas vezes toscos e outras vezes sutis, que sempre estão à espreita.

NOTAS

1. Miller, J.A., "Clinique sous transfert", in *Ornicar?*, 29.

2. Política da qual é plenamente solidário o DSM, III ou IV.

3. Freud, S., "Recordar, repetir e elaborar", ESB, XII, Rio de Janeiro, Imago, p.199.) Quanto à hierarquia dos sintomas, é muito interessante seguir as distintas aparições na obra de Freud, da expressão "sintoma principal". Ver, por exemplo, as cartas 60 e 72 a Fliess, "A etiologia da histeria" (op. cit., p.305 em espanhol e p.228 em português), "O manejo da interpretação de sonhos na psicanálise" (op. cit., p.1.645 em espanhol e p.123 em português), e "Inibição, sintoma e angústia" (op. cit., p.2.843-2.874 em espanhol e p. 126 e 182 em português).

4. Resulta curioso o tratamento que dão Laplanche e Pontalis a esta questão em seu *Vocabulário da psicanálise*, S. Paulo, Martins Fontes 1985. Limitam-se a dizer que "neurose de transferência" tem as duas opções que descrevemos e precisam que a primeira foi introduzida por Jung e adotada por Freud. Não explicam, no entanto, as razões desta adoção, nem a articulação profunda que existe entre ambas as noções.

5. Freud, S., "Recordar, repetir e elaborar", op. cit., p.201.

6. Freud, S., "Conferências introdutórias sobre psicanálise", ESB, XXVII, op. cit., p.517-8.

7. Freud, S., "Conferências introdutórias sobre psicanálise", ESB, XXVIII, op. cit., p.530.

8. No volume auxiliar que acompanha as *Obras completas* de *Sigmund Freud* editadas pela Amorrortu, com tradução de José Luis Etxeberry, lemos na entrada correspondente ao termo alemão *Bedeutung:* "Significantividade (é a tradução principal; aparece também traduzido como significado, intencionalidade e valor)." As distinções apresentadas por Etxeberry são, sem dúvida, interessantes para uma compreensão do texto freudiano. Não obstante, não é evidente que sempre se possa desfazer o equívoco em questão sem perder algo porque, segundo parece, a polissemia de *Bedeutung* em alemão opera de forma bastante similar à polissemia de "significação" em castelhano. Esta similaridade é o que justifica em boa medida, se não por completo, a opção de Ballesteros, que consiste em manter a todo momento "significação".

9. Nisto e no que se segue, com referência à relação entre satisfação pulsional e significação (*Bedeutung*), me inspiro no brilhante comentário feito por Jacques-Alain Miller nas Jornadas do Campo Freudiano (Madri, 1997) acerca do texto de Freud "Inibição, sintoma e angústia". Em especial, me centro no que apresentou sobre a frase: "A formação de sintomas alcança um triunfo quando consegue amalgamar a proibição com a satisfação, de uma tal maneira que o que originalmente foi um mandamento defensivo ou uma proibição adquire também a significação de uma satisfação e para tal efeito são utilizados, com freqüência, caminhos associativos extremamente engenhosos." (Sigmund Freud, "Inibição, sintoma e angústia", op. cit., p.135). Por outro lado, para o que se segue, nos interessa destacar a continuação do texto, especialmente pelo uso da expressão "significação primitiva", que mais adiante nos resultará muito útil (veja *infra* e nota 16): "Este resultado é testemunho daquela tendência à síntese que já reconhecemos no eu. Nos casos extremos o paciente consegue fazer com que a maioria de seus sintomas somem à significação primitiva a significação completamente contrária, manifestando-se assim o poder da ambivalência, a qual desempe-

nha, não sabemos por que, um papel de extraordinária importância na neurose obsessiva", ibid.

10. Podem ser comparadas as respectivas referências nos textos sobre os sonhos e também, no que se refere à fantasia, "Bate-se em uma criança", op. cit.

11. Eric Laurent, "Síntoma y transferencia", publicado em: *Finisterre freudiano,* publicação da Sessão Galega da EEP Espanha.

12. Freud, S., "Mais-além do princípio de prazer", op. cit., p.32.

13. Freud, S., "Conferências introdutórias sobre psicanálise", *ESB*, XXVII, op.cit., p.518.

14. Freud, S., "Mais-além do princípio de prazer", op. cit., p.32.

15. Freud, S., "Recordar, repetir e elaborar", op. cit., p.200-1.

16. Veja, em particular, Jacques Lacan, O Seminário, livro 11, *Os quatro conceitos fundamentais da psicanálise*, Rio de Janeiro, Jorge Zahar, 1979.

17. Freud emprega a expressão "significação primitiva" e alguma outra equivalente, com respeito ao sintoma, em mais de uma ocasião. Veja, por exemplo, "Inibição, sintoma e angústia" op. cit., p.136 e também "Fragmento da análise de um caso de histeria", op. cit., p.37, onde fala da permanência em um sintoma de um "signo de sua significação primeira".

18. Freud, S., "História de uma neurose infantil", op. cit., p.133-4.

19. Freud, S., ibid, p.97. As aspas que acompanham o termo "intervir" são de Freud.

20. Lacan, J., O Seminário, livro 4, *A relação de objeto*, Rio de Janeiro, Jorge Zahar, p.116-22 (sobre "Bate-se em uma criança") e p.368-70 (sobre o caso do Pequeno Hans).

Sintomas fora de transferência

Juan Carlos Indart

Um descobrimento essencial de Freud foi achar e provar que os sintomas têm um sentido. Sobre a base de uma argumentação estritamente freudiana, essa decifração do sentido dos sintomas permaneceu ligada à transferência enquanto se impôs a Freud que sua eficácia sobre o sintoma dependia de que atingisse o sujeito no plano da verdade.[1]

Com este método, Freud avançou em seus outros achados, incluída a comprovação de que o sintoma impõe limites à decifração transferencial *segundo duas vertentes diferentes* e cuja articulação é complexa.

Em virtude da primeira vertente, há na estruturação do sintoma como tal uma aderência libidinal, uma satisfação que o habita, em princípio irredutível, à eficácia transferencial. É um tema já muito considerado, tanto no problema do fim da análise, como no dos limites da interpretação.[2] Mas, por outro lado, se em todos os casos, para Freud, o sintoma supõe essa satisfação, ainda que seja substitutiva de uma outra rechaçada, também nos deixou diversas indicações sobre o status "natural" do sintoma como satisfatório fora da transferência, *em outra vertente*, a saber, a de uma vantagem que o sintoma proporciona a nível *dos laços sociais* do sujeito.

Sua fórmula insistente é que cada um está, ainda que sem sabê-lo, conformado a seu sintoma, como o mostram duas de suas noções presentes desde o início até o final de sua obra: refúgio na doença, e ganho primário e secundário da doença.

Cada vez que Freud emprega as duas noções é para sustentar três questões: A) não deve surpreender que o sujeito encontre em seu sintoma refúgio e ganho, para-além de seu aspecto desprazeroso, quando existe, pois desde o início a formação do sintoma foi sempre o modo mais econômico de tramitar uma satisfação traumática de origem sexual; B) acrescenta-se a essa satisfação aquela que procura o sintoma como solução de exigências sociais, o que introduz a delicada questão de articular o sintoma com o que chama "o eu"; c) Esse refúgio e esse ganho *em duas vertentes* constituem exatamente o obstáculo maior à decifração transferencial e ao tratamento.

No que segue, colocaremos em destaque a segunda vertente, ou seja o sintoma fora de transferência.

Sintoma obsessivo... sintoma histérico, outros sintomas

Embora tanto o sintoma histérico como o obsessivo sejam a base das neuroses de transferência, abertas como tais a um trabalho analítico da decifração, muito cedo, em 1896,[3] Freud se deu conta de um aspecto do sintoma obsessivo resistente ao mesmo, e é um fato que a obsessão resultou exemplar na questão.

De fato, se por um lado Freud confirma que na formação do sintoma existe o rechaço e a articulação (o recalque e o retorno do recalcado), enquanto uma moção libidinal ativa de intensa satisfação, por outro nos diz que "Junto a estes sintomas de compromisso, que significam o retorno do recalcado e, com ele, um fracasso da defesa originariamente conseguida, a neurose obsessiva forma uma série de outros sintomas de origem completamente diversa. É que o eu procura defender-se do rebrotar da lembrança inicialmente recalcada, e nesta luta defensiva cria alguns sintomas que poderiam ser agrupados sob o título de "defesa secundária". Todos estes sintomas constituem "medidas protetoras"(...) Se estes auxílios para a luta defensiva conseguem efetivamente voltar a recalcar os sintomas do retorno [do recalcado] impostos ao eu, *a compulsão se transfere sobre as medidas protetoras mesmas"* (o grifo é nosso)[4].

Mais além de suas variantes, para Freud o essencial dessas medidas protetoras é que, por sua vez, são sintomas *pela satisfação transferida*, e que se podem resumir em uma *escrupulosidade da consciência moral*, dentro da qual cabem matutar e duvidar.

Dita "defesa secundária"[5], que é sintoma por sua satisfação, é posteriormente situada com clareza dentro do ganho secundário, que se apresenta como a sustentação dos mais altos valores conformados a um estado social.

Em 1920[6] a vertente de ganho primário do sintoma obsessivo ilustra exemplarmente a compulsão de repetição ligada à pulsão de morte. Em 1926 sua vertente de ganho secundário ilustra exemplarmente o que esconde a base dos mais elevados valores do eu como reforço da fixação ao sintoma.[7] Em todos os casos, esse ganho secundário é o obstáculo para o estabelecimento do sintoma obsessivo como analítico, e o que o transforma em traço de caráter positivamente valorizado.[8]

Um aspecto muito importante das considerações de Freud sobre o sintoma obsessivo é que se trata da *mesma satisfação transferida.*

Mas também para o sintoma histérico Freud reconhece em seu desencadeamento o fator relativo ao ganho secundário. O sintoma histérico está...“ao serviço da *tendência primária*, expressão do ‘refúgio na doença’...ou seja, à maneira de consolo”. Mas também... “ao serviço das *tendências secundárias*... toda vez que mediante a produção do ataque é possível alcançar um fim útil para o enfermo.”[9]

Um aspecto muito importante das reflexões de Freud sobre o ganho secundário no sintoma histérico é sua recusa em considerá-lo como simulação consciente, e ainda que alguns de seus exemplos, como no caso Dora[10], possam ser incluídos na posterior noção de *acting-out,* permanece de pé que, para ele, o ganho secundário é satisfação inerente ao sintoma como tal.

Por último, não deixa de mencionar o ganho secundário na fobia de Hans[11], no caso da Jovem homossexual[12], nos sintomas de Haitzmann.[13]

O estado neurótico comum

Com esse título Freud dá uma de suas *Conferências introdutórias*[14], que nos servirá como texto de referência. De fato, nela demonstra-se, para nós, que esse estado comum, generalizado, social, esconde sempre uma satisfação de índole sexual, incluídas as neuroses atuais.

Aqui também, pois é um argumento repetido[15], Freud apóia-se nas neuroses de guerra, neuroses traumáticas, para mostrar o proveito que se obtém dos sintomas, a recusa no tratamento, sob a forma patente e aparentemente simples de “não voltar às filas”[16]. É o que o leva, por um lado, a reconhecer que o eu pode aprovar e conservar a doença na medida em que esta aporta satisfação; mas, por outro lado, recordemos também que mais adiante, em 1920[17], as neuroses traumáticas lhe servem para provar a obscura tendência inconsciente a “voltar ao trauma” como satisfação vinculada à compulsão de repetição e ao para-além do princípio do prazer.

Duas vertentes, então, de ganho no sintoma, ambas contrárias a sua resolução transferencial.

Recordemos também que foi sobre esta base que Freud viu tornarem-se bem-sucedidas e populares suas noções de refúgio na doença e ganho da doença.[18]

O importante é que, a partir dessa base, Freud generaliza sua concepção para “todos os outros casos”: “... o sintoma é sustentado também pelo eu pelo fato de, por uma de suas vertentes, oferecer satisfação à tendência egóica repressora. Além disso, a tramitação do conflito através da formação de sintoma é o recurso mais cômodo e agradável para o princípio do prazer (...) E também existem casos em que o próprio médico tem que admitir que o desenlace de um conflito na neurose é a solução mais inofensiva e a mais tolerável do ponto de vista social (...) se pode dizer que o neurótico de qualquer modo se *refugia na doença* diante de um conflito, e é necessário entender que muitas vezes esta saída está plenamente justificada, e o médico, tendo reconhecido esse estado de coisas, se retirará em silêncio, cheio de compaixão[19].

A mulher maltratada e o mendigo inválido: dois paradigmas

Tanto no caso Dora como no texto que comentamos, Freud insiste em oferecer-nos dois exemplos de sintoma fora da transferência que mereceriam ser elevados a paradigma. Nesse caminho bastaria, hoje em dia, chamá-los " insatisfação familiar" e "desemprego" e admitir, para o que não há nada contra, que ambos os sexos podem se situar em um ou outro, ou nos dois.

Introduz o primeiro exemplo assinalando que "Em condições correntes advertimos que a escapatória na neurose proporciona ao eu um certo e interior *ganho da doença*. Em muitas situações da vida, a esta associa-se uma vantagem exterior palpável cujo valor pode variar de um caso para outro[20]".

Assim nos apresenta a mulher maltratada e explorada por seu marido que encontra uma saída transformando o sintoma em uma arma, por razões entre as quais não são insignificantes para Freud uma certa covardia e um apego sexual ao opressor. O fato é que o sintoma satisfaz porque permite: defender-se, vingar-se, queixar-se da doença e não do casamento, encontrar um auxiliar no médico, obrigar o marido a compadecer-se dela e gastar por ela, permitir-lhe períodos de ausência de casa etc. "Se esse ganho da doença" — diz Freud — "externa o acidental, é grande em quantidade e não pode encontrar um substituto real, desconfiem os senhores da possibilidade de influir sobre a neurose mediante sua terapia[21]."

O segundo tem esta apresentação: "Se os senhores (...) tratam de neuróticos, logo deixarão de pensar que aqueles que mais se queixam e lamentam sua doença seriam os mais dispostos a aceitar um remédio e lhes oporiam as menores resistências. É ao contrário. E compreenderão facilmente que tudo o que contribui para o ganho da doença reforçará a resistência do recalque e aumentará a dificuldade terapêutica. No entanto, à parte do ganho da doença que é, por assim dizer, intrínseco ao sintoma, temos que lhe acrescentar ainda um outro, que se obtém mais tarde. Quando uma organização psíquica como a da doença subsistiu por longo tempo, por fim acaba por se comportar como um ser autônomo; manifesta algo assim como uma pulsão de autoconservação e cria-se uma espécie de *modus vivendi* entre ela e outras seções da vida anímica, mesmo com aquelas que no fundo lhe são hostis. E não faltarão, então, oportunidades nas quais volte a revelar-se útil e aproveitável, em que adquira, digamos, uma *função secundária* que fortaleça de novo sua subsistência[22]."

Segue agora o exemplo do operário inválido por acidente de trabalho que aprende a tirar partido de sua mutilação como mendigo, obtendo uma satisfação em não voltar às filas... do trabalho. Recusará tratamento.

É de grande importância que no pensamento de Freud sejam esses dois exemplos que insistam quando se trata de transmitir sua experiência sobre o ganho secundário do sintoma, porque nos situam imediatamente e com enorme alcance no *aspecto social* do sintoma, *não por seu sentido*, *mas por sua satisfação*. De fato, os mesmos correspondem aos dois vínculos sociais fundamentais, o familiar e o do trabalho, e é evidente que, sendo possível estruturá-los mais, admitiriam uma infinidade de variantes. Pois para o primeiro a observação nos mostra o mesmo para uma filha, um filho, primos, primas, pais, mães, esposos e esposas, avôs e avós, adotados, recolhidos, parentes consangüíneos ou políticos, e, para o segundo, basta pensar não só em que já estamos todos sob a palmatória do trabalho e do desemprego, senão que o exemplo admitiria seu contrário, isto é, o ganho obtido não deixando nunca de trabalhar.

O crucial é a idéia de que o sintoma, como tal, o mais cotidiano, o que enlaça um ganho primário na borda do trauma mais singular, no desamparo mais solitário de cada sujeito, impõe sua lógica e seu saber-fazer feito de satisfação na trama mesma dos vínculos sociais, e que desta maneira persiste e se faz crônico, exterior a toda decifração.

O ganho secundário e "o eu"

Admitida a tese do ganho primário próprio do sintoma, sua face real, de gozo, a noção de ganho secundário presta-se a vários equívocos.

O primeiro foi acreditar que a satisfação deste último é de diferente natureza, por exemplo, narcísica, por oposição à libidinal sexual propriamente dita. Em nenhum caso Freud sustenta isso. Ao contrário. Já temos assinalado que para o sintoma obsessivo é muito claro que se trata da mesma satisfação transferida. Em algum caso-limite Freud pensa nos interesses de autoconservação, sem deixar de acrescentar "Pena que seja totalmente inadequada ao fim". E, ainda que percorra o caso de autoconservação, o de interesse libidinal apoiado na autoconservação, e o de interesse libidinal puro (que é o que realmente lhe importa), conclui: "O dinamismo da neurose é nos três casos o mesmo. Uma estase libidinal não susceptível de satisfação real procura, com a ajuda da regressão à fixações antigas, uma drenagem através do inconsciente recalcado. O eu do doente dá acesso à neurose — cujo caráter economicamente prejudicial não oferece nenhuma dúvida — enquanto pode extrair deste processo um ganho de doença[23]."

O segundo, derivado da oposição primário/secundário e de seus próprios equívocos quando se refere ao processo, faz acreditar que se trata de um agregado, de um acréscimo posterior, alheio ao sintoma. Não é assim em Freud, onde a oposição é lógica. Existe o primeiro passo da articulação de um benefício no sintoma; mas, quando o sintoma está formado, ele sai a realizar sua vida social com seus modos de gozo em relação aos outros. Prova disso é a menção que Freud faz deste aspecto para os sintomas infantis mais prematuros.

O terceiro provém da oposição interno/externo. A satisfação do ganho primário é interna, enraizada nas moções pulsionais do próprio corpo. A satisfação do ganho secundário seria externa, proveniente do mundo. É um caso claro no que diz respeito à insuficiência teórica dessa oposição. Mas Freud, em uma extensa nota que acrescentou em 1923 ao caso Dora, e dedicada a este assunto, diz-nos que esses fatores exteriores "constituem (...) a parte *externa* do ganho primário da doença"[24], frase suficiente para inferir que não havia para ele senão uma satisfação do sintoma investigável em duas vertentes: sua parte solitária, fixa e constante, e sua parte socializada, na qual ela mesma se apresenta em diferentes e variados modos.

De certo modo todos esses equívocos se juntam no problema do ganho secundário do sintoma, exigindo que Freud pense sua articulação com o que chama o "eu". Um "eu" reconciliado com o sintoma somente porque este lhe aporta satisfação. Mas este "eu", que persiste no argumento já na segunda tópica é, em Freud, um complexo sistema simbólico, imaginário e real, pois abarca, por exemplo, todas as determinações que caem sobre o sujeito em termos de seu sistema de ideais, valores etc., e a partir dos quais sustenta a trama de sua realidade, sempre precária. E ele se dá conta imediatamente de que sua noção de ganho secundário pode fazer acreditar, contra sua própria tese, que é o "eu" que cria o sintoma e maneja os fios para sua própria satisfação[25].

Contra-argumenta imediatamente, e de maneira constante, cada vez que se refere ao assunto. O sintoma vem de outra parte, é exterior a todo esse sistema do "eu" e impõe a este último os modos de satisfação com os quais se pode reconciliar. Freud critica Adler, que havia invertido os termos, assinalando que toda essa idéia de domínio e afirmação do "eu", incluído seu protesto viril, não é senão ganho secundário do sintoma[26]. "O eu joga aí o risível papel de palhaço de circo, que, com seus gestos, quer induzir os espectadores a se convencerem de que todas as variações que vão ocorrendo na pista se produzem por efeito exclusivo de sua vontade[27]."

Uma questão ética

Os sintomas fora de transferência pela vertente do ganho secundário motivam a Freud considerações éticas importantes para um psicanalista. Em sua 24ª Conferência, que tomamos como texto de referência, nos diz que "... há casos em que o próprio médico tem que admitir que o desenlace de um conflito na neurose é a solução mais inofensiva e a mais aceitável *desde o ponto de vista social.* Que não lhes assombre, então, de inteirar-se de que às vezes o médico toma partido da doença combatida por ele. Não se embrenha em todas as situações da vida no papel de um fanático da cura; sabe que no mundo não existe somente uma miséria neurótica, porém também um padecer real e incoercível... Adverte, além disso, que mediante o sacrifício de um indivíduo muitas vezes se impede *uma incomensurável desgraça para muitos outros*[28] (os grifos são nossos). É quando, para Freud, tem que se retirar em silêncio e cheio de compaixão. Caso excepcional, a citação interessa porque indica até que ponto um sintoma de *um* sujeito pode enlaçar uma rede social de satisfações-consolo, frente ao real incoercível, para *muitos outros*, e porque nos fala da prudência de Freud a respeito do *furor curandis*.

Mas não se trata de sua única posição.

Também nos diz que não há que subestimar a importância prática do ganho da doença, e salvo casos excepcionais como o mencionado na referência anterior, tampouco há que se deixar impressionar por ele no aspecto teórico. Então, a lógica do sintoma neurótico fora de transferência e sua vertente social trazem-lhe à memória uma pequena história que se torna *Witz* ao intitulá-la "inteligência dos animais": um árabe sobre seu camelo, um estreito caminho na montanha, um leão em frente, disposto a atacar, não se pode retroceder; de um lado a parede, do outro o abismo — se dá por perdido. O animal, não. Salta com seu cavaleiro no abismo. "Existindo uma opção", conclui Freud, "seria preferível sucumbir em honrosa luta com o destino[29]."

Com esse leão-destino se apresenta outra vez para Freud o real incoercível, e os limites do sintoma-camelo fora de transferência. Por certo, sua posição pode ser pensada como relativa ao ganho secundário de seu próprio sintoma, mas tal como está feito, de uma coragem serena e sem triunfalismo no sentido de saber mais sobre o real, tem um perfume do psicanalista, incontestável.

De fato, se um analisado volta a ser sintoma fora da transferência, mas sintoma novo, a partir do achado freudiano que comentamos nestas páginas, não é inteiramente real sua oportunidade de enlaçar a uma rede social concreta a lógica de alguns modos de gozos menos idiotas?

NOTAS

1. Passar da comunicação da "solução" ao paciente à necessária rememoração, foi esse o passo freudiano que se tornou a chave de seu método psicanalítico propriamente dito. A citação seguinte de Freud, extraída de "A questão da psicanálise leiga", publicada sob o título "Psicanálise e medicina" (1926) em Freud, S., *Ma vie et la psychanalyse*, Paris, Gallimard, 1950, p.144-5, é nesse sentido, bastante sutil: "Vocês cometeriam um erro grave se, por exemplo, no desejo de abreviar a análise, vocês lançassem na cabeça do paciente suas interpretações mal os tenham encontrado. Obterão assim, da parte dele, manifestações de resistência, de recusa, de indignação, mas não obterão que seu "eu" tome posse do que está recalcado. A regra é esperar que ele se aproxime disso de modo que não tenha senão, guindado por vocês e sua interpretação, alguns passos a dar."

2. Associação da Fundação do Campo Freudiano, *La conclusion de la cure*, Paris, Eolia, 1994, e Associação Mundial de Psicanálise, *Os poderes da palavra*, Rio de Janeiro, Jorge Zahar, 1996.

3. Freud, S., "Nouvelles remarques sur les psychonévroses de défense" (1896), *Névrose, psychose et perversion*, Paris, PUF, 1973, p.61-81.

4. Ibid., p.70.

5. Freud, S., "Remarques sur un cas de névrose obsessionnelle. (L'Hommes aux rats)" (1907-8), *Cinq psychanalyses*, Paris, PUF, 1954, p.199-262.

6. Freud, S., "Au-delà du principe de plaisir" (1920), *Essais de psychanalyse*, Paris, Payot, 1981, p.81-116.

7. Freud, S., *Inhibition, symptôme et angoisse* (1925), Paris, PUF, 1951.

8. Freud, S., "Fragment d'une analyse d'hystérie (Dora)" (1901), *Cinq psychanalyses*, op. cit, no que concerne às obsessões da empregada ignorante de sua doença.

9. Freud, S., "Considerátions générale sur l'attaque hystérique" (1909), *Névroses, psychose et perversion*, op. cit., p.209.

10. Freud, S., "Fragment d'une analyse d'histérie (Dora)" (1901), *Cinq psychanalyses*, op. cit.

11. Freud, S., "Analyse d'une phobie chez un petit garçon de cinq ans (Le Petit Hans)" (1909), *Cinq psychanalyses*, op. cit.

12. Freud, S., "Sur la psychogenèse d'un cas d'homosexualité féminine" (1920), *Névrose, psychose et perversion*, op. cit., p.245-70.

13. Freud, S., "Une névrose diabolique au XVIIe siècle" (1923), *Essais de psychanalyse appliquée*, Paris, Gallimard, 1933, p.211-51.

14. Freud, S., "La nervosité commune", *Introduction à la psychanalyse* (1915-17), Paris, Payot, 1973, p.356-67.

15. Freud, S., *Psychopathologie de la vie quotidienne* (1901), Paris, Payot, 1984; "Auto-présentation", *Sigmund Freud présenté par lui-même* (1925), Paris, Gallimard, 1984;

"Au-delà du principe de plaisir" (1920), *Essais de psychanalyse*, op. cit; e "Psychanalyse et médecine" (1926), *Ma vie et la psychanalyse*, op. cit.

16. Ver o caso de Eitingon citado por Freud na *Psicopatologia da vida cotidiana*, op.cit.
17. Freud, S., "Au-delà du principe du plaisir" (1920), *Essais de psychanalyse*, op. cit.
18. Freud, S., Sigmund Freud "présenté par lui-même" (1925), op. cit.
19. Freud, S., "La nervosité commune", *Introduction à la psychanalyse* (1915-17), op. cit., p.360-1.
20. Ibid., p.361.
21. Ibid., p.361.
22. Ibid., p.362.
23. Freud, S., "Une névrose diabolique au XVIIe siècle" (1923), *Essais de psychanalyse appliquée*, op. cit., p.250-1.
24. Freud, S., "Fragment d'une analyse d'hystérie" (Dora)" (1901), *Cinq psychanalyses*, op. cit., nota 1, p.30.
25. Freud, S., *Introduction à la psychanalyse* (1915-17), op. cit., p.361.
26. Freud, S., "Contribution à l'histoire du mouvement psychanalytique", *Cinq leçons sur la psychanalyse*, Paris, Payot, 1977, p.135-6, e *Nouvelle conférence d'introduction à la psychanalyse*, Paris, Gallimard, 1936.
27. Freud, S., "Contribution à l'histoire du mouvement psychanalytique", *Cinq leçons sur la psychanalyse*, op. cit, p.136.
28. Freud, S., "La nervosité commune", *Introduction à la psychanalyse* (1915-17), op. cit., p.360.
29. Ibid., p.363.

Sintoma e identificação

Ronald Portillo

No Manuscrito N, anexo à carta nº 64 (1897) da correspondência com Fliess, Freud expõe o que se pode considerar o primeiro vislumbre ou elaboração do Complexo de Édipo. Neste Manuscrito pode-se apreciar a mais antiga articulação entre sintoma e identificação na obra freudiana.

Freud reserva desde o início de suas formulações um lugar destacado para esta articulação, considerando a identificação "um modo de pensar".[1] O sintoma, evidente à época nas considerações sobre as neuropsicoses de defesa, aparece intimamente ligado à existência de um desejo de morte dos pais. Em caso de enfermidade ou morte dos pais, tal hostilidade será objeto de recalque, retornando no luto como "exteriorizações" sobre o sujeito. O sintoma surge em relação com o objeto perdido: o impulso hostil, dirigido inicialmente ao progenitor odiado, retorna no luto, sob a forma de um castigo, para o pensamento do sujeito na censura obsessiva e para o corpo na conversão histérica. O sintoma se constitui a partir de uma identificação com um desejo recalcado e a libido, agora retorna sobre o sujeito.

Este processo de formação de sintoma por identificação com o objeto perdido encontrará seu ponto de maior elaboração em *Luto e melancolia*. No Manuscrito N a formação de todo sintoma obedece, cronologicamente, a três motivos: à libido, que exige satisfação na realização de desejo; à defesa inconsciente, que opera como um castigo pelo "impulso maléfico"; e à irrupção ou retorno do recalcado. Uma vez abordados os dois primeiros motivos, Freud tenta precisar o elemento que retorna desde o recalcado na formação do sintoma na neurose respectiva: na histeria o recalcado seria a fantasia, enquanto que na neurose obsessiva seria a pulsão.[2]

Identificação e sintoma histérico

Na *Interpretação dos sonhos* (1899), Freud se aprofunda no estudo da relação entre sintoma e identificação. No Capítulo IV, "A deformação nos sonhos", expõe o sonho da Bela Açougueira, elevado à categoria de paradigma por Jacques Lacan. A formação de sintoma por identificação não se assenta aqui num desejo hostil recalcado, mas no desejo denegado ou insatisfeito.[3] A criação de um sintoma por identificação se reduz neste texto ao sintoma histérico, aparecendo pela primeira vez a noção de identificação histérica, aquela que seria posteriormente distinguida como o terceiro tipo de identificação.

Tomando como modelo a identificação histérica que se realiza no sonho, Freud extrai a função ou o sentido que tem a identificação nos mecanismos dos sintomas histéricos. A identificação histérica responde a um processo inconsciente graças ao qual o sujeito sofre as vivências de toda uma série de pessoas, ao encontrar nelas motivos iguais àqueles que poderia ter o sujeito para padecer de um sintoma. Freud estabelece neste texto uma importante diferença entre identificação histérica e imitação, baseada não só no caráter inconsciente do processo da identificação, oposto à condição consciente da "reprodução" da imitação, mas, sobretudo, na distinção entre fenômeno e estrutura: "uma coisa é o caminho (imitação) e outra o ato psíquico (identificação) que marcha por ele".[4]

Freud acentua o uso que faz a histeria da identificação como expressão de uma comunidade, que neste momento é catalogada de sexual e que, anos mais tarde, na *Psicologia das massas e análise do eu*, será excluída de toda conotação sexual. No comentário freudiano do sonho da Bela Açougueira se expõe uma identificação histérica ao colocar a sonhadora no lugar da amiga. Esta substituição identificatória se realiza por intermédio do desejo denegado da amiga e por apropriação do lugar que esta ocupa na estima do marido da Bela Açougueira.[5]

Freud expõe neste caso a criação de um sintoma a partir de uma identificação histérica detectada num sonho. Sem dar muitos detalhes sobre as razões que conduziram esta paciente à análise, especifica que o sintoma desta paciente está constituído por um desejo denegado na realidade. Assim, a identificação histérica que participa na criação do sintoma neste caso é a identificação à amiga, à Outra mulher – própria da estrutura histérica. O sujeito histérico responde por seu sintoma à questão sobre o desejo de uma mulher.

No caso Dora, em "Fragmento da análise de um caso de histeria" (1905), Freud nos apresenta novamente a participação da identificação na aparição de sintomas; alguns têm a ver com uma identificação edípica e outros com uma de tipo histérico. A identificação edípica à mulher do pai participa na construção do sintoma, o "catarro genital" (*fluor albus*) mostra a identificação com a mãe, enquanto a identificação à Sra. K., no comércio sexual com o pai, é o que está figurado no sintoma.[6]

A identificação aparece como o significado inconsciente do sintoma de Dora, no quadro da situação edípica. Entretanto, quando Freud vislumbra que em Dora se esconde uma atração pela Sra. K., ao recordar que ela elogiava seu corpo "deliciosamente branco", estamos frente a uma pergunta sobre a mulher, suporte da identificação histérica. A pergunta elaborada por Lacan, "Como uma mulher pode ser amada por um homem que não podia satisfazer-se dela?"[7], a encontramos presente nos casos freudianos da Bela Açougueira e Dora. Em cada caso os sintomas histéricos vieram a responder a questão da identificação histérica.

Identificação histérica e narcisista

Com seu trabalho *Luto e melancolia* (1917) Freud volta a pôr em evidência a formação de sintoma por identificação, retomando especificamente a linha de investigação adiantada no Manuscrito N. É clássica a frase freudiana: "A sombra do objeto recai sobre o eu",[8] referida ao processo de luto patológico por um objeto perdido que se incorpora ao eu por identificação. A identificação egóica ao objeto perdido, que substitui o investimento libidinal ou amoroso do objeto, é chamada por Freud "identificação regressiva". Esta identificação regressiva, ligada num primeiro momento só ao luto, será ampliada posteriormente ao sintoma em geral.

Freud estabelece neste artigo sobre o luto as diferenças fundamentais entre identificação regressiva e identificação histérica. Na identificação regressiva, há renúncia ao investimento do objeto, mas não ao vínculo amoroso, o qual, logo após abandonar o objeto, se refugia no eu. Na identificação histérica, pelo contrário, persiste o investimento de objeto, expressando-se seu efeito como "ações e inervações singulares".[9] A identificação histérica não contempla a perda do objeto de identificação, nela o vínculo amoroso expressa um caráter comunitário, em contraposição com o traço de individualismo e narcisismo que comporta a identificação regressiva. A conexão estabelecida no Manuscrito N entre melancolia e neurose obsessiva é neste texto reatualizada. O amor, antigamente dirigido ao objeto, encontra refúgio no interior do eu na identificação narcisista; enquanto, ambivalentemente, o ódio passa a assanhar-se com esse objeto substituto que veio ser o eu, fazendo-o sofrer,[10] estabelecendo-se desta forma uma divisão do eu. O automartírio da melancolia, carregado de gozo, se instala como "fenômeno paralelo", na neurose obsessiva, com o retornar das pulsões agressivas sobre o eu do sujeito. Tanto na melancolia quanto na neurose obsessiva, os sintomas resultantes do autocastigo se produzem em conseqüência da identificação regressiva; se castiga o objeto de amor perdido, entregando-se, o sujeito, à enfermidade, satisfaz indiretamente em seu sintoma a agressão, para não mostrar ao objeto em questão nenhuma hostilidade direta.[11] Neste momento Freud não aborda diferenças substanciais entre neurose obsessiva e melancolia.

Psicologia das massas e análise do eu (1921) aborda com seu famoso Capítulo VI* uma maior elucidação dos complexos laços existentes entre identificação e sintoma. Três vias são colocadas como possíveis: identificação edípica, onde o sintoma expressa o amor pelo pai; a identificação regressiva, em que o eu toma para si o sintoma do objeto amado e renunciado; e um terceiro caso, onde se abstrai da "relação de objeto com a pessoa imitada",[12] a identificação histérica.

Identificação regressiva e supereu

A identificação regressiva explicitada neste texto permite a Freud dar conta da formação de sintoma, da gênese da homossexualidade masculina e também da constituição do supereu. Embora na formação de sintoma, em geral, o eu tome sobre si uma propriedade do objeto, em certos casos de homossexualidade masculina o que a identificação toma do objeto materno amado e renunciado é o gênero sexual. Partindo do modelo da identificação regressiva, abordado pela melancolia, se expõe uma *Ichspaltung*; um fragmento do eu ataca o outro fragmento que incorporou o objeto. A parte agressora torna-se supereu e a parte agredida, identificada, se faz sintoma. Daí, a relação íntima existente entre sintoma e supereu.

O eu e o isso (1923) mostra a implicação estável entre a identificação regressiva e a função do resto. A impossibilidade de acesso ao objeto por parte das pulsões do isso, com a identificação regressiva como condição sob a qual tal renúncia se realiza, deixa restos tanto a nível do investimento do objeto como a nível do vínculo amoroso. O saldo sedimentado dos investimentos de objeto renunciados conforma o caráter do eu,[13] enquanto o sentimento inconsciente de culpa é o resto, comumente o único, do que foi um vínculo erótico.[14] Tanto o caráter como a culpa aparecem aqui como o resultado de uma identificação regressiva.

Este importante artigo da segunda tópica define que a gravidade de um sintoma dependerá do tratamento que o supereu deu à identificação regressiva.[15] Na melancolia a pulsão de morte oculta no supereu se desata implacavelmente sobre o eu tornado objeto. Na neurose a ação do gozo pulsional é desviada para a formação reativa, não recai diretamente sobre o eu. A histeria consegue, por efeito do recalque inconsciente, manter a distância do eu em relação ao supereu destrutivo.

Os destinos dos componentes da pulsão, que sucumbiram aos efeitos do recalque inconsciente, são delineados em *O mal-estar na cultura*

(1930): o elemento libidinal, anteriormente investido, se transforma em sintoma e o elemento destrutivo e mortífero se converte em sentimento de culpa,[16] que intervirá igualmente, depois, na constituição do sintoma. No sintoma confluem, pela via da identificação regressiva, Eros e Tânatos.

É o caso de um sujeito de nossa clínica que vê cair no real um ideal político. O conseqüente retraimento da libido deixou um vazio no Outro do Ideal, onde veio a instalar-se uma satisfação pulsional sob a forma de um sintoma de alcoolismo. As críticas dirigidas ao ideal perdido e amado passaram, por via de uma identificação regressiva, a concentrar-se no próprio sujeito. O sintoma se converteu assim em um lugar de realização pulsional e objeto de castigo do supereu.

A identificação, edípica, regressiva ou histérica, se oferece numa série de casos como a instância subjetiva que permite que a pulsão recalcada logre sua satisfação no sintoma.

NOTAS

1. "Manuscrito N" (1897), *A correspondência completa de Sigmund Freud para Wilhelm Fliess*, Rio de Janeiro, Imago, 1986, p.251-3.
2. Ibid.
3. Freud, S. *A interpretação dos sonhos* (1899), *ESB*, IV, Rio de Janeiro, Imago, p.252.
4. Ibid.
5. Ibid.
6. Freud, S., "Fragmento de análise de um caso de histeria", *ESB*, VII, op. cit, p.73.
7. Lacan, J., "A direção do tratamento e os princípios de seu poder" (1958), *Escritos*, Rio de Janeiro, Jorge Zahar, 1998, p.632.
8. Freud, S., "Luto e melancolia" (1921), *ESB*, XIV, op. cit., p.281.
9. Ibid., p.283.
10. Ibid., p.284.
11. Ibid., p.284.
12. Freud, S., "Psicologia das massas e análise do eu", *ESB*, XVIII, op. cit., p.133-8
13. Freud, S., "O eu e o isso" (1923), *ESB*, XIX, op. cit., p.43.
14. Ibid.
15. Ibid.
16. Freud, S., "Mal-estar na cultura" (1929), *ESB*, XXI, op. cit.

Paradoxos da sublimação

Philippe Stasse

> Se a satisfação sublimatória é tão perfeita, por que o artista não é feliz? Por que ele não sublima suficientemente para se liberar dos maus gênios e, neurótico, psicótico ou perverso, por que ele não se cura a si mesmo?
>
> Eric Laurent[1]

A sublimação não é com efeito o que um zé-povinho acha, e nem sempre se exerce obrigatoriamente no sentido do sublime. A mudança de objeto não faz desaparecer forçosamente, bem longe disso, o objeto sexual – o objeto sexual, ressaltado com o tal, pode vir à luz na sublimação. O jogo sexual mais cru pode ser o objeto de uma poesia, sem que esta perca, no entanto, uma virada sublimadora.[2]

Vamos introduzir assim os paradoxos da sublimação, e tentaremos articular suas relações com o sintoma, relações estas que devem ser estabelecidas de um modo tão preciso que o que é tido às vezes por sublimação pode ter um valor de sintoma, e também o que é tido por sintoma pode ter um status de sublimação.

O quadro freudiano, do lado do destino

Vai ser preciso reunir uma série de pequenos pontos disseminados na obra de Freud, que não estudou este tema de maneira central.[3] Por outro lado, a conotação do termo de sublimação não nos deve conduzir a vê-lo exclusivamente do lado do sublime e do ideal.

Vamos então proceder a uma exploração do percurso freudiano para detectar as articulações possíveis da sublimação com a questão do sintoma. Este trajeto segue, como era de se esperar, a evolução das concepções de Freud sobre a pulsão. A sublimação e a pulsão são, de fato, respectivamente, uma, um destino da pulsão, a outra, o efeito de um dos seus destinos, o recalque. Isto quer dizer que vamos tentar estabelecer o conceito da sublimação e seu mecanismo de produção na sua relação com o recalque enquanto produtor de sintomas.

Desde os *Três ensaios sobre a teoria da sexualidade* (1905), Freud definiu o sintoma como substituto de processos psíquicos que, pelo mecanismo do recalque, não têm acesso a uma atividade psíquica consciente. Este recalque não equivale, como ele salienta, a uma supressão, mas a uma inversão de antigas moções pulsionais perversas da infância. Estas moções "continuam sendo produtivas como antes, porém são postas a distância da realização de suas finalidades, por impedimento psíquico, e levadas para outras direções, até que elas consigam se exprimir sob a forma de sintomas".[4]

Uma outra saída para estas moções pulsionais pode ser o processo de sublimação. Neste caso, as excitações sexuais excessivas encontram uma derivação noutros domínios, a atividade artística, por exemplo. Freud nota no entanto que, segundo o caso, esta sublimação pode ser completa ou incompleta, o que produz uma variedade de combinações entre eficiência, perversão e neurose. Isto nos indica que a separação entre os diferentes destinos das pulsões é só teórica. Dito de outra maneira, o recalque e a sublimação estão presentes em todo sujeito neurótico. Assim como Lacan retoma esta questão no seu Seminário 20 ele salienta que, devido ao fato que não há relação sexual, a sublimação é o modo mais comum do gozo. Neste sentido, o simples fato de falar é uma sublimação.

A definição da sublimação como capacidade de trocar a finalidade sexual de origem por uma outra que não é mais sexual mas que é psiquicamente próxima da primeira aparece em "A moral sexual civilizada".[5] E também em *Leonardo da Vinci e uma lembrança de sua infância* (1910), Freud dirá sobre Leonardo que a exigência da pulsão sexual poderá em grande parte, graças à preferência precoce pela avidez do saber de ordem sexual, se sublimar em pulsão de saber de ordem geral e, dessa maneira, escapar ao recalque.[6]

O mesmo, do lado do ideal

Quando ele examinar em 1914, no seu artigo "Sobre o narcisismo: uma introdução", as relações entre a formação do ideal e a sublimação, Freud situará a formação do ideal do lado do eu como condição do recalque. E, observação interessante, ele nota que "... a formação de um ideal aumenta as exigências do ego, constituindo o fator mais poderoso a favor da repressão",[7] religando assim de uma certa maneira a formação do ideal e o sintoma. A sublimação, em compensação, representa a saída que permite satisfazer às exigências do eu sem conduzir ao recalque, graças a uma mudança da direção da pulsão orientada para uma outra finalidade distante da satisfação pulsional. A distinção que nos importa é aquela que Freud destaca no que concerne à finalidade e ao objeto da pulsão. A sublimação se aplica à libido de objeto, e consiste no fato de que a pulsão se dirige a uma outra finalidade. E a desviação, o impacto imprimido ao movimento do sexual que é colocado adiante. A idealização, em compensação, e por conseqüência o recalque que está na base do sintoma, visa o objeto. Neste caso o objeto é engrandecido e exaltado sem mudar de natureza.

Sublimação e recalque

O ano de 1915 será o do aparecimento de dois artigos nos quais se cruzam a questão do recalque e a sublimação. Em "As pulsões e suas vicissitudes", a finalidade da pulsão é definida como a satisfação obtida suprimindo o estado de excitação que é a base da pulsão; várias vias levam a esta finalidade. Certas pulsões podem ser "inibidas em sua finalidade" (recalque) ou sofrer uma "derivação" (sublimação). O objeto da pulsão é aquele no qual ou pelo qual a pulsão pode atingir sua finalidade. Objeto estrangeiro ou parte do próprio corpo, ele é substituído ao longo do percurso percorrido pela pulsão. A sublimação é aqui definida como a capacidade que têm as pulsões sexuais de "... funções que se achem muito distantes de suas ações intencionais originais".[8]

No mesmo ano no seu artigo sobre "O recalque", Freud o descreve como o afastamento das moções pulsionais, para distanciá-las do consciente, cuja satisfação seria inconciliável com outras reivindicações e outras finalidades. Então os sintomas são "os rebentos do recalcado, das formações que permitem ao recalcado ganhar finalmente este acesso ao consciente que lhe tinham recusado".[9] Eles são os índices do retorno do recalcado.

Em "O eu e o isso" (1923), a sublimação é atribuída ao eu como transformação da libido do isso em libido do eu através da renúncia às finalidades sexuais, dessexualização. Em 1925, "Minha vida e a psicanálise" articula o sintoma neurótico como formação de compromisso entre a demanda de uma moção pulsional recalcada e a resistência de uma potência censurante do eu.

Em "Inibição, sintoma e angústia" (1926) aparece a modificação da teoria da angústia. É a angústia que é o motor do recalque, e não como ele tinha pensado antes o recalque que produz a angústia. Enfim, em 1932, em suas *Conferências introdutórias sobre psicanálise,* Freud retoma esta relação entre o desenvolvimento da angústia e a formação do sintoma. O que nos faz medo, diz ele, é a nossa própria libido, ponto de angústia inicial que é substituído pela formação do sintoma. Quanto à sublimação, ele a distingue como modificação da finalidade e mudança de objeto na qual a avaliação social entra em linha de conta.

O objeto não é a Coisa

Na retomada que Lacan fará destas questões no seu seminário sobre *A ética da psicanálise*, o sintoma será definido como "retorno pela via da substituição significante do que se encontra na ponta da pulsão como seu alvo", que se deve diferenciar da "(...) sublimação como modo de satisfação possível da pulsão".[10] A pulsão pode, de fato, encontrar uma outra finalidade que aquela que lhe é própria, sem passar pela substituição significante do sintoma propriamente dito. Assim, a sublimação traz uma satisfação que não é de atingir a finalidade "natural" do *Trieb*, enquanto diferenciado do instinto, mas que tem uma relação com a Coisa distinta do objeto. A finalidade da pulsão, pode-se dizer, é de cernir a Coisa, o real. É assim que ele define a sublimação pelo fato que ela "eleva um objeto à dignidade da Coisa", logo do real. "Para que o objeto se torne assim disponível, é preciso que algo tenha se passado no nível da relação do objeto com o desejo",[11] acrescenta Lacan. O desejo se sublima em torno de um vazio central que é o campo da Coisa, este campo onde se projeta algo que é a origem da cadeia significante, lugar onde está em causa tudo o que é do ser.

O objeto não é a Coisa, é o que aparece no exemplo clínico seguinte. Um analisando produz, pouco antes do fim de sua análise, um sonho no qual ele olha uma cena onde se vê, criança, reduzido a nada, a ponto de ser devorado pela goela aberta de um monstro que surge no quadro de uma janela. A *posteriori*, emerge na análise uma construção gramatical em três tempos: 1) "Não há nada"; 2) "Eu não sou nada"; 3) ( ) é nada. ( ) vindo indicar o lugar do [Eu] impronunciável como tal. No sonho, é o que surge no quadro da janela que vem apontar o lugar da Coisa. A Construção decorre no tempo 3, relacionando um lugar vazio puncionado ao nada, ilustrando assim o que Jacques Lacan pronunciava numa "Conferência de Bruxelas": "O desejo não tem objeto, salvo, como suas singularidades o demonstra, aquele acidental, normal ou não, que veio significar, seja num átimo ou numa relação permanente, os confins da Coisa, isto é, deste Nada, em torno do qual toda a paixão humana confina seu espasmo com uma modulação curta ou longa, com retornos periódicos."[12]

Conjunção não é disjunção

A partir daí se percebe a dificuldade de diferenciar o fim da análise da sublimação, e o perigo de se superpor uma e outra. A descoberta deste ponto de vazio central no coração do sujeito é um elemento daquilo que se revela no fim de uma análise quando se opera um movimento de disjunção pelo qual se revela o lugar que era do objeto que obturava este vazio. Em compensação, "elevar um objeto à dignidade da Coisa", no caso da sublimação, é de um certo modo um movimento inverso, de conjunção, pelo qual um novo objeto vem mascarar o vazio da Coisa. Por outro lado, é preciso acrescentar, se a sublimação opera a partir deste ponto, é sem o saber. Assim, descobrir este ponto, e orientar seu desejo a partir daí, é o que está em questão quando se fala da emergência do desejo do analista no fim da análise; não depende do mesmo fator.

Para voltar ao nosso exemplo, "se tornar o suporte de uma voz" e passar da causa neurótica à causa analítica são dois aspectos do momento de concluir uma análise que foi uma decorrência para o sujeito, e é também sua escolha. Foi nos seguintes termos que ele comentou uma imagem deste momento, imagem na qual ele desaparecia pouco a pouco para se reduzir a uma voz: "Fica na imagem um riso, movimento pulsional de agora em diante esvaziado, riso sem objeto. Fica uma voz da qual o sujeito poderá se tornar o suporte se ele quiser. É então que ele poderá cessar de recuar diante do real para ir ao seu encontro, e mordê-lo para fazer surgir daí um saber novo."

Se a sublimação é um destino da pulsão, o desejo do analista seria um novo destino pulsional? Isto fica em questão. Pois se trata antes de tudo de uma posição ética, ele não pode tampouco se confundir com uma sublimação.

NOTAS

1. Laurent, É., "Styles de vie", *La Cause Freudienne*, 25, Paris, Navarin/Seuil, 1993, p.3
2. Lacan, J., Le Séminaire, livre VII, *L'Éthique de la psychanalyse* (1959-60), Paris, Seuil, 1986, p.191.
3. Rabanel, J.R., "Sublimation et jouissance", *Une touche de réel: essai sur la sublimation au sens de Freud e Lacan*, Nice, Z'Éditions, 1990, p.7-8.
4. Freud, S. *Trois essais sur la théorie de la sexualité* (1905), Paris, Gallimard, 1987, p.189.
5. Freud, S. "La morale sexual 'civilisé' et la maladie nerveuse des temps modernes" (1908), *La Vie sexuelle*, Paris, PUF, 1969, p.33.
6. Freud, S., *Un souvenir d'enfance de Léonard de Vinci* (1910), Paris, Gallimard, 1987, p.171.
7. Freud, S., "Pour introduire le narcissisme" (1914), *La Vie sexuelle*, op. cit., p.99.
8. Freud, S., "Pulsions et destins des pulsions" (1915), *Métapsychologie*, Paris, Gallimard, 1968, p.24.
9. Freud, S., "Le refoulement" (1915), *Métapsychologie*, op. cit., p.51.

10. Lacan, J., Le Séminaire, livre VII, *L'Éthique de la psychanalyse* (1959-60), op. cit., p.132.

11. Ibid., p.135.

12. Lacan, J., "Conférence à Bruxelles" (1960), *Quarto*, 50, 1992, p.19.

As mulheres e o sintoma: o caso das pós-freudianas

Pierre-Gilles Guéguen

Várias analistas pós-freudianas foram sensíveis às duas vertentes do sintoma: a produção de sentido, ou seja, a produção proveniente do simbólico e a produção de gozo originária da implicação do real no simbólico. É à luz desta distinção elaborada por Lacan durante os últimos anos de seu ensino que examinaremos o tratamento dado ao sintoma por algumas mulheres que muito contribuíram com a teoria psicanalítica.

Na maioria das vezes, foram as suas próprias análises que as levaram a interrogar os modos de gozo feminino. O que elas nos oferecem através desses casos – que são, às vezes, os delas – pode, ainda hoje, nos ensinar. Elas também tentaram explicar o desejo do analista na prática, freqüentemente através de artigos ditos "de técnica psicanalítica".

Desta maneira, elas foram confrontadas, talvez mais do que os homens, à questão do aspecto operacional do conceito de falo, de seu uso como semblante na clínica analítica e ao horizonte com o qual se depara a significação do falo: essa zona além do Édipo onde o gozo feminino só responde ao falo a partir do "Outro que não existe".[1] Elas propuseram formulações sutis acerca da natureza do sintoma, sobre o seu sentido e o seu gozo, de acordo com o ponto em que se encontravam em suas próprias análises.

Várias vezes – e este não é o menor de seus méritos – elas forneceram a Lacan um ponto de apoio para que ele complementasse seus avanços quanto à natureza do sintoma. Existe, com efeito, um tratamento lacaniano do conceito freudiano de sintoma que pôde se apoiar e se diferenciar a partir da clínica dessas mulheres, contrariamente à clínica dos analistas da relação de objeto.[2]

Nós analisaremos primeiramente as contribuições que explicam a natureza do sintoma e as suas condições de análise na prática da cura. Nesse ponto, Ella Freeman Sharpe e Lucia Tower trouxeram elementos bastante úteis, cujos aspectos foram valorizados por Lacan segundo os períodos de seu ensino.

Em seguida, veremos como a questão do sintoma foi retomada por analistas mulheres quanto ao ponto essencial do suposto masoquismo feminino e à condição feminina em geral. O desenvolvimento sócio-político do feminismo serviu-se desta abertura, mas Lacan não hesitou em orientar os desenvolvimentos atuais da psicanálise sobre o sintoma contemporâneo a partir da tese da inexistência da relação sexual. Esta dimensão foi especialmente explorada por Helene Deutsch, Joan Rivière e também por Anna Freud.

A face oculta do sintoma

Devido à atenção dada às substituições significantes no tratamento analítico, Ella Freeman Sharpe prenunciou os desenvolvimentos de Lacan quanto ao valor metafórico do sintoma e, em particular, aos desenvolvimentos contidos na "Instância da letra no inconsciente". Esta analista, literata culta e atenta à eficácia do simbólico, desenvolveu com muita fineza, no capítulo central de seu livro sobre a análise dos sonhos, as diversas significações que um pequeno sintoma de tosse pode apresentar num paciente. Lacan, em sua releitura do caso, relevou dois aspectos que mostram como que a sua concepção do sintoma inspirada no estruturalismo, em Jackobson e em Saussure, é muito mais complexa que a de Ella Freeman Sharpe e tem diferentes conseqüências na análise.

Ella Freeman Sharpe[3] limitou-se a uma articulação simples entre sintoma e fantasia, não os distinguindo claramente e colocando-os, assim, numa relação de continuidade. Por isso ela foi levada a considerar que se tratava, no caso desse paciente, de desenvolver sua agressividade recalcada para que ele expressasse a sua rivalidade inconsciente com relação ao pai. Apesar da sua confiança no simbólico, ela interpretou no nível da realidade, o que não deixou de provocar um *acting-out* que ela não viu.

Lacan, ao contrário desta tese, tirou as conseqüências de seu *esquema L* que cruza o eixo imaginário com o eixo simbólico, insistindo sobre o ponto de cruzamento dos dois eixos e transcrevendo-o no gráfico do desejo.[4] Isso o levou a afirmar que o sintoma não é apenas a mensagem bloqueada que tanto contentou Ella Sharpe, mas que ele também faz surgir um ponto de negatividade, um ponto que não entra na dialética do significante. Esta observação de Lacan foi feita a partir de uma notação que Ella Sharpe fizera e da qual ela não soubera tirar as conseqüências.[5] A analista inglesa percebeu, efetivamente, que a fantasia desse paciente funcionava como a dos neuróticos: ele se ausentava quando era chamado a se manifestar na conjunção sexual e, através de um deslocamento, se ausentava toda vez que tinha que mostrar um comportamento viril. No entanto, há uma diferença em dizer que este é um sonho de onipotência e mostrar que existe aí um gozo que o sujeito deseja preservar. Com efeito, Lacan dedicou-se em mostrar que o sintoma é, realmente, uma mensagem inconsciente do paciente, um traço da sua relação ao pai morto e à irmã com quem é identificado mas que, além disso, existia uma outra coisa em jogo: *o sintoma é uma metáfora do falo na medida em que ele evoca o desejo sexual, mas ele é também a sua metonímia, o simples signo da sua presença na medida em que se refere à falta-a-ser do sujeito e à fixidez do seu gozo.* Lacan introduz aí uma distinção na clínica fálica entre o falo enquanto significante do ideal do eu e o falo enquanto índice de gozo. Esta distinção encontra-se em "Subversão do sujeito e dialética do desejo".[6]

A partir de então, sintoma e fantasia deixam de ser homogêneos mas continuam articulados em torno de um objeto de gozo ou do "significante do gozo" (como se exprime Lacan nessa época), que está em jogo na transferência, o qual se tratará de extrair durante o tratamento. Lacan indica claramente a manobra a ser efetuada na análise desse obsessivo: enquanto que Ella Sharpe se esforça em deixar vazio o lugar que o paciente deseja conservar como tal em sua fantasia, o ponto de vista de Lacan consiste em valorizar o fato de que o analista não deve se manter na posição de cacife do tratamento, mas sim ser identificado como um objeto que o analisando pode perder.

Lacan tentou valorizar um outro ponto a partir do trabalho de Lucia Tower.[7] Ele procurou no sintoma o traço do real que, como a angústia, não mente. A leitura que ele faz em 1962-63 dos casos das analistas defensoras da contratransferência poderia ser interpretada hoje, à luz de um Lacan mais tardio, como uma tentativa de apreender a natureza dos laços entre sintoma e semblante a fim de elucidar a maneira pela qual o sintoma faz o simbólico entrar no real. Trata-se, no exemplo dado por Lucia Tower, de dois casos de homens em análise, dois casos que a autora diagnosticou como neuroses de angústia. A analista não deixou de apontar para a dimensão sádica presente nos sintomas de fracasso da vida amorosa e para a dependência desses homens com relação às suas mulheres; por conseguinte, ela apontou a dimensão significante do sintoma revelada pela associação livre. Mas o que lhe interessa é que ela conseguiu obter, apenas com um dos pacientes, uma flexibilidade da sua posição com relação às mulheres em geral e à análise em particular, e isso fez com que se sentisse extremamente culpada. Com efeito, a analista sonhara, um dia, que a mulher desse paciente a via com simpatia e não mais como a adversária decidida a atacar o tratamento de seu marido. Ela pôde, então, rever a sua posição com relação ao desejo desse paciente e abandonar o lugar do morto onde ele a imobilizava. A partir daí desencadeou-se uma transferência negativa sádica da parte do paciente que ela conseguiu sustentar e que permitiu que o paciente explorasse a sua posição fantasística.

Lacan destacou aí algo que pertence à natureza do sintoma tal como Lucia Tower pôde conceber sem conseguir formular: ao ocupar o lugar do objeto, ela pôde revelar este objeto e suscitar o endereçamento a um Outro feminino. Ela operou com a sua própria falta e permitiu, assim, que o paciente tivesse um acesso à castração. Seria esta uma resposta masoquista da analista diante das fantasias sádicas do paciente? Lacan respondeu negativamente a esta pergunta.

Assim, esse caso ilustra e retoma sob diversos aspectos a diferença entre uma posição neutra do analista e o funcionamento do semblante sob a forma do objeto *a* (incluindo um certo tipo de imobilidade) na análise do sintoma. Lacan acentuou o fato de que exista no sintoma um núcleo de gozo que não é interpretável e sim tratável através do amor de transferência. A problemática desenvolvida no Seminário 11 já se encontra estabelecida aí e não consiste na interpretação do sintoma até a sua redução máxima, mas sim na extração do objeto. Lucia Tower não tinha uma visão muito clara desse ponto mas, pelo menos, ela não se deixava enganar pelas "técnicas" quanto à justa posição do analista.

A feminilidade é um sintoma?

Helene Deutsch e Joan Rivière tentaram resolver uma outra dimensão do problema. Da mesma forma que poderíamos considerar que as analistas anteriores se interessaram no sintoma pelo viés da "técnica", com Helene Deutsch o problema a ser resolvido é a feminilidade enquanto tal. O conflito deixa de ser encarado como uma insatisfação oriunda de uma libido bloqueada e recalcada causando desprazer, mas sim como uma questão que vai de encontro ao ser e à verdade. É por isso que os temas do fracasso, que tocam a posição feminina e o do "como se" (moleca e mulher-menina), são tão presentes na sua obra. Ela tratou a questão da divisão do sujeito e da sua própria divisão como sendo uma mesma questão, a questão essencial da psicanálise.

Nós sublinhamos, e com razão, que a sua fidelidade a Freud (causa dos ataques das feministas) foi, com certeza, uma homenagem; mas também se deve ressaltar que ela dissimulou uma interpretação muito pessoal "do que é uma mulher".[8] Agora será preciso encontrar o viés pelo qual Helene Deutsch deambulou. Por um lado, ela afirmou que o sintoma é apenas um exagero patológico de um problema normal de toda mulher em vias de uma realização sexuada;[9] por outro lado, organizou a sua idéia de desenvolvimento sobre uma base biológica que, segundo Helene Deutsch, explicaria a passagem da sexualidade clitoridiana à sexualidade vaginal. Com essas premissas duvidosas Helene Deutsch chegou a uma conclusão que provocou muitos debates e que correspondeu inadequadamente a uma clínica que teve que esperar Lacan para receber uma formulação lógica.

Helene Deutsch postulou que a menina passa sempre por uma polaridade pulsional masoquista a partir do momento em que se separa da mãe para esperar do pai a criança da promessa fálica. Além disso, ela considerou que esta fase é necessária e característica da posição feminina. A feminilidade se instalaria aí de modo instável devido à confusão em que a menina se encontra diante da sua própria castração e também por ela não mais poder ligar a sua libido num órgão na saída da fase fálica clitoridiana. O resultado seria uma verdadeira regressão anal e oral e um novo gozo de natureza masoquista, cujo desfecho seria a dor e o gozo do parto.

Não é sem lógica que Helene Deutsch deduziu desta tese toda uma clínica "dos excessos"[10] do masoquismo: que eles fossem devidos à raiva inconsciente e pré-edipiana da mãe ou ao complexo de virilidade na mulher. Esta tese tem seu valor, mas é preciso compreender que ela é baseada numa equivalência prematuramente constituída a partir de Freud.[11] Com efeito, como mostra Éric Laurent: "Ela faz uma equivalência entre masoquismo e passividade e sadismo e atividade a fim de desfazer as relações homem-mulher... Onde Freud diz que a menina espera uma criança do pai, Helene Deutsch considera que esta espera é equivalente a uma passividade, e que, no fundo, dá no mesmo dizer esperar uma criança do pai e ocupar um lugar masoquista."[12] Isto é confundir o jogo da pulsão na fantasia e o valor simbólico do apelo ao pai na realização da promessa fálica. Helene Deutsch visou com isso corrigir Freud (acreditando-se fiel a ele), ao fazer a equivalência entre a espera de uma criança do pai e a identificação da menina com o pai – esta foi a sua inextirpável posição na existência. A confusão essencial da tese de Helene Deutsch é que ela reenviou toda a divisão feminina ao registro da norma do macho, ao império do Todo. Lacan, por sua vez, irá situá-la no registro do não-todo e desde "Diretrizes para um congresso sobre sexualidade feminina" ele critica radicalmente a confusão entre "masoquismo feminino" e perversão masoquista (que visa à angústia do outro) e o enraizamento do pensamento psicanalítico de seu tempo numa concepção biologista da qual faz parte o conceito de masoquismo feminino. O que é da ordem do sintoma em Helene Deutsch – apesar dela ter percebido que o real do sintoma se situa sempre na relação com o outro sexo – é que ela não percebeu que a sexualidade feminina é uma questão de gozo, e não de identificação. De um gozo que faz a mulher outra pelo fato de receber o falo do outro, do homem, e ao mesmo tempo de não ter que receber deste Outro fálico um limite para o seu gozo assim conquistado. É por isso que ela foi – apesar de ter sido mãe – uma filha para Freud e para todos os homens que conheceu ao longo da sua existência.

Quanto à questão do masoquismo feminino, o complemento da obra de Helene Deutsch foi fornecido por Anna Freud. Se Helene Deutsch fazia do masoquismo um dado necessário ao acesso da mulher à satisfação sexual, Anna Freud mostrou o avesso fantasístico e a sua tradução em sintomas de inibição e sonhos diurnos consoladores que fixam o sujeito feminino no complexo de masculinidade. Este é o tema de seu artigo "Fantasias de punição e sonhos diurnos".

Foi, com efeito, depois de ter descoberto a fantasia "Bate-se numa criança", cujo segredo lhe fora provavelmente revelado por Anna Freud, que Freud põe para funcionar o conceito de pulsão de morte, designando um gozo que é incluso no sintoma analítico e que não reage à interpretação. A "reação terapêutica negativa" releva a mesma constatação: o sintoma não se resolve ou não se resolve mais totalmente pelo simbólico, pela significantização. Desta forma, Freud teve que decidir em deixar Anna Freud num ponto de seu tratamento onde as componentes homossexuais – o complexo de virilidade – não puderam ser desfeitas. Não se trata mais aí de masoquismo feminino e sim da fixação do gozo primordial incluído no sintoma na medida em que o sintoma é, ele próprio, uma resposta do real.

Foram esses problemas que também interessaram Joan Rivière, em particular o da "feminilidade como defesa"[13] — título de um dos capítulos da compilação de seus artigos. Nós a conhecemos principalmente por ter proposto o termo *mascarada feminina* a fim de opor as vias da busca da satisfação feminina à posição de rivalidade com relação aos homens. Este problema, assim como o chamado reação terapêutica negativa (e que tem relação com a sua análise com Jones, seu primeiro analista), constituiu a base de seu pedido de análise com Freud. O próprio termo *mascarada* foi retomado por Lacan, que o extraiu (assim como a frigidez, e isso se endereça principalmente à Helene Deutsch[14]) do registro dos sintomas neuróticos onde Joan Rivière o havia confinado, para elevá-lo à categoria de traço de estrutura do gozo das mulheres.[15]

NOTAS

1. Miller, J.-A., Laurent, É., "De l'Autre qui n'existe pas et ses comités d'éthique" (1996-97), curso inédito.

2. Miller, J.-A., "El Seminario de Barcelona", *Freudiana*, 19.
3. Sharpe, E., *Dream Analyses*, Londres, Hogarth Press, 1937.
4. Quanto a esse ponto, ver as lições do curso de Miller, J.-A., "Donc" (1993-94), inédito.
5. Laurent, É., "Cours Section clinique de Paris" (1985-86), inédito.
6. Lacan, J., *Escritos*, Rio de Janeiro, Jorge Zahar, 1998, p.837-8.
7. Tower, L., *Le Contre-transfert* (1956), Paris, Navarin, 1987; Lacan, J., Le Séminaire X, "L'angoisse" (1962-63), inédito.
8. Kress Rozen, N., Deutsch, H., "Une théorie de la femme", *Ornicar?*, 15, Paris.
9. Deutsch, H., "Préface", *La Psychologie des femmes*, Paris, PUF, 1949, p.3.
10. Hamon, M. Ch., *Porquoi les femmes aiment-elles les hommes ?*, Paris, Seuil, 1992. Encontra-se nesta excelente obra a exposição detalhada da sutileza dessa clínica, assim como as seus obstáculos e impasses.
11. Deutsch, H., *La Psychanalyse des névroses*, Paris, Payot, 1965. No prefácio desta obra, Helene Deutsch indica que desde os anos 30, data dos principais textos deste livro, ela se convertera à psicologia do Eu. Num artigo de 1930 intitulado "A parte de conflito atual na formação da neurose", ela definiu a neurose como um conflito inconsciente reatualizado na realidade. Quando o Eu não consegue resolver esse conflito o sujeito regride. A partir daí, instalou-se o falso espaço "técnico" do qual se serviram os analistas da relação de objeto: "agressão, frustração, regressão"; o que levou os tratamentos ao impasse da análise das resistências.
12. Laurent, É., "Les positions féminines de l'être" (1992-93), curso na Seção clínica de Paris, inédito.
13. Rivière, J., *The Inner World and Joan Rivière, Collected Papers*, Londres, Karnac Books, 1991.
14. Sobre esse ponto, consultar o livro de estudos psicanalíticos reunidos por Marie Christine Hamon, *Féminité mascarade*, Paris, Seuil, 1994.
15. Lacan, J., *Escritos*, op. cit., p.741.

A chave de Melanie Klein

Vicente Mira

Antes de abordar o tema que nos ocupa repitamos, mais uma vez, as duas dimensões do sintoma. Em primeiro lugar, o sintoma como mensagem, sentido e significação, mais ou menos ligado a um querer dizer, crença do sujeito em seu "querer dizer" que supõe a função da palavra, pois o sentido só existe na e pela linguagem, inevitavelmente ligado à lógica do significante. Podemos aceitar que o sintoma é uma mensagem que só preexiste a partir do momento em que pode ser decifrado, mostrando assim que o sintoma mantém a latência significante que sustenta seu sentido e sua significação. O descobrimento do inconsciente como interpretável é o que orienta em direção a um sintoma cujo sentido é desconhecido para o sujeito, ou melhor, recalcado pelo eu.

Em segundo lugar, e guiados pela desilusão freudiana de que não é suficiente dotar o sintoma de sentido para suprimi-lo, vemos-nos obrigados a levar em conta que o sentido dos sintomas, para-além de seu valor semântico, é a satisfação que ele guarda em seu interior; que o sintoma é questão de libido, de gozo, que o essencial do sintoma é que ele serve para substituir a satisfação sexual e, mais ainda, que a substituição vale pelo original, tanto mais quanto o *Ersatz* sintomático serve, ao mesmo tempo, para conseguir e para proteger-se da satisfação. É porque a satisfação é necessária que o sintoma se inscreve, para Lacan, em "o que não pára de se escrever". O descobrimento das vias perversas da sexualidade infantil, das dissonâncias da satisfação sexual, mostra-nos a capacidade do deslizar da libido, suas voltas que, ao serem vias na constituição dos sintomas, são encontros com a satisfação.

Ambos registros, sentido e gozo, dão testemunho do percurso do ser falante: percurso libidinal em seus encontros traumáticos com o gozo e percurso significante com o que do real se cifra no inconsciente como letra.

Esta breve introdução às coordenadas do sintoma nos serve para precisar com que bagagem e orientação abordamos a leitura da posição de Melanie Klein, com relação ao sintoma em psicanálise.

Em uma primeira observação, a senhora Klein não se embaraça com as precisões epistêmicas em relação ao sintoma. Já de início considera sintoma tudo o que incomoda, não funciona, intercepta o suposto funcionamento harmônico de um indivíduo; simples, é sintoma todo obstáculo ao princípio do prazer devidamente prolongado pelo princípio da realidade (lendo M. Klein a pessoa se pergunta por que os psicanalistas kleinianos se tornaram tão aborrecidos). Ela não estaria muito longe de conceber que é sintoma o que não funciona no real de um sujeito, não fosse o fato de que a dimensão real aparece subsumida no imaginário da pan-significação fálica que ignora a falta de objeto que vela.

O que não funciona, nos dois registros: sintoma como enigma que apela à entrega de sua mensagem, sintoma como gozo que afeta o sujeito para além do princípio do prazer.

Inibição, sintoma e angústia

É assim que M. Klein nomeia sintoma ao tríptico freudiano. Para ela, são sintomas: a angústia, a inibição, assim como o que propriamente podemos chamar sintomas com seu invólucro formal e sua satisfação substitutiva. É interessante pensar que, no nível da temporalidade, ela situa a angústia e a inibição como mais duradouras, mais permanentes que o sintoma, o qual ela considera como eventualmente transitório; tanto quando constata o desaparecimento errático dos sintomas neuróticos, ao acaso dos deslocamentos da libido, como quando verifica a emergência fugaz de sintomas, que desaparecem da mesma maneira que apareceram no transcurso de uma análise.

A inibição, não obstante, na medida em que evita a formação de sintomas é, para M. Klein, mais permanente por ser mais econômica: "que a base destas inibições era também um intenso prazer primário que havia sido recalcado devido a seu caráter sexual (...), recalques que detiveram as idéias libidinais associadas com atividades especiais e, assim, ao mesmo tempo, as atividades em si mesmas".[1] Recalque das idéias que deixa intacto o prazer primário, já que a satisfação é sempre real.

A grande constante do arsenal kleiniano é a angústia. Pode-se destacar no índice das obras completas de M. Klein que as referências à angústia triplicam qualquer outra referência clínica. Para M. Klein a angústia precede invariavelmente à formação dos sintomas, ao constituir-se como a manifestação neurótica primária; e é a angústia que abre o caminho para a formação dos sintomas. A angústia kleiniana corresponde àquela da segunda teoria da angústia de Freud: "a libido que se encontra com o recalque, seu destino é a angústia".[2] Não se trata de que a angústia seja o motor do recalque, senão de que é a libido – que não podendo encontrar suas vias de descarga, de investimento, ao falhar-lhe o suporte significante por causa do recalque – que se transforma em angústia. Talvez seja interessante destacar também que a angústia prevalece sobre os outros afetos, é seu destino comum, pois "O ego utiliza a angústia como moeda de câmbio corrente, com qualquer dos outros afetos".[3] No que diz respeito às relações entre a angústia e o sintoma, a Sr.ª Klein é perfeitamente freudiana: "Os sintomas não se formam mais que para escapar ao desenvolvimento da angústia, inevitável em outras circunstâncias."[4]

A angústia, assim, nos aparece causada pelo que do real (pulsional) não chega a ser submetido ao princípio do prazer. É a resposta íntima do eu, sede da angústia, a essa exigência pulsional. O sintoma é, ao mesmo tempo, resposta e compromisso e assim se desdobrará: para escapar ao desenvolvimento da angústia e para assegurar-se da satisfação, sinal e substituto de uma satisfação pulsional que não teve lugar.

Formação dos sintomas

Qual é o mecanismo que assegura a formação dos sintomas? Não existe sintoma sem identificação. É a angústia que dá início ao mecanismo de identificação, de "equivalência simbólica de objetos" como base de "equações sintomáticas e sublimatórias"; "é sobre o simbolismo que se edifica a relação do sujeito com o mundo exterior e a realidade em geral". Destacaremos que o simbolismo a que se refere M. Klein é aquele que Lacan critica na "teoria do simbolismo de E. Jones", um simbolismo muito imaginarizado, ingênuo, que vai do objeto ou do órgão à imagem e, daí, à sua representação verbal, um simbolismo que não destaca a prevalência do significante em toda operação simbólica. Por isso, o termo "identificação" que M. Klein utiliza, a propósito do simbolismo, é adequado a sua idéia.

Após a identificação, que assegura a formação do símbolo, vem a fixação que une símbolo e satisfação fechando as vias de descarga da libido ou, dizendo de outro modo, a fantasia ao sucumbir ao par repressão-fixação permanece, solidamente, unida à situação de prazer e condenada a negociar-se como sintoma. A localização do sintoma na economia libidinal é relativa à fantasia, tela que oculta e desvela o real da fixação pulsional.

É interessante constatar que a fixação é o ponto preciso onde divergem os caminhos do sintoma e a sublimação. Estudando Leonardo da Vinci, M. Klein destaca que pode não haver fixação mas, sim, transferência da libido para as tendências do eu. Daí a atitude do sujeito para manter altos níveis de libido em um nível de não-descarga e, apoiando-se em Leonardo, o passo maciço e precoce da libido narcisista à libido objetal vem produzir não a constelação sintomática, porém a sublimação criativa.

Pensá-lo assim abre uma interessante linha intermediária que não passa despercebida a M. Klein. Ao invés de a libido se transferir para as tendências do eu, esta pode nele fixar-se, mas aparentemente despojada de seu caráter sexual, de acordo com o eu. Fixada, porém absorvida pelas tendências do Eu, não sucumbe ao recalque, embora "contamine sexualmente" a tendência e desemboque em uma sublimação sintomática; isto é: "Devemos admitir a existência de uma série complementar, colocada entre a formação de sintomas e a sublimação conseguida, por sexualização da tendência na qual se colocou o investimento libidinal, ao invés de ser absorvido pela tendência."[5]

Clínica dos sintomas

Sabemos que somente levando o sintoma à estrutura clínica poderemos apreciar o índice de seu valor para um sujeito. É este caminho de subjetivação do sintoma o que nos permite incluir os diversos fenômenos clínicos na experiência psicanalítica, nomeado com o termo já clássico de J.-A. Miller, de fazer uma clínica sob transferência.

Para Melanie Klein o sintoma é qualificado em dois registros que, embora diferentes, se completam. Por um lado qualifica os sintomas de acordo com o tipo de neurose: sintomas histéricos, sintomas obsessivos, fobias e, por outro lado, em relação à fixação libidinal em jogo: narcisista, sádico-anal, oral, concebidas todas elas como regressões nascidas do complexo de castração. Nunca perde de vista o mecanismo de formação dos sintomas descrito anteriormente: "A sintomatologia da histeria não faz mais do que reproduzir a capacidade de deslocar as zonas erógenas, capacidade manifestada na orientação e identificação primeiras da criança. A identificação constitui uma etapa preliminar na formação do sintoma."[6] São os deslocamentos da libido, as metáforas e metonímias, a errância libidinal que aponta sempre para sua satisfação, que dão conta da formação dos sintomas segundo as diferentes estruturas clínicas.

Talvez o mais interessante desta aproximação kleiniana dos sintomas é como ela intercala tipo clínico e fixação libidinal, dando ênfase a esta. Haverá, assim, sintomas "narcisistas primários que escondem, diferentemente do que Ferenczi imaginou, relações objetais que padeceram, sob pressão do complexo de castração, de um recalque na fase narcisista".[7] Ou, também, a fixação histérica aos objetos sexuais primários fundamenta a solidez da fantasia, abrindo, assim, a porta ao recalque e à regressão que condenam a fantasia a não encontrar outra via de representação e descarga que não seja o sintoma histérico. Ou ainda, "o sintoma obsessivo reflete o compromisso entre a inibição maciça da fantasia e a relação defeituosa com a realidade, não permitindo, nestas condições, mais que as formas de satisfação mais estreitas"[8]... "os mecanismos e os sintomas obsessivos servem, em geral, para ligar, modificar e separar a angústia pertencente às camadas mais profundas do espírito; as neuroses obsessivas se edificam, por conseguinte, sobre a angústia das primeiras situações de perigo".[9] Recordemos que as primeiras situações de perigo não são mais do que a ameaça precoce da pulsão sobre o eu, o que deduzimos das seguintes observações: "A luta entre o supereu e o isso governa nas neuroses graves quase todos os processos psíquicos. A severidade extrema do supereu impede toda expressão fantasística. O fracasso na relação entre supereu e isso deu lugar à supressão forçada das pulsões que absorve toda a energia do sujeito, resultado: neurose obsessiva grave."[10] Creio ser necessário acrescentar que o compromisso neurótico tem conseqüências na posição do sujeito na realidade. Somente uma parte muito limitada desta é reconhecida, o resto permanece negado. É o próprio compromisso que funda as relações defeituosas do neurótico com a realidade, ao fazer prevalecer a realização deslocada da satisfação fantasística.

Para finalizar, umas palavras acerca da ação terapêutica sobre o sintoma, que é o que interessa a M. Klein. O sintoma terá que liberar sua significação, que é de gozo, e isto é o mesmo que dizer que os sintomas serão lidos em seu desdobramento, até chegar à fixação libidinal, núcleo de gozo que conservam. É neste caminho de descifração que pode voltar a se manifestar a angústia, aqui como signo do progresso da análise.

O sintoma somente será abandonado "como custosa formação de substituição quando as fixações forem desfeitas e se abrirem outras vias à descarga da libido".[11]

M. Klein, apesar de sua persistência e seu inquebrantável otimismo, também encontra os limites da análise do sintoma: "uma dificuldade maior surgirá no tratamento se o conjunto da vida fantasmática está posto a serviço do sintoma e, assim, retirado de qualquer outro interesse".

Ainda que M. Klein resista a usar o termo "final de análise" e assim adverte, explicitamente, em diferentes momentos de sua obra, contudo, quando o utiliza, não o faz coincidir com o desaparecimento dos sintomas. Admite que uma análise possa terminar sem que os sintomas estejam resolvidos e quase como um chiste constata, inversamente, que pode haver desaparecimento de sintomas, depois do final de uma análise. Poderíamos pensar que utiliza, aqui, "final" como puro término cronológico de uma análise, mas vai além quando afirma que este desaparecimento "depois do final" seria o produto do trabalho de elaboração que prossegue.

Em conclusão, a psicogênese kleiniana dos sintomas presta a maior atenção à libido que, constante, circula, se desloca, busca objetos ou símbolos substitutos para obter sua acéfala satisfação, ao invés da envoltura significante dos mesmos. Para M. Klein, a referência maior do sintoma, assim como do conceito de inconsciente, continua sendo a fantasia.

NOTAS

1. Klein, M., "Análisis infantil" (1923), *Obras completas*, vol.1, Paidós, Barcelona (2ª ed.). (Edição francesa para esta e as seguintes citações: *Essais de psychanalyse*, Paris, Payot, 1968).
2. Klein, M., "La importancia de la formación de símbolos en el desarrollo del yo" (1930), *Obras completas,* vol.1, op. cit.
3. Klein, M., op. cit.
4. Klein, M., op. cit.
5. Klein, M., "Análisis infantil" (1923), op.cit.
6. Klein, M., op. cit.
7. Klein, M., "Una contribución a la psicogénesis de los tics" (1925), *Obras completas,* vol.1, op. cit.
8. Klein, M., "Una contribución a la teoría de la inhibición intelectual" (1931), *Obras completas*, vol. 1, op. cit.
9. Klein, M., op. cit.
10. Klein, M., op. cit.
11. Klein, M., "El desarrollo de un niño" (1921), *Obras completas,* vol.1, op. cit.

O sintoma como mensagem

Leonardo Gorostiza

O ponto de partida de Lacan sobre o sintoma se inscreve em sua reconsideração radical do único *médium* sobre o qual a experiência analítica pode apoiar-se: a fala. Reproduzindo, à sua maneira, o itinerário freudiano, ele parte de uma constatação: se a fala é capaz de dissolver um sintoma devemos supor, em primeiro lugar, algum tipo de homogeneidade entre ambos.

Deste modo, é através da elucidação das leis da fala como fundamento do tratamento analítico que Lacan abre a via para o entendimento da estrutura mesma do sintoma enquanto analisável.

Que é a fala?

Em seu texto "Variantes do tratamento-padrão", Lacan desenvolveu claramente sua primeira teoria acerca da função da fala na análise.

Ali, introduz em primeiro lugar uma cisão na fala entre o que se diz e o que se quer dizer. Se o que se diz são palavras que o falante utiliza, o que este quer dizer será o que não disse, e caberá ao ouvinte, através de "seu poder discricional", interpretar não só "o que o falante quer lhe dizer através do discurso que lhe dirige", mas o que esse discurso lhe ensina da condição de falante mesmo.[1]

Destaquemos o que esta perspectiva implica: além da cisão entre *dizer* e *querer dizer*, o que se joga em função da palavra é que o que o falante quer dizer é decidido não pelo sujeito que fala, mas sim por aquele que o escuta.

Deste modo, ao afirmar que o sentido profundo da fala é decidido pelo receptor, pode estabelecer então que, em um nível fundamental, é o receptor quem está na origem da mensagem mesma.[2]

Estas coordenadas, bases sobre as quais o analista construirá logo seu gráfico, implicam uma subversão da noção tradicional da comunicação que Lacan, enriquecendo-a com a temporalidade da retroação, consagrou com a fórmula: a linguagem humana constitui uma comunicação onde o emissor recebe do receptor sua própria mensagem de forma invertida."[3]

Assim mesmo, esta nova concepção é solidária de uma crítica profunda da noção *linguagem-signo* e de sua insuficiência para dar conta da realidade humana. Efetivamente, um sistema definido por uma correlação fixa de seus signos com a realidade que eles significam jamais poderia dar conta da transformação que a função simbolizante da palavra opera no "sujeito a quem ela se dirige pelo laço que estabelece com aquele que a emite, ou seja: introduzir um efeito de significante".[4]

A intersubjetividade, definitivamente separada de toda suposta dualidade de indivíduos que se comunicam através de uma "linguagem funcional", é então a via de acesso ao registro da verdade. E esta última, já não concebida como adequação à coisa ou como conhecimento da realidade, se funda na fala verdadeira, ou seja, a que se "constitui no reconhecimento pelos sujeitos de seus seres enquanto que estão nela inter-essados..."[5]

Assim, a prefiguração do lugar do Outro, a definição da verdade como tendo estrutura de ficção e o questionamento da noção de signo de Pierce (o que representa algo para alguém) como instrumento para pensar os fundamentos da experiência analítica se encontram antecipados nessa primeira teoria de Lacan sobre a fala que repercutirá sobre suas primeiras considerações sobre o sintoma.

O que o sintoma quer dizer

A convicção freudiana, de que os sintomas têm um sentido e que podem ser decifrados como outras formações do inconsciente, é abordada por Lacan com os recursos da lingüística estrutural.

Assim, uma aplicação do algoritmo saussuriano lhe permite formular que "o sintoma é o significante de um significado recalcado da consciência do sujeito".[6]

Concebido como uma opacidade no discurso consciente, o significante do sintoma será em torno do qual o sujeito poderá delimitar a pergunta acerca de *que é que isso quer dizer*.

Suposição, portanto, de que existe ali um "sentido aprisionado"[7] que a interpretação analítica poderá liberar se consegue mobilizar a fala até então expulsa do discurso concreto do analisante.

Esta concepção da cura implica não só uma caracterização do inconsciente como interpretável, mas, também, como história. O sintoma é, portanto, uma sorte de opacidade na historização do sujeito que a interpretação analítica, através da liberação da fala plena ali encerrada, tentará restabelecer. Deste modo, definindo o duplo sentido do sintoma como "símbolo de um conflito defunto para-além de sua função em um conflito presente *não menos simbólico*",[8] Lacan se apóia na exigência freudiana desse mínimo de sobredeterminação para que um sintoma seja concebido como analítico e descreve, de maneira brilhante, a estrutura do mesmo: "... já está de todo claro que o sintoma se resolve inteiramente em uma análise da linguagem, porque ele próprio é estruturado como uma linguagem, ele é linguagem cuja fala deve ser libertada".[9]

Do que antecede se deduz que a noção de sintoma que Lacan aqui propõe se encontra intimamente ligada ao conceito de inconsciente que elabora nesse momento de seu ensinamento.

Duas teses parecem se superpor nesse sentido. Primeiro, o ponto de partida do inconsciente como interpretável que antecipa a famosa tese de que "*o inconsciente está estruturado como linguagem*". Segundo, a tese de que o inconsciente está estruturado como uma fala, uma fala dirigida ao Outro.[10]

Em congruência com ambas, duas vertentes do sintoma podem ser isoladas. Por um lado, "estruturado como uma linguagem", o sintoma participa da linguagem e de suas leis, aqui introduzidas por Lacan em referência ao signo saussuriano e à distinção de duas ordens diversas regidas por leis diferentes e separadas inicialmente por uma barreira resistente à significação: significante e significado. Por outro, participa das leis da fala e, como tal, "... é uma fala em pleno exercício, pois ela inclui o discurso do outro no segredo de sua cifra".[11]

A partir dessa afirmação, embora não promovida ainda a anotação com maiúsculas, deduz-se claramente que esta noção de sintoma concerne ao Outro, ao inconsciente, em sua constituição mesma.

O sintoma como formação do inconsciente mostra assim sua dependência extrema ao que ali, no lugar do Outro, se decide; e isto a tal ponto que, por momentos, sintoma e inconsciente, ambos "estruturados como uma linguagem", parecem se confundir.

Toda esta construção se sustenta em uma suposição: existe um Outro primordial e anterior, encarnado pela existência mesma da linguagem, e será desde e nesse lugar onde o sujeito receberá o sentido, a significação de seus sintomas, ou seja, sua própria mensagem de forma invertida.

Uma formação particular do inconsciente

Todavia a noção do sintoma como mensagem é paulatinamente reconsiderada por Lacan a partir do momento em que abandona a concepção do inconsciente como lugar de fala e avança na precisão da fórmula "estruturado como linguagem".

Esta reconsideração implica uma tomada de distância com respeito aos efeitos semânticos da fala e a toda ilusão de intersubjetividade, ao tempo em que uma abordagem mais decidida do que chama nesse momento o "suporte material que o discurso concreto empresta à linguagem",[12] ou seja, a letra.

"Assim" – disse em 1957 – "se o sintoma pode ser lido, é porque ele mesmo já está inscrito em um processo de escrita. Enquanto formação particular do inconsciente, não é uma significação, mas sim sua relação com uma estrutura significante que o determina".[13]

Esta mudança de via é índice da necessidade de relacionar o sintoma com um processo de escrita e não mais com a fala. Já não é suficiente para Lacan, sob o pretexto de que o sintoma é uma mensagem, reduzi-lo a um efeito semântico, a uma significação do Outro e, mais ainda, reduzir a estrutura significante que o determina só ao que chamamos o lugar do Outro, como lugar onde a significação se constitui como acabada.

Existe uma necessidade, dada pelo caráter específico do sintoma, que o diferencia das demais formações do inconsciente: sua fixidez, sua inércia. E é isto o que obriga Lacan a incluir sua determinação significante em um circuito mais vasto onde o gozo e a castração se encontrem implicados.[14]

Deste modo, a construção do grafo do desejo – que no fundo não é senão uma variação sobre o esquema da comunicação intersubjetiva[15] – mantém a vertente do sintoma como mensagem localizada em seu piso inferior no lugar em que "a significação se constitui como produto terminado"[16], e permite vislumbrar, na abertura ao piso superior e através da determinação que o sintoma recebe da fantasia, que existe algo mais que um efeito semântico em sua constituição: a relação do sujeito com o gozo.[17]

Esta nova perspectiva, que retoma a orientação freudiana do giro dos anos 20 e que implica afirmar que embora o sintoma responda a uma estrutura idêntica à da linguagem nem por isso é inteiramente reabsorvido nela, já se encontrava esboçada em "A instância da letra".

No referido texto, tal como J.-A. Miller destacou,[18] uma leitura atenta permite apreender uma função do significante que ultrapassa sua capacidade de engendrar significação. Esta última, claramente presente na clássica definição da metáfora, onde a substituição de um significante por outro se revela como a condição da criação poética de sentido à que o sintoma enquanto formação do inconsciente não é alheio, não esgota toda sua função.

Efetivamente, para além da significação produzida, esboça-se uma vertente do significante que em sua dimensão de "letra", enquanto "significante enigmático do trauma sexual",[19] escreve sobre a carne ou a função, ali tomadas como elementos significantes, a conjunção do gozo do corpo com a mensagem.[20]

No entanto, esta conjunção – explorada por Lacan durante a construção de seu grafo ao conceber a pulsão como mensagem inconsciente e dependente de um Outro, reservatório dos significantes pulsionais – vai encontrar seu limite com a promoção decidida do conceito de gozo.

Deste modo, ao abandonar a tentativa de integrar a pulsão ao esquema da comunicação e pôr em disjunção gozo e mensagem, Lacan reformula radicalmente sua definição de sintoma.

"O sintoma" – disse então – "não é apelo ao Outro... O sintoma em sua natureza é gozo... o sintoma se basta".[21]

Produz-se, assim, uma inversão de perspectiva que antecipa o questionamento da anterioridade primordial do Outro, fundamento mesmo da noção de mensagem. O sintoma já não inclui, então, "o Outro no segredo de sua cifra" como dado de partida. Será necessário o milagre da transferência para que esse gozo autístico, auto-erótico, que o sintoma encerra, se abra aos intercâmbios da fala.

Uma mensagem cifrada

Esta nova perspectiva do sintoma como gozo é coadjuvante de uma objeção básica à sua consideração como mensagem. Pode-se dizer, ainda mais, que o conceito de gozo corrói a noção mesma de mensagem, a idéia de comunicação – embora renovada – que este implica e, inclusive, a concepção do Outro como lugar do significante que é seu fundamento.

Neste sentido, não deixa de ser surpreendente que, no contexto da última parte de seu ensinamento caracterizada por formular a anterioridade do gozo com relação ao Outro e reduzir a comunicação a não ser mais que semblante, Lacan volte a introduzir o termo "mensagem" ao falar do sintoma: o sintoma é uma mensagem cifrada, afirma a vinte anos de seu "Discurso de Roma".[22]

Mas esta nova definição, que retoma termos empregados já em 1953, deve situar-se no contexto em que é formulada.

Transcendendo a oposição significante, signo, Lacan formula, nesse momento, uma oposição entre as duas vertentes que a linguagem promove – a de signo e a de sentido – na medida em que o inconsciente está ali interessado.

É pela vertente do signo, já não concebido nos termos de Pierce mas sim como simbólico que tem efeitos de gozo, que o sintoma é agora abordado. Deste modo, embora em sua vertente significante mantenha aberta as possibilidades para a produção do sentido que sempre fascina na fala, em sua cara de signo – situada para além do efeito semântico –, o sintoma faz do gozo sua referência e coloca a questão de uma cifra que não inclui o Outro em seu segredo.

Mensagem cifrada, então, que introduz o paradoxo do que pode ser uma mensagem quando o destinatário não é senão o sujeito mesmo. Um sujeito que, condenado ao monólogo autista de seu gozo,[23] terá a chance, se consentir em formular o seu sintoma sob transferência, de elucidar como – sem saber – gozava da cifra.[24]

NOTAS

1. Lacan, J., "Variantes do tratamento-padrão", *Escritos*, Rio de Janeiro, Jorge Zahar, 1998, p.329.
2. Miller, J.-A., "Introducción a 'Variantes de la cura-tipo'", *Umbrales del análisis*, B. Aires, 1986.
3. Lacan, J., "Função e campo da fala e da linguagem em psicanálise", *Escritos*, op.cit., p.299.
4. Ibid., p.297.
5. Lacan, J., "Variantes do tratamento-padrão", *Escritos*, op.cit., p.353.
6. Lacan, J., "Função e campo da fala e da linguagem em psicanálise", *Escritos*, op.cit., p.281-2.
7. Ibid.
8. Ibid., p.270.
9. Ibid.
10. Miller, J.-A., "La fuite du sens" (1955-56), aulas de 20.3.96, inédito.
11. Lacan, J., "Função e campo da fala e da linguagem em psicanálise", *Escritos*, op.cit., p.282-3.
12. Lacan, J., "A instância da letra no inconsciente ou a razão desde Freud", *Escritos*, op.cit., p.498.
13. Lacan, J., "A psicanálise e seu ensino", *Escritos*, op.cit., p.445, 446.
14. Miller, J.-A., curso, "Ce qui fait insigne" (1986-87), aula de 25.3.87, inédito.
15. Miller, J.-A., "La fuite du sens" (1995-96), aula de 31.1.96, inédito.
16. Lacan, J., "Subversão do sujeito e dialética do desejo no inconsciente freudiano", *Escritos*, op.cit., p.820-1.
17. Miller, J.-A., "Ce qui fait insigne" (1986-87), aula de 11.3.1987, op.cit.
18. Ibid., aula de 29.4.1987.
19. Lacan, J., Le Séminaire, livre X, "L'Angoisse" (1962-63), aula de 23.1.1963, inédito.
20. Soler, C., "Les pouvoirs du symbolique" (1988-89), seminário da Seção clínica de Paris, aula de 25.1.1989.
21. Lacan, J., Le Séminaire, livre X, "L'Angoisse" (1962-63), aula de 23.1.1963, inédito.
22. Lacan, J., *Télévision* (1973), op.cit., p.1920.
23. Miller, J.-A., "La fuite du sens" (1995-96), aula de 20.3.1996, op.cit.
24. Miller, J.-A., "La psicosis en el texto de Lacan", *La psicosis en el texto*, B. Aires, Manantial, 1990, p.125.

Gozar do sintoma

Flory Kruger

Introdução

Desde o bezerro de ouro, passando por Signorelli, até a Trimetilamina do sonho da injeção de Irma, Freud nos apresenta os elementos que lhe permitiram demonstrar tanto a existência como a insistência do inconsciente. Nesta série desenvolvida na *Psicopatologia da vida cotidiana* — e batizada por Lacan como "formações do inconsciente" — aparece incluído o sintoma. Em que sentido devemos entender esta inclusão?

Freud advertiu que o sintoma podia ser interpretável porque era possível lhe encontrar um sentido e deste sentido inferir um saber. Localizamos aqui a dimensão simbólica do sintoma, o sintoma como mensagem a decifrar através da fala, com a finalidade de descobrir esse saber que o sujeito "não sabe que o sabe e por isso crê que não o sabe".[1]

Mas é necessário, também, marcar as diferenças entre o sintoma e as outras formações. O que primeiro chama a atenção é a insistência do sintoma em comparação com a fugacidade, a evasão, o instante de duração do resto da série. Pode ver-se, então, que insistência, resistência, inércia e padecimento são os elementos que acompanham o sintoma e que o distinguem das outras formações do inconsciente.

A inércia do sintoma

O sintoma enquanto mensagem não pode ser situado somente na categoria das formações do inconsciente; já que tem um agregado de permanência e de ganho de satisfação. Freud observou que isto constituía um obstáculo no tratamento e advertiu também para a insistência de uma luta entre o denegar sua inscrição e a tentativa de encontrá-la.

Desde muito cedo deu-se conta de que, se bem que o sintoma, em aparência, amiúde seja um hóspede mal recebido na vida psíquica do sujeito, não é menos habitual que as pessoas se sirvam de seus sintomas obtendo um ganho extraído de seus padecimentos, razão de sua tenacidade. Não demorou em somar a este ganho secundário um primário que se apresentasse como a saída economicamente mais conveniente de um conflito psíquico. Deste modo, o sintoma constitui um espaço paradoxal: por um lado, é a sede dos padecimentos humanos, e pelo outro, aloja uma satisfação que atenta contra seu portador.

Freud constrói sua teoria do sintoma a partir de uma dialética estabelecida entre o trauma e a defesa. A sexualidade como traumática leva-o a postular um aparelho que procura se defender de um excesso de excitação, de uma sobrecarga insuportável que busca uma tramitação, uma simbolização ali onde não pode ser simbolizada. As fantasias tendentes a ocultar os efeitos de uma sexualidade precoce intolerável encontram expressão desfigurada no sintoma, de modo que este é o início e substituto de uma satisfação pulsional, satisfação essa que, longe de produzir prazer, localiza-se do lado do desprazer. "A modalidade de satisfação que o sintoma aporta tem em si muito de estranho. Prescindamos de que é irreconhecível para a pessoa que sente a suposta satisfação mais como um sofrimento, e como tal queixa-se dela. Esta mudança é parte do conflito psíquico sob cuja pressão deve ter se formado o sintoma."[2]

Essa articulação freudiana entre sintoma e pulsão é contundente. Em "Três ensaios para uma teoria sexual", Freud sustenta: "...não quero dizer que a energia da pulsão sexual presta uma mera contribuição às forças que sustentam os fenômenos patológicos (sintomas), senão asseverar expressamente que essa participação é a única fonte energética constante das neuroses, e a mais importante...".[3]

Durante muito tempo, Freud acreditou que o sujeito abandonava seus sintomas uma vez que houvesse perdido seus benefícios. No entanto, a clínica lhe impôs a convicção de que no sofrimento sintomático há algo que transborda o princípio do prazer. É preciso assinalar, então, a disjunção freudiana entre o inconsciente e a pulsão, entre o descobrimento do sentido que desfaz o sintoma e a permanência do gozo que o mantém.

A queda do otimismo o leva a teorizar o masoquismo primordial e a pulsão de morte: ambos constituem um limite ao sentido do sintoma. Observa que os pacientes têm apego ao que lhes causa dano, o sujeito não quer se curar porque a cura mesma é considerada pelo eu como um novo perigo. Este fato o leva a supor que o sofrimento do paciente está habitado por um gozo desconhecido por ele mesmo, e que este gozo é inamovível: "... Há neles algo que se opõe à cura, predomina a necessidade da enfermidade... É o sentimento de culpa inconsciente que acha na enfermidade sua satisfação, seu castigo. Sentimento que permanece mudo para o paciente e só se manifesta como resistência à cura, dificilmente redutível."[4]

Freud deparou-se com este limite, com o peso da inércia do sintoma. Inércia provocada por uma satisfação dificilmente redutível pela via da fala, que manifesta a intensidade da pulsão.

O sintoma: um modo de gozo

Lacan batiza novamente a satisfação freudiana com o conceito de gozo e faz do sintoma mesmo um modo de gozo. No Seminário 7, *A ética da psicanálise*, o gozo já se faz presente como problema e Lacan o define como a satisfação da pulsão. Este seminário marca um corte ao introduzir a dimensão da satisfação pulsional em seu caráter de real, diferenciando-a assim da dimensão imaginária na qual se viu delimitada inicialmente a pulsão. Em Lacan existe, portanto, uma solidariedade entre os conceitos de gozo, corpo e pulsão.

Se a satisfação de uma pulsão é o gozo, por mais contingente que seja inicialmente seu objeto, o gozo nos remete imediatamente até esse objeto pulsional. Entre o objeto do desejo e o objeto da pulsão se desenha o lugar do objeto *a*. O objeto *a* como real oscilará entre duas dimensões: a dimensão da causa do desejo e a dimensão do mais de gozar. A primeira, como seu nome o indica, remete ao desejo; a segunda, em troca, é uma forma particular elaborada por Lacan acerca do conceito de objeto pulsional, e, como tal, inseparável da definição do gozo enquanto satisfação de uma pulsão.

É necessário distinguir em Lacan momentos diferentes no seu ensino. Na primeira época, ele pensa o inconsciente como discurso e o sintoma como mensagem a decifrar; neste sentido o sintoma é um modo inconsciente de dizer. O sintoma mesmo é linguagem e a interpretação, desta perspectiva, aponta liberar a fala que aparece congelada e que demanda ser escutada. Com respeito ao tratamento: está orientado para liberar a verdade que se esconde no sintoma.

Nesse tempo, Lacan maneja um cálculo da interpretação muito preciso, pelo qual se poderia alcançar o sintoma evocando as ressonâncias semânticas. Trata-se de uma teoria do sintoma muito elementar que consiste em dizer que o sintoma é um significante cujo significado está recalcado. Deste modo, o que Lacan põe no horizonte da operação analítica é a possibilidade de liberar o significado recalcado, que é o que constitui a verdade do sintoma.

Mais adiante comprovará que este franqueamento do recalque é estruturalmente impossível e que o significado ficará sempre discordante, sem poder retornar jamais à consciência.

Freud, desde o princípio, inclui o conceito de satisfação vinculado ao sintoma e assim dá conta da pulsão. Em troca, Lacan – na primeira época, quando o seu debate gira ao redor do significante e do significado recalcado – deixa de lado toda referência à insatisfação que o sintoma porta.

J.-A. Miller ocupa-se em mostrar como, no começo do seu ensino, Lacan se orienta, fundamentalmente, para a emergência da verdade no seu trabalho com o sintoma e criticar as intervenções do analista que apontam o surgimento da pulsão. Toma novamente o exemplo do *acting-out* do paciente de Kris, onde a emergência da pulsão oral cobra valor de realidade e mostra como este valor não é o que se deve encontrar no sintoma, mas sim seu valor de verdade. Este exemplo serve tanto para mostrar a separação que Lacan estabelece entre o sintoma e a pulsão, como para confirmar a localização da pulsão por fora do próprio campo da interpretação analítica[5].

Uma redefinição do sintoma tem lugar num segundo momento lacaniano: já não se trata de um significado recalcado que deverá encontrar seu significante na fala, porém que o sintoma é o nome mais autêntico da relação do sujeito com significante.

Lacan chegou a dizer que, na medida em que o estado sintomático é o estado normal do significante, o sentido do sintoma é o sentido da relação do sujeito com o significante.

Também encontramos uma mudança a respeito da emergência da verdade: da idéia de que a verdade pode se converter totalmente na fala (fala plena), passa-se à impossibilidade de dizer a verdade toda. É a esta verdade não toda que chamará de desejo.

J.-A. Miller diz que o que Lacan chamou desejo é o outro nome do impossível da fala plena, é o que do significado é resistente ao significante. É por este viés, então, que se perde o conceito de pulsão freudiana: para Lacan a pulsão não pode se dizer.

Mais tarde, o que não pode se dizer permitirá incluir o valor de gozo que corresponde a esta parte do significado que não encontra como se realizar no significante.

O sintoma e a pulsão

A abolição do conceito de pulsão, na época do "Discurso de Roma", foi sem dúvida transitória e Lacan deu-lhe sua admissão definitiva no ano de 1964, quando dita seu seminário sobre "Os quatro conceitos fundamentais da psicanálise". Como a significação não é suficiente para dar conta do sintoma, Lacan põe em jogo outro elemento: a fantasia. A fantasia interfere na formação do sintoma – o andar superior do grafo do desejo dá conta disto – e este é o circuito que mascara a relação com a pulsão. Portanto podemos dizer que o sintoma – tal como Lacan o apresenta em "Subversão do sujeito" – é feito de dois elementos: significação e fantasia. Em outras palavras, é uma articulação entre um efeito significante e a relação do sujeito com o gozo.

Deste modo, o que começa a articular-se com o grafo do desejo antecipa o sintoma como um nó, onde estão comprometidos o objeto *a* e um efeito de verdade; já que, progressivamente, Lacan fará valer, incluído na fantasia, o objeto *a* como mais de gozar.

A teoria da interpretação na época do "Discurso de Roma" é solidária com a definição do inconsciente estruturado como uma linguagem, em que Lacan separa o dizer do gozar. Porém, 20 anos mais tarde, no Seminário XX, fica consumada a associação da fala com o gozo quando Lacan afirma que o ser, ao falar, goza.

O "sinthome"

Nos últimos desenvolvimentos de Lacan encontramos uma mudança na definição do sintoma. Do sintoma como metáfora, em que a letra no inconsciente localiza o significante, ao *sinthome*, como quarto termo que na topologia suporta o nó que pode ou não ser borromeano. Este deslocamento inaugura uma nova categoria de letra cuja função é a de localizar o gozo. Passa-se assim de um processo de fala a um processo de escrita. Isto se evidencia no Seminário RSI, onde define o sintoma "como signo do que não anda bem no real" ou ainda, "Defino o sintoma pela maneira como cada um goza do inconsciente enquanto o inconsciente o determina".[6]

O sintoma fica localizado na interseção entre o simbólico e o real mostrando seu duplo laço com o gozo e com o inconsciente. A função de gozo do sintoma é "o que do inconsciente pode-se traduzir por uma letra" que funciona de maneira diferente a respeito do significante e que escreve o gozo fálico que dá consistência ao inconsciente.

Com o nó borromeano Lacan pensa a estrutura sem uma referência ao Outro. Observa-se a orientação: cingir o Um, o gozo, a partir dos três registros. No Seminário sobre Joyce, o sintoma aparece como quarta rodinha, como suplência à função do Pai, como um dos nomes do pai necessário para o enlaçamento dos outros três. Para Lacan o *sinthome* tem a função de reparar a falha estrutural do enlaçamento. Com este conceito abre-se uma nova perspectiva clínica, que é a clínica das suplências, onde a generalização do conceito de sintoma, homólogo ao de foraclusão generalizada, aproxima neuroses e psicoses, abrindo a necessidade de construir uma nova clínica diferencial.

Um exemplo clínico

Contemplamos até aqui a dimensão de gozo como o obstáculo no tratamento pela sua face de inércia, resistência e sofrimento. Cabe-nos recordar agora que o trabalho analítico operando com o Sujeito suposto Saber e a interpretação obtém uma elaboração de saber que produz uma transformação dos sintomas e, como efeito sobre o real, uma modificação do gozo. Modificação que não é supressão, senão que dá lugar a um resto de gozo que é particular de cada um. Antes de se precipitar na análise o sintoma é um modo de gozar do inconsciente. Quando se lhe acrescenta o chamado à interpretação (sintoma como mensagem) o sintoma trabalha na invenção do saber, prescindindo cada vez mais de elementos secundários e obtendo – através de uma elaboração significante – efeitos sobre o real do gozo.

O fragmento de um caso nos servirá de pretexto para reconhecer na clínica alguns dos conteúdos que até aqui temos desenvolvido. Trata-se de um sujeito cuja insatisfação tem o status de um modo de gozo que vem suprir o gozo que não há . Esta insatisfação toma outra forma ao articular-se ao gozo absoluto a que está sujeitada enquanto histérica, que sustenta como possível e ao qual se remete. Em relação com este gozo, toda satisfação resulta desvalorizada, transformando-se portanto numa insatisfação que, para o caso, se articula a uma atividade: o impulso de comprar.

As compras excessivas haviam-se convertido em uma prática reiterada que, ainda que produzisse alguns conflitos matrimoniais, não lhe resultava motivo de desgostos, mesmo quando o sujeito não dispusesse do dinheiro suficiente, já que, dissimulando sua falta, quem pagava era seu marido através do cartão de crédito.

As queixas que este esboçava, ao ver cada vez mais reduzidos seus magros rendimentos, não chegavam a pôr um limite aos avanços demolidores de semelhante impulso. Mais ainda, essas queixas só levavam ao denegrimento que a mulher não poupava em dar a conhecer frente ao que considerava uma debilidade de seu esposo. Tudo transcorria para ela como parte de sua realidade cotidiana, até que um acontecimento, que poderia ter sido afortunado, apresentou-se como o desencadeador da desdita de nosso sujeito. Seu marido começou a ter significativos sucessos no trabalho e os consideráveis aumentos de seus rendimentos terminaram por fazer desaparecer as queixas que acompanhavam as compras de sua esposa. Desde esse momento seu impulso para comprar já não será mais um matiz que dará o tom ao quadro de sua vida cotidiana senão que, como um estilete, se converterá num elemento intruso que rasgará a teia da equilibrada trama imaginária sobre a qual se desenhava sua relação matrimonial. Será nestas condições que o impulso, entendido agora como um sintoma, não só por sua reiteração senão também por seu excesso, localizar-se-á do lado de um desprazer que empurrará o nosso sujeito à consulta. Podemos inferir ali a presença de uma satisfação pulsional que o sintoma encerrava, até que sua envoltura formal sofreu um rachadura homóloga à vacilação fantasística, o que promove a aparição de um real que a angustia e a conduz a uma demanda de análise. Trata-se de uma satisfação paradoxal pois comporta mal-estar e, sendo alheia ao sujeito é, ao mesmo tempo, interior a ele. Presença de um mais de gozar cuja forma de tramitação será a via associativa no seio do dispositivo analítico, esperando do SSS uma decifração possível. Essa via associativa denuncia a face simbólica pela qual se satisfazia a pulsão de maneira degradada ao tempo em que assinala os fatos que marcaram a história da sujeito. É filha única de um matrimônio humilde. Sua mãe, cuja profissão era a de enfermeira, foi o único sustentáculo econômico da família, já que seu pai nunca conseguiu fazê-lo. Assinalamos aqui um ponto de coincidência entre a sujeito e sua mãe, ambas sustentam o homem impotente.

Graças à amizade de sua mãe com as freiras, o significante "pobreza" a inclui num colégio de "meninas endinheiradas", porém sem deixar de marcá-la como "pobre entre as ricas". O viver de favor será sua forma de sofrer a carência do ter ao lado das que têm tudo. Ainda que em aparência encontre um lugar no Outro, é um lugar do qual se sente despejada.

Ter-não-ter é outro dado estrutural que se relaciona com a compra. "O que não se tem se compra" é a frase encobridora de sua falta.

O gozo fálico, desde que nunca alcança sua meta, está condenado à insatisfação, falha e produz um resto, o objeto *a*, que é a diferença entre o esperado e o achado, portanto o gozo fálico sempre pede mais. A fantasia, coordenando o gozo fálico, converte-se no sustento do desejo insatisfeito.

O não ter adquire uma nova forma de insatisfação, a de não poder ter um filho. Isto volta a atualizar nela a pobreza histórica, porém, contrariamente ao que lograva no primeiro tempo, isto é, preencher a falta com as compras em relação ao filho, ela tem a firme convicção de que um filho não se compra e, aceitando a impossibilidade natural de tê-lo, abre a alternativa de adotá-lo. Assim, o primeiro tempo de sua análise é enquadrado pela frase "o que não se tem se compra", onde o "não tenho" passa a ser o impossível em relação ao qual a compra sustenta um excesso do ter. No segundo tempo, diferentemente, assinalamos um deslocamento que exclui o comprar como sustento imaginário: "o que não tenho (um filho), não se compra". Ou seja, há uma forma do ter que não tem como meio o dinheiro. É freqüente comprovar que a mulher que se sente autorizada como mãe pela adoção, ao ser nomeada pela lei, amiúde fica grávida. Este foi o caso. O contingente fez-se possível e no ano seguinte à adoção consegue ter uma filha "da barriga". Assim explica a seu filho homem, adotivo, as diferenças com sua irmã nascida por via natural: "Você é filho do coração, ela é a filha da barriga." Ambos os recortes desta análise assinalam dois momentos do recobrimento da castração: o primeiro recorta um sintoma, o da compra compulsiva; o segundo tempo, o da aproximação do tema da maternidade e a negativização do dinheiro como recurso imaginário, dá conta de uma mudança nos avatares do ter, produto, quiçá, de uma certa simbolização no tratamento da castração que produziu, por sua vez, algum efeito sobre o real do gozo.

Porém, isto não é tudo o que o gozo do sintoma comporta. De fato esta análise continua, pois é necessário incluir a dimensão do gozo do sintoma como resto da operação analítica. O momento atual se caracteriza por um para-além da maternidade. O significante "única", que a tem marcado desde seu nascimento, é o tema que insiste pela via fantasística. Caído o recurso da impotência do homem e superada sua impossibilidade de maternidade, interroga-se por seu lugar como mulher ao lado do homem que, em lugar de confirmar-lhe que ela é a "única" e imprescindível para ele, responde-lhe que com uma como ela "dá e sobra". Isto a localiza na série das mulheres e não no lugar da exceção, o que a leva a interrogar-se por sua própria insatisfação como estrutural.

A idéia central do presente trabalho foi apresentar, a partir do sintoma, a disjunção entre dois conceitos fundamentais: o inconsciente e a pulsão. Lacan faz do ato analítico o correlato mesmo da pulsão. A certeza subjetiva que caracteriza o final da análise está ao nível da pulsão. Então, a satisfação do sintoma sob transferência tem dois caminhos possíveis: a promoção do gozo da fala até o infinito, transformando a análise em interminável, ou bem a construção da fantasia e seu atravessamento, como passo necessário para o desnudamento da pulsão, para a aproximação do objeto *a* como resto não analisável, como resto de gozo, como letra, confrontação final entre o sujeito e seu ser de gozo.

NOTAS

1. Freud, S., "Conférence 6", *Introduction à la psychanalyse* (1915-17), Paris, Payot, 1973, p.87.

2. Freud, S., "Les modes de formations de symptômes", *Introduction à la psychanalyse* (1915-17), op.cit., p.344.

3. Freud, S., *Trois essais sur la théorie de la sexualisté* (1905), Paris, Gallimard, 1962. p.50, 51.

4. Freud, S., "Le moi et le ça" (1923), *Essais de psychanalyse*, Paris, Payot, 1981, cap. V.

5. Miller, J.-A., "Silet" (1994-95), inédito.

6. Lacan, J, Le Séminaire XXII, "RSI" (1974-75), inédito.

Pode-se não recusar a feminilidade?

Anne Szulzynger

Como estabelecer uma correlação entre sintoma e sexuação? Num primeiro tempo Freud, como Lacan, acentuou o aspecto significante do sintoma. Freud o definiu como "(...) um sinal e um substituto de uma satisfação instintual [pulsional] que permaneceu em estado jacente (...)",[1] o que faz dele uma metáfora da dita satisfação. Quanto a Lacan, ele escreve: "Se o sintoma pode ser lido, é porque ele já está inscrito no processo de escritura."[2] Ora, o trabalho de sexuação se impõe ao ser falante a partir da impossibilidade de escrever a relação sexual. Parece então haver aí contradição entre o necessário do sintoma, que não cessa de se escrever, e o impossível – que não cessa de não se escrever – da relação sexual.

Irrupção de uma anomalia

Mas o sintoma tem uma outra vertente, já presente na definição que lhe dá Freud, quando ele introduz "a satisfação pulsional". É a vertente do gozo. A sexuação sendo o que dá conta da maneira pela qual o sujeito se situa em relação ao gozo, é legítimo estudá-la em ligação com o sintoma, definido como "irrupção desta anomalia em que consiste o gozo fálico na medida em que aí ele se paralisa... esta falta fundamental que eu qualifico de não-relação sexual".[3]

Se os sintomas histéricos têm a reputação de se produzir de preferência nos sujeitos ditos "mulheres", as histéricas ocupam por isso uma posição feminina no quadro da sexuação? Este não parece ser o caso da histérica-modelo que Freud tornou célebre sob o nome de Dora.

A nevralgia de Dora

Que os sintomas de Dora se inscrevam na vertente do significante, não há nenhuma dúvida. Freud estabeleceu largamente o sentido da dispnéia, da tosse e da afonia. E Lacan, no seminário sobre a relação de objeto, reafirma que "(...) o sintoma ali não passa de uma metáfora".[4]

Mas de qual "satisfação pulsional que não teve lugar" são eles metáfora? Freud gastou muita energia persuadindo Dora de que a satisfação que ela lamentava era aquela que poderia lhe trazer o amor do Sr. K. Muito tempo depois que a jovem partiu é que ele compreendeu seu erro. O objeto do desejo não era o "cheiro de fumaça", traço unário ligando seu pai, o Sr. K. e Freud, mas a "brancura deslumbrante" do corpo de Mme K. Pois, como Lacan estabelece no mesmo seminário, "(...) a histérica é alguém que ama por procuração, (...) alguém cujo objeto é homossexual(...)".[5] E para ver o que seu pai ama na Sra. K. ou, em outros termos, para saber o que é uma mulher – e então o que ela poderia ser como objeto de desejo de um homem – Dora deve passar por uma identificação a um homem, o Sr. K. Tal é o sentido da cena do lago, e da bofetada que recebe o pobre marido quando, enunciando que sua mulher não é nada para ele, se furta à posição de substituto de seu desejo que lhe havia assinalado Dora. Esta bofetada retorna sob a forma da nevralgia facial que a leva a Freud, mas este, por sua vez, se furta diante de sua demanda. Se ele houvesse aceitado, completando o sintoma, fazendo disso um sintoma analítico, teria talvez permitido a Dora ter acesso à posição feminina que é interdita à histérica.

A pérola

Vejamos agora o que se passa do lado do sintoma obsessivo, classicamente atribuído aos seres machos, e do qual o Homem dos Ratos apresenta o exemplo *princeps*. Muito cedo, ele se encontra diante de uma dupla ausência. Antes mesmo de ter sido confrontado à privação inscrita no corpo da mulher – lembremos que o menino de 4 a 5 anos de idade entrou furtivamente debaixo das saias da sua governanta e explorou seu corpo, apalpando "(...) suas partes genitais e a parte inferior de seu corpo (...)", o que lhe havia parecido "curioso"[6] – a criança já havia enfrentado um outro enigma. Quando ele tinha 3 anos, sua irmã mais velha, Camilla, morreu, e uma de suas mais antigas lembranças nos mostra ele procurando sua irmã desaparecida, enquanto seu pai chora sem responder. Assim, a falta na mulher se conjugava para ele à falta da mulher e à imagem do pai ferido, grande Outro que desfalece até não ser nada mais que um semelhante testemunhando uma mesma angústia.

Sua solução foi então de fazer existir o Outro sob a forma de "A mulher". Ele colocou a amada, aquela que ele chamava a dama, em posição de toda-poderosa. Os comandos obsessivos que o torturavam vinham de sua prima, como Freud estabeleceu a propósito de uma "compulsão a compreender", ligada a um incidente onde ele havia interpretado mal a atitude de Gisela. Mas a dama toda-poderosa é ao mesmo tempo frágil. Na grande obsessão dos ratos, é a ela, como ao pai morto, que o suplício ameaça. O sintoma serve assim para fazer existir "A mulher" dando conta da sua inexistência. Um sonho o ilustra perfeitamente: "Havia uma pérola no chão da sua rua. Abaixei-me para apanhá-la, mas sempre que abaixava ela desaparecia."[7] Esta pérola, diz Freud, é sua prima: "Chamava-a, muitas vezes, de uma pérola entre as jovens. Era uma frase que diziam com freqüência (...)."[8]

Assim o sintoma do Homem dos Ratos "substituto de uma satisfação pulsional que não teve lugar", pois sua prima o tinha recusado duas vezes e sua irmã estava morta, reenvia, como os sintomas de Dora, ao enigma da feminilidade. A questão deles é a mesma: trata-se de saber o que é uma mulher; enquanto um gostaria de sê-la, o outro gostaria de tê-la – o que para ambos é do domínio do impossível.

Como se colocar?

Mas, se a sexuação é um longo processo que todo sujeito deve levar a bom termo, uma destinação sexual lhe foi imposta no seu nascimento e mesmo antes. O sexo anatômico, desde que ele é conhecido, se traduz por significantes que não deixam dúvidas. "É um menino, é uma menina!" – anuncia aos pais, pela boca do médico, o discurso da ciência. E o recém-nascido, bem ou mal, vem se colocar sob esta insígnia. Mas acontece que isto faz sintoma, como nos dois casos que eu vou evocar agora.

Um analisante tinha passado sua tenra infância num ambiente essencialmente feminino. As numerosas domésticas da família tinham costume de jogar com ele e seu irmão mais novo jogos sexuais para os quais o irmãozinho se revelava mais dotado. (Tal era também o caso, lembremos, do Homem dos Ratos.) Talvez esta carência fosse devida ao desejo decepcionado da mãe: esta criança era a segunda depois de um primeiro menino. A mãe esperava uma menina e não podia se resignar ao fato de que o segundo traísse seu desejo. Não somente ele guardou até uma idade avançada longos cabelos sobre os ombros, mas freqüentemente acontecia que a mãe lhe vestisse de menina e lhe enviasse junto ao grupo de priminhas nas festas de família.

Tornando-se adulto, ele se encontrou preso a cenários obsessivos nos quais a complexidade não cedia em nada à dívida impossível a pagar do

Homem dos Ratos. Mas o que o levou à análise foi uma impossibilidade a se situar como sujeito sexual. Sofrendo depois da adolescência de uma severa inibição que o impedia de abordar as moças, ele acabou se convencendo de sua homossexualidade. Uma vez, havia aceitado os avanços de um homem mais velho, mas esta tentativa resultou num fracasso. Sua demanda de entrada em análise vinha, ela também, da questão: "Sou homem ou mulher?" O que, apesar dos seus sintomas obsessivos, o situava do lado da estrutura histérica. A morte precoce do pai explica talvez a severidade as compulsões impostas pelo Outro todo-poderoso encarnado pela mãe, cujo desejo lhe havia fixado a tarefa impossível de fazer existir "A mulher".

O segundo caso é o de uma jovem. De aparência muito feminina, ela revindica, no entanto, uma posição masculina que se apóia sobre uma fotografia de sua tenra enfância descrita assim: "Eu pareço um menininho. Os cabelos curtos, torso nu, vestida com um pequeno short..." Aí também trata-se de uma pequena criança, nascida mulher, enquanto os pais esperavam um menino; pois ela já tinha uma irmã mais velha.

O sintoma que a conduziu à análise foi um pânico de que todos os médicos agredissem seu corpo, desde a simples injeção à operação cirúrgica que ela teme acima de tudo. Este medo se estende ao parto e, apesar de seu vivo desejo em ser mãe, ela não se decide a dar o passo necessário, o que põe em perigo seu casamento. Esta incapacidade a ser mãe leva-a a se interrogar um dia: "Sou verdadeiramente uma mulher? E, enfim, o que é uma mulher?" Claro, eu interrompo a sessão nesta questão.

Ela volta no dia seguinte com o sonho: "Eu estava deitada, como no ginecologista, e via meu sexo: era uma cicatriz..." Este sonho a enche de angústia até que ela consiga encontrar um sentido para ele: "Eu me vejo freqüentemente como homem. A cicatriz é a marca de uma operação como se o sexo masculino me tivesse sido tirado." E, um pouco triste, ela conclui: "O sexo feminino dá prazer aos homens mas não a mim..."

Ela tinha assim dado um primeiro passo em direção ao consentimento de uma renúncia de gozo, condição necessária ao surgimento do processo de sexuação. Sabe-se que Freud colocava como fim da análise o impasse que constitui, tanto para o homem como para a mulher, a recusa da feminilidade. A sexuação implica que o passe se substitua a este impasse. Para o sujeito masculino, assim como para o sujeito feminino, o encontro com a feminilidade pode fazer as vezes do encontro do real.

Da cicatriz ao buraco

Assim, uma histérica foi por tanto tempo sustentada por seu sintoma que nós podemos resumi-lo segundo a fórmula de J. Rivière: "Se fantasiar de mulher castrada."[9] Fazendo alarde de sua castração, ela assumia na relação sexual uma posição de submissão que desmentia sua independência na vida. Esta aparente castração lhe era mais fácil de sustentar que o desejo que ela lia nos olhos de seus parceiros lhe confirmando seu brilho fálico, tal como ela aparecia num sonho se batendo como um homem com seu caco de vidro cintilante e muito afiado. Mas a dependência do olhar do Outro começa a fazer sintoma quando, a idade vindo, este olhar começa a faltar.

A análise tinha levado este sujeito até o ponto que ela julgou ser sua identificação última, no dia em que ela enunciou: "Eu sou uma mulher." Seria aí uma maneira dela se colocar do lado do "não-todo"? Esta identificação ao significante traduzia sua relação ao falo, mas a inscrição do lado mulher implica também uma relação a S(Ⱥ). E esta barra sobre o Outro é o encontro com a privação enquanto falta real.

Para este sujeito, um acontecimento trivial foi a ocasião deste encontro: a visão de um buraco no seu *collant* lhe desperta um dia uma viva sensação de angústia. Enquanto a cicatriz, no sonho evocado acima, era uma inscrição ainda significante, a rasgadura do *collant* era apenas um furo irremediavelmente aberto para o real. Para-além de toda identificação resta apenas a evidência de uma ausência, não mais aquela, imaginária, que fazia vacilar sua aparência de ser, a cada vez que o olhar do Outro desviava, mas a falta real reduzindo-a a seu nome de sintoma, "uma mulher", enigma indecifrável, S_1 desarrumado, "... significante do qual não há significado, e que, quanto ao sentido, simboliza seu fracasso".[10] É o que um outro analisante – homem – exprimia assim: "O que é que a gente procura ver no sexo de uma mulher? Tem alguma coisa que não está lá."

Viver com

Esta alguma coisa ausente e que se procura ver é o que faz sintoma no ser falante pela não-escritura da relação sexual que ela implica. Renunciar ao sentido do sintoma, aceitando "viver com", permite ao sujeito de ter acesso ao seu lugar – do lado homem ou do lado mulher.

NOTAS

1. Freud, S., *Inhibition, symptôme et angoisse*, Paris, PUF, 1990, p.1.
2. Lacan, J., "A psicanálise e seu ensino" (1957), *Escritos*, Rio de Janeiro, Jorge Zahar, 1998, p.446.

3. Lacan, J., "La troisième" (1974), *Lettres de L'École Freudienne de Paris*, 16 novembro 1974, p.200.

4. Lacan, J., Le Séminaire, livre IV, *La Relation d'objet* (1956-57), Paris, Seuil, 1994. p.146.

5. Ibid., p.138.

6. Freud, S., *L'Homme aux rats. Journal d'une analyse* (1909), Paris, PUF, 1989, p.35.

7. Ibid., p.129.

8. Ibid., p.131.

9. Rivière, J., "La féminité en tant que mascarade", *Féminité mascarade*, Paris, Seuil, 1994.

10. Lacan, J., Le Séminaire, livre XX, *Encore* (1972-73), Paris, Seuil, 1975, p.74.

O parceiro e a análise

Monique Kusnierek

Ela sempre escolhe parceiros que a tiranizam e se sente fraca. Está cansada disso. Pensa que seu novo parceiro não é desse tipo, mas, à noite, acorda com pesadelos: o parceiro atual é substituído pelo parceiro precedente.

Ela questiona: qual é meu outro? Eu sou para o outro o seu "conforto", eis como define o outro. Por isso, o outro faz com que eu me torne malvada: mordo, trato brutalmente, ele fica fora de si e corro perigo.

Ele pensa que é um batalhador e gosta da aventura. Tem sempre muitas idéias, é um homem de decisão. No entanto, diante do parceiro feminino, ele recua. Sonha que está parado em frente a duas portas e não pode escolher, de um lado e do outro tem um vazio: ele desperta.

Ele se interroga sobre suas parceiras precedentes: ele não as conquistava, elas o possuíam e era um fracasso. Ele gosta de ser amado. Na sua vida profissional, maneja o verbo com brilho e é bem-sucedido. Porém, notou uma constante: sempre escolhe um superior com o qual mantém uma relação filial apreciando e se colocando a seu serviço.

Para cada um desses sujeitos, o sintoma é apreendido como vindo do exterior, segundo a forma do parceiro. O que pode a análise nesse ponto? Com relação ao parceiro-sintoma, a análise introduz um novo parceiro, o analista. O que a análise nos ensina sobre isso?

Um Outro, leitor

No início, é preciso que o sujeito suponha que o analista é um outro, que o que vai lhe acontecer não é calcado sobre o que se repete. Isso é necessário para que possa falar daquilo que não vai bem e esperar mudar alguma coisa. Portanto, o novo se introduz aí, sob o modo da suposição. O que não vai bem teria um sentido, haveria aí um texto a ser lido e o analista seria aquele que finalmente permitiria essa leitura. E, efetivamente, a clínica mostra isso: o analista ensina seu analisando a ler. Ele o faz essencialmente sob o modo do corte das sessões, isto é, sem grandes comentários.

A partir daí, três lugares distintos se distribuem: aquele do qual se fala, o que não vai bem; aquele que fala, o sujeito; e aquele ao qual o sujeito se dirige, o analista. O orador se dirige ao leitor a partir de um texto que virá, suposto. E, em relação ao parceiro-sintoma, o parceiro-leitor se introduz como um Outro, um destinatário.

O mesmo retorna

Porém, falar a um leitor não é coisa fácil, sobretudo quando não se pode esquecer, o que é o caso numa análise, que o texto que vai ser lido se refere a você e que o leitor, ele mesmo, não fala. Por que não fala? E, se falar, o que quer dizer? O que lhe damos para ler sem sabermos? Isso vai contar ou falhar? Vai ser apreciado ou desprezado? A demanda de amor se instala e abre a passagem aos avatares pulsionais que recobre. E aquilo que deveria ser evacuado em benefício de um puro procedimento lógico – entre o orador e o leitor – retorna, às vezes muito rápido. Como uma analisanda que, quando entrevê pela primeira vez no limiar da porta aquele que se tornará seu analista, recua dois passos como se tivesse encontrado uma ameaça.

Portanto, o mesmo retorna quando se dirige ao leitor. Mas, se o mesmo retorna, não o reconhecemos. Ele ressurge sob formas estranhas, outras, infiltra o dizer, pode mesmo impedi-lo, resiste à leitura, contamina o endereçamento ao leitor. A neurose se torna neurose de transferência e a transferência torna-se sintoma.[1] Ele faz com que um parceiro impensável exista e que, por exemplo, proteste, resmungue, contrarie, esbraveje. Ele interpreta o novo parceiro segundo o modelo do antigo. Mas, é só isso que sabemos?

Um desejo que vai contra o mesmo

Certamente, é preciso um certo tempo para que o analisando pare de se dirigir ao analista e questione a maneira como ele se relaciona. Entretanto, uma certa elaboração de saber se constitui, mas o mesmo não cede facilmente seu lugar. Para apreender o que se repete sempre da mesma maneira, um passo ao lado é necessário. É preciso apreender o mesmo a partir de outro ponto de vista. Aí, uma nova leitura do parceiro-analista pode fazer a diferença, uma leitura sobre ele mesmo, ou seja, sobre o parceiro que se faz existir para se relacionar; uma leitura que faz passar essa relação ao registro de uma cena que não é necessária.

É somente a partir daí, desde que a cena é apreendida como não necessária, que se pode entrever o gozo que prevalecia na transferência-sintoma e garantia o Outro, a relação com o Outro, sob o modo do mesmo. Então, o analista deixa de existir como uma reiteração do mesmo e se reduz ao desejo que o anima e que vai contra o mesmo: finalmente isso é percebido.

Fazer uma análise não é somente se dirigir a um parceiro-leitor, é fazer uma leitura do parceiro, com a ajuda de um analista; leitor do parceiro que ele encarna.

Mudança de condições

Se isso é um análise, então ela modifica as coordenadas do parceiro. Depois, ele não pode ser o mesmo. O que se tornará ? Poderá se encontrar outra coisa?

A liberação do mesmo abre novas possibilidades. Mas, o que resta é que não há relação sexual e que só há "... encontro, no parceiro, dos sintomas, dos afetos, de tudo que em cada um marca o traço de seu exílio, não como sujeito, mas como falante, de seu exílio da relação sexual" como disse Jacques Lacan em seu Seminário *Mais, ainda,*[2] e como também lembrou Jacques-Alain Miller no Seminário com Éric Laurent.[3] "O parceiro só seduz", prosseguia Jacques-Alain Miller, "pela maneira como se acomoda na não-relação sexual, pelo tipo de saber que para ele responde à não-relação sexual."

Entretanto, na medida em que uma análise opera, torna-se caduco aquilo que revestia de amor o encontro com o parceiro, dissipa o mais-gozar que se obtinha do acasalamento com o parceiro. Portanto, a análise muda as condições de amor. E uma mulher, por exemplo, se está pronta à relação com um homem, pode desde então não se acomodar mais no mesmo tipo de saber, de sintoma, que produzia o mesmo mais-gozar, ela pode querer outra coisa.

NOTAS

1. Cf. Sobre isso Miller, J.-A, "Come iniziano le analisi", *La Cause Freudienne*, 29, Paris, Navarin/Seuil, 1995, p.15: Ao dizer que a análise é um modo de gozar do inconsciente, é claro que eu a assimilo a um sintoma, mas sou autorizado a fazê-lo pela noção eminentemente freudiana de neurose de transferência. Aí está, especialmente difícil de desatar na conclusão da análise, o sintoma de transferência".
2. Lacan, J., O Seminário, livro 20, *Mais ainda*, Rio de Janeiro, Zahar, 1985, p.298.
3. Miller, J.-A. e Laurent, É. "De l'Autre qui n'existe pas et ses Comités d'éthique, (1996/1997), inédito. A referência concerne ao curso de 26 de março de 1997.

A “varidade” do sintoma

Marie-Jean Sauret

Varidade é um significante lacaniano.[1] Aparece duas vezes na lição de 19 de abril de 1977 no Seminário 24: *L'insu que sait de l'une-bévue s'aile à mourre.*[2] O termo é introduzido para dar conta do fato de que o valor dos ditos produzidos pela associação livre não procede do raciocínio, do que convém chamar em lógica uma proposição verdadeira: “Era preciso”, como diz Freud, “ver sobre o que é baseado este qualquer coisa que só funciona na usura, cuja verdade é suposta. Era preciso abrir-se à dimensão da verdade como variável, do que eu chamarei a *varidade,* onde a letra ‘*e*’ de variedade é subtraída”. *Varidade* abre um espaço semântico inédito entre *verdade* e *variedade.*

Um significante lacaniano e seu contexto

A segunda ocorrência consiste precisamente no sintagma-título deste capítulo que nos propomos a esclarecer. Lacan nota que o analisando não conhece sua verdade porque não pode dizê-la. O obstáculo para dizer toda verdade é a causa do sintoma que *não pára de se escrever.* Deve-se perceber o equívoco: há sempre qualquer coisa a mais a escrever do sintoma, ou seja, reconhecer que *nem tudo do sintoma se escreve*; o sintoma perdura do fato mesmo de escrevê-lo. O sintoma apresenta então um ponto fixo, ao mesmo tempo rebelde e *empuxo-à-escritura* – seja o que lhe escapa, seja o que se alimenta dele mesmo –, o que explica a diversidade, ao contrário do que precisamente se escreve dele. *Nem tudo do sintoma* se escreve: “o que o analisando diz, *na espera de se verificar,*[3] não é a verdade, é a *varidade* do sintoma”.

Não é a única vez que Lacan introduz a letra *a* numa palavra dando-lhe um sentido daquele que lhe é peculiar – para introduzir um elemento da estrutura heterogêneo ao significante: *o apensamento, o a-muro, a apalavra,* etc.

Da varidade ao oabjeto: significação de uma escritura

Deixamos de lado uma ocorrência que, de um lado, apresenta a mesma particularidade que *varidade* (o *a* está no interior da palavra), e de outro lado propõe uma interpretação desta intrusão. Trata-se de um ano, quase dia por dia, da lição do 11 maio de 1976 do Seminário XXIII, "O sinthoma".[4] Lacan situa no centro do nó borromeano ao mesmo tempo o que bloqueia e o que amarra *o real, o simbólico e o imaginário.* "Os nós-bo suportam um osso, que sugere o que eu chamaria nesta ocasião *osbjet* "ossobjeto". Se eu o reduzo ao *a* do *oabjeto*, é para marcar que a letra ocasionada só é testemunha da intrusão de uma escritura como outra."

O *oabjeto* abre esta vez um campo semântico entre o *osso* e o *objeto*. Mas, em vez de conservar o significante ajeitado *osbjet*, Lacan joga da equivalência entre o osso e *a* para substituir o primeiro termo pelo segundo: *a* é o osso que se introduz no significante. Mais exatamente, trata-se da letra na qual Lacan indexa a presença de um osso no significante. O osso: o que não se deixa nem dizer, nem digerir. *Se tudo é estrutura, tudo não é significante.*

A mentira de Une-bévue*: a verdade como variável*

Situemos de novo a varidade do sintoma no tratamento.

O sujeito da associacão livre é o sujeito representado por um significante para um outro. O significante lhe foi transmitido pelo Outro, e, ao aceitá-lo, é dividido pelo gozo. Com efeito, aí ele experimenta o fato de ser somente representado: aqui ele falta-a-ser, simplesmente falta. Ele deseja recuperar ao menos uma fração deste gozo que então dar-lhe-ia um pouco de ser: mas ligar-se de novo com este ser de gozo perdido ao falar o ameaça nem mais nem menos de aniquilamento. Daí o cenário que parece regular sua distância ao gozo (fantasia) e os estigmas que apresenta como prova de uma relação com este mesmo gozo (sintoma).

Tal é o que faz do ser do sujeito como um furo no saber. A interpretação do inconsciente consiste em tentar tapar o furo, ou até a simbolizar o que se manifestaria do gozo. E, para isso, associa o significante que representa o sujeito a um outro significante emprestado da *alíngua* de seus próximos. Se a verdade designa a relação do sujeito com o significante, é neste deslize de palavra a palavra que se insinua a "*bévue*" sobre o que o sujeito sonha em apanhar, *a*. *Bévue*, porque o significante não faz senão representar o sujeito para um outro: *mentira* outro nome da *verdade* como *variável* (no sentido *quase* estatístico). Com o inconsciente, não há saída do *um* da linguagem, do *campo* do Outro: daí o significante de *une-bévue* com o qual Lacan traduz o *Unbewusst* freudiano.

A castração contra a tentação do Outro

Como na ciência, não existe de um lado o simbólico, hábitat da língua do sujeito, e de outro, o real a conquistar. O sujeito é em primeiro lugar dividido entre o significante que o representa e ao qual este significante se articula; depois, é entalhado pelo defeito de gozo que o significante introduz. Não existe Outro que conseguiria manter juntos o *simbólico* e o *real,* não há Outro que tornaria homogêneos a linguagem e o gozo. Dito de outra maneira, não há relação entre o sujeito do significante e o gozo heterogêneo: não há relação sexual, nem Outro da relação sexual. Não há verdade que se possa escrever toda em termos de relação. Daí, qual seria a via para conquistar de novo o que se perde?

A esta inexistência da relação sexual, Lacan introduz uma nuança logicamente com o incesto: na medida em que o sujeito recebe o saber que ele fura (tanto o gozo que falha quanto o objeto do qual é separado) com a *alíngua* de seus próximos, com seus próximos a relação é possível. Freud entreviu muito bem o perigo de aniquilamento que esta relação faz ao sujeito e a maneira como este se defende. Tal é o significado do mito do Édipo: a única maneira de escapar ao incesto reside na castração. Com o pai "a castração passa pelo homicídio". Com a mãe, "o melhor a fazer é castrar-se para ter a certeza de não cometer o incesto". Daí a castração impõe-se como sacrifício redobrador, simbolizador do gozo que o sujeito perde ao falar.

No momento em que escrevemos estas linhas, o acaso da atualidade coloca em primeiro plano o suicídio coletivo de 39 adeptos de uma seita internauta. Para participar da aventura religiosa, e em todo o caso antes de "ir ao encontro" do Outro que promete todos os gozos, alguns deles se castraram.

Do "ele" ao "sinthome"

Lacan admira-se do *superegocentrismo* de Freud, que focalizou-se mais sobre o inconsciente como furo e sobre as copulações do significante (as *bévues*) do que sobre o real, o gozo que surge neste ponto. Tudo se passa como se Freud procurasse, enquanto mestre, dar a todo custo um nome – de verdade – ao que escapa ao conhecimento do analisando, e que como tal ele o reconhece. Por que é que "ele não introduz qualquer coisa que chamaria o *ele*?"[5] Não será uma referência a um Outro real posto no núcleo do sujeito, um Outro que se antecipa sobre a espantosa pergunta que Lacan fará no seu penúltimo seminário sobre a existência de um terceiro sexo, "o que pára de se escrever"[6], com o qual a relação sexual seria possível! – um Outro cujo *a* é, sem dúvida, o único índice.

Entretanto, a divisão do significante e do gozo esclarece uma tese enunciada como tal desde o Seminário X, "A angústia"[7]: a verdade resiste ao saber a partir do gozo. Isto abre a duas conclusões: parece difícil fiar-se na linguagem para apanhar um bocado do real, se a articulação do significante produz sentido – do qual o real se exclui da estrutura; nada mantém juntos o simbólico e o real, *a não ser o sujeito ele-mesmo*. O estudo destas duas conclusões demonstra ao mesmo tempo a solidariedade entre a letra e o sintoma.

Fala plena, fala vazia, poesia

A primeira conclusão escapa à nossa preocupação imediata. A fala plena de sentido joga com a reversão dos sentidos que a divisão do significante autoriza. A fala vazia é aquela que objeta a esta reversão, reduzindo-se à significação. Daí a tentativa de Lacan de definir a interpretação como uma fala que, como a poesia, se veria livre do duplo sentido da fala plena: reduzindo um dos sentidos a uma significação e deixando ao mesmo tempo o Outro disponível para o real.[8].

Existe sem dúvida uma única maneira de se ver livre de um sentido, ou seja, de romper o apelo de um sentido a um outro sentido: reduzir este sentido desmonstrando que não existe objeto que responda à demanda; então, é inútil perseguir a busca sem resultado, porque ela vai de *bévue* em *bévue*. Daí, o sentido restante é livre para o real, pois se trata de um sentido irreversível num outro sentido, uma espécie de limite do simbólico: de maneira intuitiva, supomos que temos neste caso a desconstrução da língua comum que só a poesia sabe obter. Como tal, a poesia não se define somente pela letra como real do simbólico, mas por este uso da letra que esquarteja o sentido duplo entre a significação do amor vazio e o índice de um real.

Não será isso que se entende na estrutura das "fabricações" *varidade* e *oabjeto* — onde o *a* do objeto apanha um dos sentidos de verdade-variedade e de objeto na sua significação, deixando o outro disponível para o real? Parece-nos que é também o que comenta Lacan na "Introdução à edição inglesa do Seminário XI"[9]: "Quando o esp de um laps(...), o espaço de um lapso, não leva nenhuma força de sentido (ou de interpretação), só agora, estamos certos de que estávamos no inconsciente." No inconsciente que situamos do real que faz furo no saber. O que Lacan confirma aqui: o inconsciente "que não é o que nós pensamos, eu digo: o inconsciente, seja real, se me acreditar nisso".

Mas para que fim?

A verificação do sujeito

Passamos ao final da partida, quando o levantamento do recalque sobre tal traço de perversão põe o sujeito na via de descobrir o que é, como gozo, ineliminável devido ao fato de falar: a queda das identificações e a identificação com o sintoma. Falta de um Outro que possa se encarregar dele, real, simbólico e imaginário não se seguram senão pelo sintoma que se tornou.

Como é que o sintoma pode ser dito confinado ao real? O real não pára de se escrever, senão deixando um signo desta impossibilidade que Lacan resume de maneira brutal: "Tudo que é mental, no final das contas, é o que eu escrevo com o nome de *sinthoma*, quer dizer *signo*."[10] O *sinthoma* faz então signo do real: "O signo é a procura – é bem o que coloquei nesta "Instância da letra", nota Lacan – como congruência, do signo ao real."[11] O sujeito no fim do tratamento analítico volta a ser ele mesmo esta letra que faz litoral do simbólico e do gozo: literalmente, *o sujeito verifica-se.*

Assim se salda a busca da verdade que o sujeito dirigia ao sujeito suposto saber. Lacan menciona na introdução já citada: "A miragem da verdade, que só da mentira se espera (é o que chamamos a resistência em termo delicado), não tem outro termo senão a satisfação que marca o fim da análise." Deve ser entendido como *satisfação* do gozo ao qual ele chegou *via* identificação com o sintoma que faz o *limite da verdade*.

Passe e desejo do analista

Daí a pergunta sobre a qual Lacan continua: "Dar esta satisfação sendo a urgência que preside a análise, interrogamo-nos como alguém pode satisfazer estes casos de urgência."

Do lado do analisando, o momento da identificação ao *sinthoma* é aquele onde o reconhecimento do que se é como objeto coloca um ponto final à sua paixão da verdade. Ele se *verifica*, repetimos. Mas não se explica senão de escrever *varidade* – onde o que ele fixa do *a testemunha da intrusão de uma escritura como outra.* Ao mesmo tempo, a variedade de seus sintomas, como também de seus objetos de escolha, atesta o princípio de sua coleção no traço de gozo do qual obtém a única satisfação que lhe convém. Aqui é a *variedade* que se resolve na *varidade*.

Examinar como alguém satisfaz estes casos de urgência, que são os analisandos, consiste em interrogar o passe. A questão é a passagem da letra que o analisando se tornou, ao seu funcionamento no tratamento de um Outro. Passagem do consentimento a se servir do que ele se tornou como objeção ao saber, para fazer semblante da causa do desejo de um Outro.

Consentir ao passo que vai do *verificar-se* ao *semblante* graças à escritura da sua *varidade*. Este consentimento define o desejo do analista. *A varidade do sintoma* é o seu ponto de apoio.

NOTAS

1. Este texto foi escrito com a colaboração de Christiane Alberti e de Pierre Bruno.
2. Lacan, J., Le Séminaire, livre XXIV, "L'insu que sait de l'une-bévue s'aile à mourre" (1976-77), lição de 19 de abril 1977, *Ornicar?*, 17/18, Paris, Lyse, 1979, p.13,14.
3. Grifo do autor.
4. Lacan, J., Le Séminaire, livre XXIII, "Le sinthome", *Ornicar?*, 11, Paris, Lyse, 1977, p.4.
5. Lacan, J., Le Séminaire, livre XXIV, op.cit, p.14.
6. Lacan, J., Le Séminaire, livre XXVI, "La topologie et le temps" (1978-1979), Lição de 9 de janeiro 1979, inédito: "(...) o possível, é o que definimos como o que pára de se escrever – a possibilidade de um terceiro sexo", cf. também as lições dos dias 16 de janeiro e 13 de março, onde Lacan repete a pergunta.
7. Lacan, J., Le Séminaire, livre X, "L'angoisse" (1962-63), inédito
8. Bruno, P., "Ça tire", *La Cause Freudienne*, 32, Paris, Navarin, Seuil, 1996, p.90-93
9. Lacan, J., Le Séminaire, livre XXIV, op.cit. p.124.
10. Lacan, J., Le Séminaire, livre XXIV, op.cit. 17.
11. Ibid.

O passo mais importante

Miriam L. Chorne

"O passo mais importante na análise de um obsessivo é a constituição do sintoma na entrada."
Jacques Lacan, Le Séminaire X, "L'angoisse"

O sintoma analítico requer a complementação que o analista aporta ao sofrimento do qual se queixa o sujeito. Ao estabelecer aquele que se propõe a escutá-lo como sujeito suposto saber, a causa do mal de que padece produz no sujeito uma transformação da satisfação que encerra o sintoma. O caráter "autista" de seu gozo entra no circuito da demanda, e passa a existir de uma nova maneira no campo do Outro.

A transformação desse código em mensagem, que será emitida desde o lugar do Outro em sua linguagem, arranca um mais-de-gozar da satisfação do sintoma e proporciona ao sujeito um gozo, que ele experimenta pelo fato apenas de falar.

Como terminar?

Em algumas ocasiões, pode surgir uma dificuldade na condução do tratamento que se manifesta quando o analisante se dedica à obtenção de informação-chave com relação ao seu caso, parecendo inclusive bem disposto em relação à análise, embora o processo não produza modificações em sua vida. São tratamentos nos quais o manejo transferencial adequado é fundamental para modificar o destino do tratamento, dentre eles, certas neuroses obsessivas graves. Freud foi sensível a essa dificuldade. Na comunicação para o Congresso Psicanalítico, celebrado em 1918, em Budapeste, apenas terminada a I Guerra Mundial, escreveu a respeito: em alguns destes casos surge "o perigo de trazer à luz uma infinidade de coisas sem provocar modificação alguma do estado patológico".[1]

O tema se inscreveu, de maneira quase natural, no problema do prolongamento das análises. Já no artigo de 1913, Freud resume a mudança que se havia realizado na psicanálise. A época dourada das análises das histéricas, dóceis à interpretação, dera lugar a um período dominado por fenômenos, como a reação terapêutica negativa – a exigência superegóica de não curar – que colocava em primeiro plano as resistências, e de modo mais geral a inércia oposta à análise. Freud escreve que a duração das terapias se modificara junto com sua situação, sobre a qual ironiza: "No curso dos primeiros anos de minha prática analítica encontrei a maior dificuldade para persuadir os enfermos a prosseguirem suas análises. Esta dificuldade desapareceu há muito tempo e, agora, devo esforçar-me com ansiedade para conseguir que cessem seu tratamento."[2]

Esta dificuldade passou a ocupar um espaço central nas reflexões dos psicanalistas: as análises se prolongavam, não se podia assinalar um ponto final claro na análise, que era prosseguida *ad infinitum*, e os critérios de término tornavam-se indecidíveis apenas em função do fim da análise.[3]

A resposta para esses anos de 1915-18 foi buscada na proibição das satisfações obtidas na própria análise. No Congresso mencionado, Ferenczi apresenta-se como o defensor maior da técnica ativa, para opor-se à inércia que pesa sobre a duração da terapia. Freud não hesita em juntar-se a Ferenczi.

A inovação se resume para Freud num único princípio: promover a abstinência durante a análise, manter uma quantidade mínima de sofrimento que proporcione as forças pulsionais necessárias para realizar o trabalho analítico. Freud recomenda que "o sofrimento do paciente não alcance um término prematuro, por muito cruel que isso pareça".[4]

Acrescenta no final dessa comunicação um reflexão a respeito da técnica clássica, que havia desenvolvido no tratamento da histeria e permanecia orientada para essa afecção, podendo requerer modificações a fim de adequar-se ao tratamento de outras patologias. Embora confesse que resulta prematuro pretender conclusões teóricas a esse respeito, considera de interesse ilustrar a questão mediante dois exemplos: a fobia, que requer uma técnica mais ativa a fim de que o paciente forneça o material indispensável para conseguir uma explicação convincente, e os casos de neuroses obsessivas graves, nas quais o tratamento, mantendo uma atitude passiva e expectante, tende "a um processo curativo assintótico, a uma duração indefinida da análise".[5]

Esta descrição a respeito da duração ilimitada do tratamento nos casos de neurose obsessiva grave vincula-se, nos parece, de modo bastante direto, com as dificuldades experimentadas por Freud durante o tratamento do Homem dos Lobos, que, não devemos esquecer, transcorre, em sua trama principal, durante esses anos. Deixemos a palavra a Freud: "Durante muito tempo o paciente permaneceu entrincheirado em uma atitude de indiferente docilidade"... "escutava e compreendia, mas não se interessava por nada". Esta disposição por parte do paciente havia produzido a esterilidade do tratamento. "Durante os primeiros anos não se conseguiu modificação substancial alguma." A dúvida constituía" a arma mais forte do enfermo e seu meio preferido de resistência".[6]

A dúvida é essa vacilação característica do obsessivo que, no caso do Homem dos Lobos, permitiu-lhe manter-se no registro do significante e iludir a confrontação com o real do desejo, evitando, assim, a passagem pelo tempo da angústia.

A constituição do sintoma como analítico

Freud já havia se mostrado, na verdade, sensível a certas condições que obstaculizavam o trabalho analítico, apesar de proporcionarem, ao mesmo tempo, a maior parte das articulações necessárias para construir um caso. Assim, por exemplo, em "Um caso de psicogênese de homossexualidade feminina",[7] Freud sublinha duas condições que lhe parecem atentatórias a respeito dos resultados buscados pelo terapeuta: a posição subjetiva da jovem a respeito do seu sintoma – não sofre, não se queixa, não quer desembaraçar-se dele; e o lugar que Freud crê ocupar para ela na transferência – aquele do pai, sobre o qual recairão os desejos de vingança da jovem.

Podemos retomar esta dificuldade de direção do tratamento, no caso da jovem homossexual, a partir de uma crítica ao modo de interpretação transferencial freudiano. Não se pode resolver o que viria resultar no ponto de término dessa análise e sua resolução na transferência, porque Freud outorga a chave do êxito da análise à submissão à lei do Pai, à lei do simbólico.

O Nome-do-Pai é a garantia da trama do inconsciente e da significação da castração. Só que sempre se reencontram essas "pessoas de paixões elementares", que vêm recordar ao analista que ele já está implicado na transferência, não como significante – no caso da jovem homossexual, não como representante do pai – mas realmente.

O destino do sintoma

Lacan retomou as preocupações freudianas do transcurso analítico do neurótico obsessivo, em particular seu caráter interminável, e desenvolveu, fundamentalmente nas sessões de 12 e 19 de junho de 1963, do Seminário sobre "A angústia",[8] os argumentos que respondiam a essas inquietações. A análise, afirmou, torna-se ela mesma um ritual.

É possível que a maior novidade da discussão lacaniana do tema seja unir o destino da análise, a possibilidade de seu fim, à constituição do sintoma na entrada. Por essa razão temos outorgado tão amplo espaço ao debate sobre o prolongamento das análises no texto consagrado ao sintoma e à entrada.

Para sublinhar de imediato o progresso acrescido pela reflexão lacaniana é necessário assinalar a importância do conceito de objeto *a*, causa do desejo, único objeto a ser proposto para a análise da transferência, ao qual deve-se agregar o desejo do analista, questão oferecida à reflexão, mas jamais resolvida, já que cada vez que se debate, "a insuficiência das respostas é verdadeiramente sensível, evidente, salta à vista".[9]

A causa do mal-estar

Utilizarei, para continuação, uma breve paráfrase dos elementos fundamentais expostos por Lacan. Começo indicando que a descrição clássica do sintoma não é suficiente. Isto é ilustrado com a posição própria do neurótico obsessivo em relação a um sintoma qualquer: uma obsessão ou uma compulsão, cuja não-realização mergulha o sujeito na angústia.

O processo analítico não se põe em marcha a partir do sintoma, tal como o poderia descrever a psicopatologia. É necessário que o sujeito se dê conta que "isso funciona assim". Não há que acreditar que esse reconhecimento seja um efeito separado do sintoma. Não constitui, em absoluto, um epifenômeno. É essencial para que o sintoma se constitua como sintoma analítico.

A experiência clínica permite-nos saber que existem numerosas formas de comportamento obsessivo nas quais o sujeito sequer reparou e, portanto, não é de estranhar que, em conseqüência, elas não adquiriram para ele o caráter de elementos que deseja modificar.

Para que o sintoma saia de seu status de enigma, que não estaria ainda formulado, o passo é que, no sujeito, surja algo que sugira uma causa para isso. Essa dimensão – de que há uma causa para isso – onde a implicação do sujeito em sua conduta se quebra, esta ruptura, é um elemento necessário para abordar o sintoma. "Esse signo não é meramente um passo na inteligência da situação, é algo mais, existe uma razão para que este passo seja essencial na análise do obsessivo."[10]

Desde o começo se vê a importância de esta dimensão da causa indicar – e só isso – a emergência nos dados de partida de uma análise do obsessivo, esse objeto *a*, em torno do qual deve girar toda a análise da transferência para não ficar presa num círculo sem saída. Um círculo, é a crítica expressa de Lacan, se pode percorrer, mas é claro que não se pode considerá-lo como fim de análise, após o percurso analítico conseguir, como se diz, a irredutibilidade da neurose de transferência. Muito menos, se essa neurose de transferência apresenta-se inteiramente reunida, concentrada.

Lacan propõe ocupar-se da causa do desejo, objeto *a*, mediante o retorno da categoria de causa. Se o sintoma é o que dissemos, ou seja, implicável por inteiro nesse processo no qual o sujeito deve constituir-se no lugar do Outro, como sujeito que fala, sujeito barrado, a implicação da causa no surgimento sintomático faz parte legítima da constituição do sintoma. O que quer dizer que a causa implicada faz do sintoma não o efeito, mas o resultado. O efeito é o desejo, com todas as dificuldades da relação entre causa e efeito. O efeito primordial desta causa, objeto *a*, o efeito que se chama desejo, é um efeito não-efetuado.

O domínio da angústia

Há algo que está presente em todas as modalidades desta relação entre o sujeito e o Outro, é o desejo do Outro. No exemplo do obsessivo, ele é confirmado pelo domínio aparente da angústia em sua fenomenologia. É um fato estrutural que percebemos a partir de um certo momento da análise: haja o que houver, seja qual for o refinamento de suas fantasias e suas práticas, aquilo ao que o obsessivo chega sempre é ao desejo do Outro. É na medida do retorno desse desejo do Outro, enquanto nele está, em essência, o recalcado, que tudo é mandamento na sintomatologia do obsessivo, e em particular nos sintomas nos quais a dimensão da causa é entrevista como angustiante.

Se o analista pretende incidir nos sintomas obsessivos, deve ter presente o número crescente de satisfação no sintoma, o que a tradição analítica chamou a erotização das defesas. Assim também os sintomas obsessivos concernem à estrutura do sujeito; o sujeito se anula, se elimina na fantasia. Não é possível, portanto, a resolução mediante a simbolização, pois não se trata de repetição.

A promessa

Por isso Freud colocou em prática uma curiosa manobra para pôr fim na análise do Homem dos Lobos, muito embora nos termos lacanianos que estamos considerando, melhor seria formular o objetivo como o de produzir a entrada em análise. Ele prometeu ao sujeito "o total restabelecimento de sua atividade intestinal" que, como se pode recordar, nunca havia funcionado por si só, mas sempre requerido a intervenção de meios artificiais.

Segundo Freud, "esses transtornos intestinais constituíam a parte de histeria que se encontra regularmente no fundo de toda neurose obsessiva", e a promessa fez emergir a incredulidade até então encoberta do paciente. "Tive logo a satisfação de ver suas dúvidas desvanecendo-se quando o intestino começou a "intervir" em nosso trabalho, vindo a recobrar no curso de algumas semanas sua função."[11]

A argumentação freudiana sobre esse manejo transferencial é excessivamente breve e condensada. Só podemos supor as operações que utilizou: em primeiro lugar, é evidente que Freud deu grande importância ao fato de fazer emergir que o sujeito não se abandonava ao seu analista, que o apoio que parecia encontrar nele e a docilidade que manifestava eram só aparentes.

Por outro lado, a promessa de total restabelecimento da função intestinal pode haver afetado o objeto anal enquanto este pode funcionar na fantasia do obsessivo como substituto, como metáfora, se o podemos dizer – pois não se trata justamente da dimensão não-significante, mas objetal – do falo ausente. Melhor dizendo, que pode ter forçado o paciente a pôr em jogo aquilo diante do que resiste, aquilo que mantém de lado para obturar a verdade da castração: o refúgio de sua fantasia. Refúgio que tem que abandonar para que a análise comece.

A duplicidade do objeto anal "simboliza" o falo, enquanto sua desaparição, sua afânise – que Jones crê referir-se ao desejo quando não se pode aplicar senão ao falo –, é crucial na relação entre os sexos. O homem não está na mulher senão por delegação, neste órgão caduco, que está, na relação sexual, castrado.

É o que havia descoberto Freud em 1915, quando em "As transformações das pulsões",[12] escreveu que o excremento poderia ser utilizado como símbolo do falo, e que mediante a linguagem da pulsão anal poder-se-ia efetuar o tratamento da castração.

Igualmente importante é o que é referido na história do Homem dos Lobos, no capítulo intitulado "O erotismo anal e a castração": "A excreção do conteúdo anal em favor de outra pessoa (por carinho a ela) constitui o protótipo da castração, sendo o primeiro caso de renúncia a uma parte do próprio corpo com o fim de conquistar o favor de uma pessoa querida. O amor narcisista ao próprio pênis não carece, pois, de um aporte do erotismo anal. O excremento, a criança, e o pênis formam assim uma unidade, um conceito inconsciente, *sit venia verbo*: o da criança, separável do corpo. Por esses caminhos de enlace, é possível que se desenvolvam deslocamentos e intensificações da carga de libido muito importantes para a patologia, e que a análise revela."[13]

No mesmo lugar da falta de objeto aparece, no obsessivo, a entrada em jogo de outro desejo, o desejo anal. Lacan afirma, a respeito, que o objeto anal é causa enquanto está constituído sobre a função de falta. O desejo de reter cobra assim sua estrutura da antiga matriz pela qual o desejo pode tomar a função da defesa.

A inibição é a introdução numa função de outro desejo distinto daquele que a função satisfaz de "maneira natural". É o que parece significar quando alguém tem a "cãibra do escritor" porque erotiza a função da mão. O obsessivo torna-se absolutamente exemplar nesta dimensão, porque nele sempre está presente a contradição de dois desejos. Ainda mais, a posição do desejo anal – definida pelo desejo de reter e centrada sobre um objeto primordial ao qual dará seu valor – exigirá sentido na economia libidinal, na medida em que o conectamos com a confrontação, com a falta central que confere à angústia de castração seu interesse privilegiado.

A manobra transferencial de Freud em relação ao Homem dos Lobos, que já fizemos referência, faz surgir, assim, a maneira pela qual seu desejo anal se coloca em suplência do que é impossível suprir. É possível conectá-la com a construção freudiana da fantasia, que nunca pôde confirmar ao paciente, e que liga a angústia diante da falta que aparece no campo do Outro, na contemplação da cena primordial, com o presentinho primitivo, que funcionou como um "tampão". No momento em que o sujeito enfrentou o descobrimento traumático, cedeu frente à angústia, interrompendo o coito de seus pais mediante uma defecação, que justificou diante deles seu pranto.

O objeto *a*, causa do desejo de reter, se mostra, assim, destinado a deter o sujeito na borda da falta castradora, e é precisamente o que há de surgir para que se dê o passo essencial na análise do obsessivo.

NOTAS

1. Freud, S., "Linhas de progresso na terapia psicanalítica" (1918), *ESB*, XVII, Rio de Janeiro, Imago, 1976, p.209.
2. Freud, S., "Sobre o início do tratamento" (1913), *ESB*, XII, op.cit., p.172.
3. Cottet, S., "La sortie de l'analyse", *La Problématique freudienne de la sortie d'analyse*, EEP, Seção francófona, 1994.
4. Freud, S., "Linhas de progresso na terapia psicanalítica" (1918), *ESB*, XVII, op.cit., p.205.
5. Ibid., p.209.
6. Freud, S. "Da história de uma neurose infantil" (1918), *ESB*, XVII, op.cit., p.22-3 e 97.
7. Freud, S., "A psicogênese de um caso de homossexualidade feminina" (1920), *ESB*, XVIII, op.cit., p.185-212.

8. Lacan, J., Le Séminaire X, "L'angoisse", aulas de 12 e 19 de junho de 1963, inédito.
9. Ibid.
10. Ibid.
11. Freud, S., "Da história de uma neurose infantil" (1918), *ESB*, XVII, op.cit., p.97.
12. Freud, S., "As transformações da pulsão exemplificadas no erotismo anal" (1917), *ESB*, XVII, p.160seg.
13. Freud, S., "Da história de uma neurose infantil" (1918), *ESB*, XVII, op.cit., p.102.

Um sintoma sem Outro

Miquel Bassols

1. O que se espera do sintoma na saída de uma análise? Que tenha desaparecido no curso do tratamento, que o sujeito tenha se libertado dele, que essa praga que o fustigava fazia dias, meses, anos, tenha sido definitivamente expurgada de seu ser, sem mais possibilidades de retorno.

Isso é o que o sujeito espera quando imagina, no limiar da entrada em análise, o horizonte de sua saída. É o que modulou sua primeira demanda e é o que, em seu direito a gozar melhor a vida, espera ver satisfeito. É também o que o mestre contabilista de nossos dias espera ver demonstrado, com números e verificações, com resultados exatos e falsificáveis, para declarar uma prática "científica" e rentável nas balanças da utilidade pública.

Nessa contabilidade do gozo, o desaparecimento do sintoma é o parâmetro, ainda que isso suponha também o desaparecimento da particularidade do próprio sujeito da demanda, do sentido de seu sintoma e da verdade que encerrava. À psicanálise corresponde saber explicar, caso a caso, porque esse sentido e essa verdade retornam para-além das boas intenções terapêuticas, porque no mais irredutível do sintoma se encontra um real do qual o sujeito é a resposta incurável.

A transferência

2. A experiência analítica descobre rápido que o desaparecimento do sintoma não implica necessariamente sua cura, não implica tampouco uma modificação de sua causa nem da posição do sujeito cuja verdade se faz escutar nele. Ao contrário, descobre que o desaparecimento de um sintoma pode supor às vezes um agravamento do mal-estar do sujeito – é o que Freud chamou "reação terapêutica negativa" – e que sua dissolução se deve na maior parte das vezes a um deslocamento do sentido e do gozo que

fluem nele. A ação do significante sobre o gozo segue as leis desse deslocamento. Correlativamente, o descobrimento da função da fantasia põe em primeiro plano os pontos cruciais da fixação da libido, feita de sentido e gozo, na causalidade do sintoma.

Assim, se o analista não espera ver desaparecer o sintoma da mesma forma que outros métodos terapêuticos, é em primeiro lugar porque sabe que o sintoma é, por sua vez, um signo do retorno do recalcado e uma satisfação substitutiva da pulsão. É a definição que encontramos no texto de Freud, "Inibição, sintoma e angústia": o sintoma é um indício, um sinal, uma metáfora, e é uma satisfação substitutiva da pulsão, uma satisfação que se especifica pelo fato de que se dá sem descarga libidinal, sem um "decurso da excitação".[1] Daí que o sintoma seja experimentado pelo sujeito como um desprazer.

3. Nesta lógica, o sintoma é antes uma tentativa de solução que o problema mesmo, desempenhando uma função restituitiva, até de suplência, na realidade do sujeito. Seu simples desaparecimento não seria pois o anúncio de um final feliz, senão um giro a mais nos destinos inescrutáveis da pulsão. Permaneceria sempre a pergunta sobre qual é o real ao qual esse sintoma se propôs como solução.

Quando a função de suplência do sintoma se cumpre de uma forma homogênea à realidade imaginária do sujeito, o sintoma não faz signo, não faz necessariamente signo de nenhum sujeito. E também ali onde o sintoma aparece em toda sua dimensão de conflito, o analista, antes de escutá-lo como uma inadaptação do sujeito à realidade, o entende como uma solução à exigência pulsional, essa solução que Freud qualificou de "compromisso".

Mas esta função do sintoma, como mensagem e como satisfação substitutiva, somente pode desenvolver-se com todas suas conseqüências sob transferência, no curto-circuito da relação do sujeito com o Outro, da fala e da linguagem que só a experiência analítica pode propiciar. O sintoma analisável é assim *um sintoma com o Outro* da transferência.

Desde este momento, o analista se situa no lugar do Outro do sintoma, um Outro que representa um saber que não se sabe. Faz falta a presença real desse analista para que o sintoma se faça mensagem decifrável para o próprio sujeito. O analista não é só aquele que se situa no lugar do Outro a partir do qual o sintoma toma uma significação, o analista é também o objeto com o qual o sujeito deverá comprometer-se a encontrar outra solução para a exigência da pulsão, a modificar a posição em relação a suas condições de gozo.

4. O sintoma que uma análise pode tratar é, assim, um sintoma que inclui o Outro da fala e do gozo, é um sintoma construído segundo a forma do Outro particular de cada sujeito, de seu inconsciente. É o sintoma que se

autoriza no lugar do Outro, que se autoriza no inconsciente mesmo, para seguir propondo ao sujeito uma satisfação substitutiva.

É pela transferência que o sintoma faz, necessariamente, signo de um sentido para o sujeito. Nesse mesmo movimento, o gozo do sintoma, o que existe nele de satisfação substitutiva, é transferido para o lugar do Outro como um gozo suposto. O que antes da entrada em análise era uma disjunção entre gozo (G) e sentido, entre mal-estar e sem-sentido, é agora, por obra da transferência, uma interseção sobre a qual operará a análise.

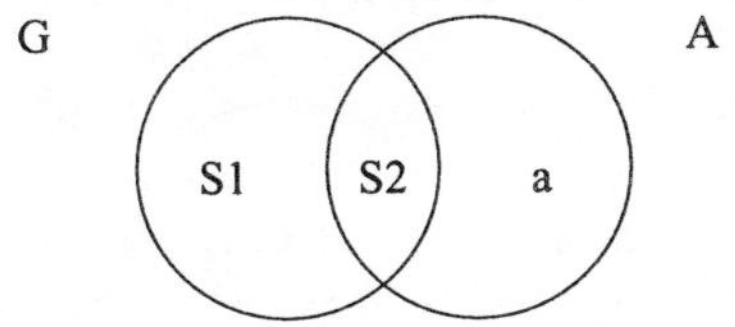

Algo que apareceu como um sem-sentido (S1) se faz assim mensagem (S2) para o sujeito e toma forma de causa do Outro. A causa do sintoma será situada nesse movimento da transferência no lugar do Outro. A lógica da transferência implica essa "equivocação" – essa "meprise", como a chamou Lacan[2], –, já que o Outro, em realidade, não goza disso. Se trata na análise de produzir um novo giro da libido, uma nova "satisfação substitutiva" que passa agora pelo trabalho do inconsciente, pelo desfiladeiro dos significantes da história do sujeito. Neste giro da transferência, o lugar do Outro – como um tipo de garrafa, dissemos em outra parte –, se enche do gozo-sentido, e o sintoma se outrifica.

Existe algo que o sujeito não sabe, que não pode saber de maneira alguma nesse giro da transferência, algo que é, por sua vez, a condição dessa transferência e do sujeito suposto saber que é seu fenômeno. O sujeito não pode saber o que ele é nessa transferência: "ele é o *agalma* do processo analítico",[3] ele é a tampa dessa garrafa do Outro que se encheu de sentido para abordar a causa que supõe nele. Por sua vez, o sujeito não pode saber que esse Outro, em realidade, não *existe*, que somente está como lugar dessa transferência de sentido. Isso que o sujeito não sabe é o que permanece velado pela própria estrutura que permitiu o transbordar de gozo-sentido para seu tratamento, um transbordar que é co-extensivo[4] da fantasia inconsciente do sujeito. O sintoma revela-se, durante este largo rodeio, como um modo de gozar segundo a fantasia do sujeito, segundo o Outro de seu inconsciente.

Somente a partir desta perspectiva, a questão do sintoma na saída da análise oferecerá outras respostas que a de seu desalojamento ou seu desaparecimento mais ou menos intermitente.

O sinthoma

5. Que sucede com o sintoma depois desse momento conclusivo do final de análise? Vamos descrevê-lo como o soltar da tampa da garrafa do Outro, como a extração do objeto que o sujeito era para esse Outro no qual sustentou sua transferência de gozo e sentido. No esvaziamento de um e outro que esse momento produz, o sintoma perde suas funções anteriores de gozo, suas "satisfações substitutivas", tão reais como qualquer outra,[5] perde também seu sentido de adaptar o sujeito em função do Outro. Escrevamos a nova disposição dos termos:

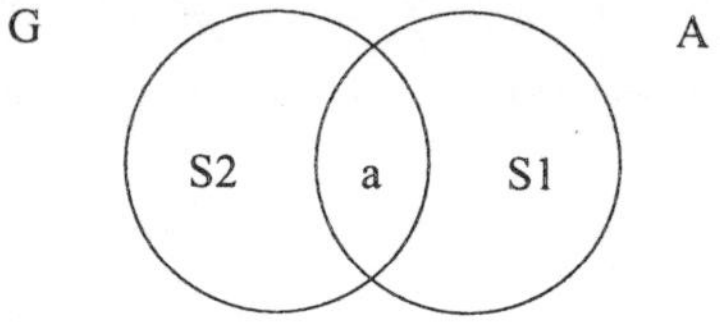

O que resulta é, em primeiro lugar, a obtenção de um saber (S2) sobre o gozo do sujeito no sintoma, um saber que já não é suposto no Outro mas sim deduzido da extração do objeto. Do outro lado, do lado do Outro, fica um significante esvaziado do gozo (S1), um sem-sentido. Na sua interseção, o sujeito *é*, se produz agora como esse objeto que era para o Outro.

6. Que dizer então desse sintoma pós-transferência? Que é *um sintoma sem Outro*, que perdeu sua função de metáfora, de substituição ou de restituição de um gozo que sustentava até agora como perdido. O significante unário se produz assim, fora da cadeia na qual tinha seu lugar, sem Outro significante que o substitua, e se mostra em sua verdadeira função como um modo de gozar do saber inconsciente, esse modo de gozar ao qual se havia agarrado o sujeito na transferência, na elaboração do saber transferido ao Outro.

Quando o Outro se esvazia do gozo-sentido, o que fica é a função do objeto em que o Outro se reduziu e que é idêntico ao ser do sujeito mesmo. É esse real do sintoma o que aparece finalmente como a identidade libidinal do sujeito, como "o mesmo da libido".[6]

Por outro lado, é nesta identidade libidinal onde podemos reconhecer "o realmente simbólico" do sintoma, ou, dizendo de outro modo, o que do simbólico da linguagem é o mais real, separado de todo sentido. O sintoma na saída da análise está composto por este misto de gozo e sem-sentido que podemos escrever com o S1 do significante unário e o *a* do objeto: $(S_1 \lozenge a)$.

Esta nova condição do sintoma sem Outro define também uma nova relação do sujeito com a linguagem mesma, com aquilo da linguagem que constituiu para ele o acontecimento traumático e particular nos avatares de sua história. Pode ver agora desde aí o que na linguagem era pura contingência e se fez mal-entendido necessário, equívoco de significação do que foi e é o sujeito através das gerações.

Se o sintoma depois da análise é um sintoma sem Outro é porque tenta adaptar-se não à realidade mas sim à existência do Outro ou, o que é o mesmo, à sua castração. Apesar de o sujeito não receber agora os efeitos nocivos do gozo que esse sintoma condensava e os arrebatamentos de sem-sentido que tentava saturar com sua fantasia, seu fracasso não é, todavia, menos previsível nessa tarefa. E isso pela simples razão de que aí, onde o significante faz marca, aí também a significação sexual florescerá novamente;[7] outra vez, aí onde exista sentido, aí estará implicado um gozo. Pois onde existirá uma palavra cujo sentido escapa à suposição de um gozo no Outro?

O resultado, em todo caso, é uma nova relação do sujeito com o sentido e com o gozo que estavam implicados em seu sintoma. Se trata de um novo enlace com o simbólico da linguagem, com o imaginário do sentido sexual e com o real apreendido por um e outro. É esse novo enlace o que Lacan denominou com o termo "sinthoma".

7. O analista é um desses "sinthomas", depois de haver reduzido seu próprio sintoma a um artifício de linguagem e a um gozo já obsoleto em sua própria experiência analítica. Ainda que o analista seja, ele mesmo, uma formação do inconsciente, o é em uma posição que não se autoriza em seu inconsciente, mas sim em uma eleição que não se sustenta no Outro. Neste sentido, o analista é também um "desabonado do inconsciente";[8] deve sê-lo para poder oferecer-se ao trabalho do inconsciente do sujeito.

Quando um sintoma perdeu seu sentido de mensagem e seu uso de satisfação substitutiva, é precisamente o momento em que alguém pode decidir fazer dele um novo uso, esse uso de oferecer-se a um sujeito para seguir o giro de seu sintoma na transferência. É um novo uso, não o único possível, mas sim o único que hoje responde com o rechaço do gozo substitutivo ao qual sempre se verá empurrado o sujeito pelo discurso terapêutico do mestre contabilista.

O Outro e o Mesmo

8. Duas perguntas abrem aqui o espaço para uma conclusão. A primeira se dirige à função do Outro, a segunda à função do Mesmo.

a) Que relação estreita podemos estabelecer entre a fórmula "um sintoma sem Outro" e essa outra "o Outro não existe", na qual faz eco? Haverá que distinguir formas diferentes de "não-existência" do Outro?

Talvez em castelhano possamos aproveitar a diferença entre "ser", "estar" e "existir". O "ser" indica a dimensão pulsional, de gozo, no sujeito. O "estar" indica um lugar, o do Outro como lugar da fala no qual se joga o sentido da existência do sujeito. "Ex-sistir" será sempre o ser que está fora de lugar nesse lugar onde já não o esperava. Que "o Outro não existe" não quer dizer, todavia, que esse Outro não esteja aí, na mesma medida que o sujeito o reduziu ao ser de seu objeto. É o que distingue o analista da posição do cínico, na qual pode, contudo, encontrar seu saldo.

b) O real do sintoma, uma vez esvaziado, dissecado do gozo-sentido, se reduz a esse misto (S1 ◊ a) no qual se cifra o ser do sujeito. Não se trata, nesse misto, de duas caras "do mesmo"? Dizendo de outra maneira: o realmente traumático para o sujeito não é que estas duas vertentes – a vertente insensata da linguagem e a vertente pulsional – são duas vertentes *do Mesmo*, dessa identidade libidinal agora reconhecida pelo sujeito?

E não é também "o mesmo" aquele que retornava nos ensinamentos de Lacan com distintas formulações? Nos anos 50, com a identidade entre linguagem e pulsão de morte;[9] nos anos 60, com a construção do objeto *a* como um produto da linguagem e com essa figura inquietante da libido-lâmina;[10] nos anos 70, com o termo de *alíngua*, esse real sobre o qual elucubra a linguagem. Não são essas formulações, cada uma delas, versões do Mesmo, sempre enganador?

9. Um sintoma sem Outro sempre será, pois, o Mesmo.

NOTAS

1. Freud, S., "Inibição, sintoma e angústia" (1925), *ESB*, XX, Rio de Janeiro, Imago, p.112.

2. Lacan, J., "La méprise du sujet supposé savoir" (1967), *Scilicet*, 1, Paris, Seuil, 1968, p.31.

3. Lacan, J., "Proposition du 9 octobre 1967 sur le psychanalyste de l'École" (1ª versão), *Analytica*, 8, Paris, Lyse, 1978, p.16.

4. Expressão extraída da exposição de Rithée Cevasco sobre "Le symptôme dans l'expérience analytique", Seção Catalunha da EEP, dezembro de 1996.

5. Cf. a conferência e Jacques-Alain Miller no "Seminário de Bareclona, sobre *Die Wege der Symptombildung*", *Freudiana*, 19, Barcelona, 1997, p.7-56.

6. Ibid.

7. Cf. *Manuductio* que pontua o texto de Lacan, *Televisão* (1973), Rio de Janeiro, Jorge Zahar, 1993, p.79-80: "Para quem joga com o cristal da língua... um ganso sempre come o sexo."

8. Segundo a expressão empregada por Lacan, a propósito de Joyce, em "Joyce le symptôme I" (1975), *Joyce avec Lacan*, Paris, Navarin, 1987, p.24.

9. As últimas páginas de "Função e campo da fala e da linguagem em psicanálise" (1953) carregarão sempre a marca dessa identidade. Cf. Lacan, J., *Escritos*, Rio de Janeiro, Jorge Zahar, 1998, p.317-23.

10. Lacan, J., O Seminário, livro 11, *Os quatro conceitos fundamentais da psicanálise* (1964), Rio de Janeiro, Jorge Zahar, 1988, p.186-8, e "Posição do inconsciente", *Escritos*, op. cit., p.838-9.

A psicanálise como sintoma

Graciela Brodsky

Desde nossa perspectiva habitual, o sintoma é aquilo que a psicanálise trata. Seja que o abordemos como uma mensagem e acentuemos, então — como o faz Lacan nos seus primeiros seminários — seu estatuto de fala que pede para ser reconhecida, seja que o tomemos como o significado do Outro em resposta à demanda de significação, tal como o deduzimos do grafo de "Subversão do sujeito..." ou, em troca, que o examinemos como gozo que não se dirige ao Outro e se satisfaz, na sua própria repetição — é a orientação do último ensino de Lacan —, de um modo ou outro nossa expectativa é atingi-lo mediante a interpretação para transformá-lo: levantá-lo, deslocá-lo, fazê-lo mais suportável. Inclusive a vertente da identificação, que Lacan propôs como destino do sintoma ao final da análise, supõe que aquele ficou reduzido a um núcleo impossível de eliminar após haver passado pelo dispositivo analítico.

Porém também poderíamos adotar outro ponto de vista e considerar que o sintoma é em si mesmo um tratamento, que tenta circunscrever, nomear, domesticar esse mau encontro com o gozo que costumamos chamar trauma.

Os nomes do sintoma

Em nossa primeira opção, entendemos a psicanálise como uma *praxis* segundo a definição de Lacan na primeira lição de *Os quatro conceitos fundamentais da psicanálise*, ou seja, "como o termo mais amplo para designar uma ação concertada pelo homem... que lhe permite tratar o real pelo simbólico". Aqui situamos o sintoma, enquanto é o que volta ao mesmo lugar, como equivalente do real que trata a psicanálise.

Em troca, em nossa segunda opção, a teoria do sintoma tem mudado. Se a experiência analítica, desde seus começos, pôs em evidência a insistência do sintoma para-além de sua decifração, se o sintoma apresenta um caráter repetitivo, se não cessa, é porque sua função não é uma contingência neurótica, senão uma necessidade "paratodos" enquanto supre a relação sexual impossível de escrever. Este esquema geral não somente modifica a metáfora do sintoma como substituição de um significante por outro: S'/S, como a substitui por outra que poderíamos escrever: sintoma/real, a suplência acrescentando uma satisfação *sui generis*. Agora situamos a relação sexual no real, *troumatisme* , como o escreve Lacan para indicar o hiato para sempre aberto onde deveria se escrever a relação que falta. Entende-se então que as coisas mais diversas possam ser chamadas de sintoma se cumprem essa função de suplência, e Lacan não se priva de localizar neste lugar o Nome-do-Pai, uma mulher, ou os *gadgets* da ciência, para dar só alguns exemplos.

Agora bem, a psicanálise pode também ser localizada aí, cumprindo esta função supletiva do sintoma?

Em certo sentido podemos dizer que sim, porque o impossível de escrever é o que obriga a falar e, então, é o que mantém a associação livre. Para-além de toda demanda de significação, a palavra do analisante se sustenta numa satisfação específica que Lacan chamou o "bla, bla, bla", para indicar sua relação com o gozo e não com o significante. Compreende-se, então, que enquanto a associação livre é capaz de aportar um gozo que supre o gozo faltante da relação entre os sexos, ela pode se somar à lista do sintoma. Porém, o que se espera é que o discurso analítico vá contra esta satisfação que faria a análise inacabável.

Mais interessante ainda é considerar, como se pode fazer recentemente a partir da testemunha de um AE (Analista da Escola), a possibilidade de que o próprio desejo do analista seja um dos destinos do incurável e que a psicanálise se torne, para um sujeito, uma solução ao desejo equivalente ao sintoma.

Porém o certo é que ainda é possível considerar a questão desde outra ótica, a partir das relações da psicanálise com a ciência — ao menos é o caminho que Lacan deixou traçado.

Entre ciência e religião

Partamos mais uma vez de Freud. Para ele, a psicanálise é:

1) um procedimento que serve para indagar processos anímicos dificilmente acessíveis por outras vias;

2) um método de tratamento de perturbações neuróticas, fundado nessa indagação;

3) e uma série de intelecções psicológicas, ganhas por esse caminho, que pouco a pouco foram-se coligando numa nova disciplina científica. Indagação, tratamento, disciplina científica.[1] Nada mais longe da idéia de um sintoma. Em contrapartida, Lacan parece haver contemplado ao menos duas vezes a eventualidade de que a psicanálise seja um sintoma. Ambas aconteceram em Roma, em 1974, à ocasião do VIII Congresso da École Freudienne de Paris. A primeira foi numa conferência de imprensa e a segunda na sua intervenção no dito congresso, que conhecemos sob o nome de "A terceira". E, se é bem certo que um ano mais tarde ele desloca o acento afirmando que o analista é um sintoma (não a psicanálise), vejamos o que se ganha seguindo a direção do seu pensamento em Roma.

Nesse momento, Lacan tenta articular seus três registros – real, simbólico e imaginário –, de modo tal que se ponham em relevo as articulações e exclusões que se derivam do seu nó borromeano. E, se nesses dias reserva um largo comentário às relações entre a ciência — que faz coincidir com o real —, a religião — que equivale ao sentido —, e a psicanálise — que compara com o sintoma —, é para situar esta última ("essa recém-chegada") com respeito a aquelas.

O ponto de vista de Lacan é surpreendente. Freud, por exemplo, não duvidava do lugar que correspondia à ciência: "Cabe perguntar por que a religião não põe término a esta disputa na qual não tem perspectiva alguma de prevalecer" e declara com franqueza: "É certo que não posso lhes dar o que amiúde se chama verdade; para tanto, vocês têm que se ater à ciência."[2]

Para Freud, psicanálise e ciência são solidárias entre si pela sua relação com a verdade, e ambas se opõem à ilusão religiosa. Porém, esta ciência da qual faz parte a psicanálise não deve ser confundida com a do cientificismo do século passado, que Freud via encarnado na psiquiatria da sua época. É uma ciência que dá lugar aos efeitos de sentido e que absorve as descobertas da psicanálise; deste modo amplia suas fronteiras e torna inteligíveis para o conhecimento zonas que até então estavam reservadas à evidência e à revelação. É assim que a "jovem ciência" que é a psicanálise não só rebate a religião, como permite esclarecer suas raízes a partir do complexo paterno.

Seguramente também Lacan em seu momento considerou a ciência, a religião e a psicanálise na sua relação com a verdade. Temos como prova "A ciência e a verdade", primeira lição do seu seminário *O objeto da psicanálise*, convertida em escrito. Aí a verdade como causa, enquanto que diferente do saber, tem seu ponto de partida e Lacan examina então seus efeitos em distintas práticas: a magia, a religião, a ciência e a psicanálise. Porém, assim como seus "amores com a verdade" levaram Freud a demonstrar a solidariedade entre a ciência e a psicanálise, o ponto de partida de Lacan o conduz a opô-las, já que enquanto a primeira não quer saber nada da verdade (isto a aproxima da psicose), a psicanálise a acolhe e se converte na destinatária da prosopopéia que Lacan imortalizou em "A coisa freudiana": "Eu, a verdade, falo."

Em 1974, Lacan está longe de pensar que a religião careça de toda possibilidade de perdurar. Vaticina, em troca, que será indestrutível, que a psicanálise não a derrotará e, o que é mais importante, que a ciência será a causa do êxito da religião, posto que esta se encarregará de dar sentido às coisas inquietantes que aquela fará proliferar.

De que ciência fala Lacan? Quando, a partir dos anos 70, se refere à ciência, é com a esperança de que a psicanálise se lhe iguale na determinação do real. Não se trata simplesmente do que já havia indicado anos atrás; por exemplo, que é impensável que a psicanálise como prática e o inconsciente freudiano como descobrimento pudessem existir antes do nascimento da ciência no século XVII, ou que foram os ideais científicos de um Brücke, de um Helmholtz e de um Du Bois-Reymond que levaram Freud a abrir o campo que leva seu nome, ou — por mais paradoxal que possa parecer — que o sujeito sobre o qual opera a psicanálise não é outro senão o sujeito que Descartes inaugura com seu *cogito*, abrindo-lhe o passo à ciência moderna.

Agora se trata da ciência que, de acordo com a definição de Galileu, verifica que há saber no real. E esse saber, uma vez posto a andar, obtém que o real responda. É uma ciência que não se reduz de maneira alguma ao que na "Nota italiana" Lacan descreve como "a dissertação mais ou menos eloqüente do científico, durante os vinte séculos nos quais o saber permaneceu enterrado". Agora se trata de um saber que intervém no real. Quando Lacan compara o discurso da ciência com o da histeria e acrescenta que são "quase" iguais, há que entender que o que se mede é a distância entre a impotência do saber que a histérica sustenta e o saber da ciência, que pode ultrapassar os limites do real.

Afirmar que o saber alcança o real implica, em primeiro lugar, considerar suas conseqüências. A primeira é de ordem subjetiva e recai sobre o próprio científico: é a angústia, caracterizada como o sintoma-tipo de todo acontecimento do real.

A segunda se refere à regulação dos efeitos insuspeitados do discurso da ciência mediante o consenso entre distintos setores da sociedade. Já em 74 Lacan faz alusão ao embargo de certo número de investigações que inauguraram a genética contemporânea, e desde então temos assistido a uma proliferação de comitês de ética que, como o mostraram Éric Laurent e Jacques-Alain Miller, ocupam o lugar do Outro que não existe na sociedade atual. A terceira concerne aos produtos da ciência, os chamados *gadgets*. Ao fim das contas, o que nos oferece a ciência?, pergunta Lacan em Roma. E responde: algo para distrair a fome em lugar do que nos falta na relação. Jamais chegaremos a dominar as relações entre esses *parlêtres*, fala-ser que sexuamos como homem e como mulher... não há nenhuma probabilidade que isso tenha êxito alguma vez, seria como dizer que temos uma fórmula, algo que se escreva cientificamente. A partir daí a proliferação de sintomas... Não lograremos fazer com que o *gadget* não seja um sintoma — acrescenta mais adiante — porque por enquanto o é da maneira mais óbvia: é evidente que se tem um automóvel como se tem uma falsa mulher.[3]

Contingências

Voltemos então à nossa pergunta inicial. A psicanálise, enquanto produto do discurso da ciência, é equiparável a um *gadget* de consumo? Quer dizer, vai-se ao psicanalista como se tem um carro ou uma falsa mulher? É uma crítica que se tem feito à psicanálise, e que podemos entender melhor se seguirmos a lógica de Lacan.

Todo discurso escreve uma relação com o Outro que simula a relação com o Outro sexo; cria um laço social entre o Um, autista, e o Outro que não existe. O discurso analítico não escapa a esta lei e Lacan o diz com todas as letras: "A psicanálise é um laço de dois. Enquanto tal, está no lugar da falta de relação sexual."[4]

Mas é certo que cada discurso a faz existir de maneira distinta, inventando algo que a supra. Porém é necessário precisar de que maneira o faz a psicanálise. Cremos que Lacan tem-nos dado todas as indicações necessárias para responder: através do amor, que é o que cessa de não escrever a relação sexual. Mais especificamente: através do amor ao saber, ou seja, da transferência. Entretanto, o discurso analítico — e nisto consiste sua diferença com os demais — utiliza o amor ao saber como meio para demonstrar a inexistência da relação sexual. Digamos mais: para demonstrá-la cientificamente.

Tomemos, para comprovar que estamos na direção certa, esta citação de Lacan que extraímos de *Televisão*: "Basta que em alguma parte a relação sexual cesse de não se escrever, ou seja, que se estabeleça a contingência, para que comece a se perfilar o que deve terminar por demonstrar como impossível essa relação, ou seja, instituí-la no real."[5]

Com efeito, a ambição de Lacan é que a psicanálise, produto da ciência, seja, ao mesmo tempo, o que demonstra seu limite; porquanto, ali, onde a ciência encontra saber no real, a psicanálise deve verificar o saber que falta, provar o impossível por meio do contingente. (Jacques-Alain Miller desenvolveu este ponto em seu último curso.)

Resumindo, temos tentado justificar que a psicanálise, como todo discurso, é um modo específico de suplência da relação sexual — neste sentido todo discurso é um sintoma —, mas, ao mesmo tempo, é o único que se vale da transferência para demonstrar que a dita relação é impossível.

Diante disso, o fato de que o sintoma seja necessário não implica por si mesmo que a psicanálise também o seja. Por exemplo, o Nome-do-Pai como sintoma é contingente. Não apenas ele falta na psicose, como cabe se perguntar por sua decadência em nossos dias e recordar que Lacan supõe que o neurótico se sirva dele para ir mais-além dos limites que este lhe impõe.

Do mesmo modo, a psicanálise, como tratamento do real, é contingente. Cessou de não se escrever em certo momento do avanço do discurso científico e pode extinguir-se, diz Lacan, como um sintoma esquecido, se, como a religião, pretende curar a humanidade do sintoma e do real.

Seu porvir, então, depende da insistência do real (disso podemos estar certos)... e de que haja analistas para inventar o saber que convenha.

NOTAS

1. Freud, S., "Dois verbetes de enciclopédia: 'Psicanálise' e 'Teoria da libido'", *ESB*, XVIII, Rio de Janeiro, Imago, 1976.
2. Freud, S., Conferência 35, "A questão de uma *Weltanschauung*", *ESB*, XXII, op.cit.
3. Lacan, J., "Conférence de presse le 29 octobre 1974 au Centre Culturel Français" (1974), *Lettres de l'École Freudienne de Paris*, 16, 11 de novembro de 1974, p.6-26.
4. Lacan, J., "La troisième" (1974), *Lettres de l'École Freudienne de Paris*, 16, 11 de novembro de 1974, p.178-203.
5. Lacan, J., *Télévision* (1973), Paris, Seuil, 1973, p.62.

Sintoma e criação

Francisco Pereña

Em "Pulsões e destinos das pulsões" ("Triebe und Triebschicksale"), Freud enumera os destinos da pulsão. São quatro: reversão a seu oposto (*die Verkehrung ins Gegenteil*), retorno em direção ao próprio eu do indivíduo (*die Wendung gegen die eigene Person*), o recalque (*die Verdrängung*) e a sublimação (*die Sublimierung*).[1]

A reversão a seu oposto tem como primeira característica a transição da atividade à passividade. É uma maneira de tratar o excesso pulsional. Posteriormente, uma vez despejada a pulsão de morte como inapelável e irrenunciável, esta questão da passividade tomará um giro mais radical como tendência geral a regressar ao inorgânico, aniquilação em suma das atividades e do excesso pulsional. As tendências passivas vão aparecer articuladas à fantasia: exigência pulsional invertida fantasisticamente em demanda passiva, de modo que o gozo da fantasia viria a ser um postulado na sua dupla vertente de axioma e de demanda, tal como o mesmo termo de "postulado" o significa em castelhano.

O retorno em direção ao próprio eu do indivíduo, lido desde a segunda tópica e a partir igualmente da pulsão de morte, pode ser entendido como o modo em que a pulsão de morte se liga a Eros, num primeiro momento de agressividade, para logo se tornar, essa agressividade, contra si mesmo, contra o eu, dando assim origem ao supereu. O supereu se geraria a partir da pulsão de morte, convertendo a renúncia mesma em satisfação. A meta (*das Ziel*) permanece idêntica, tanto na "reversão a seu oposto" como no "retorno em direção ao próprio eu", em ambos os destinos da pulsão. Porém, no segundo caso, o excesso pulsional não fica resolvido: quanto mais renúncia, mais exigência, quanto mais castigo, mais culpa, tal como se vê na clínica da neurose.

O recalque, o terceiro destino freudiano da pulsão, é um modo de tratar a pulsão mediante o deslocamento e a satisfação substitutiva. Como explica

Lacan no Seminário 7: "A sublimação é representada como distinta dessa economia de substituição que é como se satisfaz habitualmente a pulsão na medida em que está recalcada. O sintoma é o retorno, via substituição significante, do que está ao final da pulsão como sua meta. Aqui a função do significante adquire todo seu alcance, pois é impossível, sem fazê-la intervir, distinguir o retorno do recalcado da sublimação como modo de satisfação possível da pulsão."[2] Distinção, pois, estritamente freudiana, entre recalque e sublimação. No recalque há satisfação pela via da substituição significante, quer dizer, deslizamento do gozo no deslocamento significante. Um gozo pela via da substituição significante: isto é o sintoma como retorno do recalcado. Em termos freudianos, será um recalque fracassado,[3] posto que a proteção significante não é suficientemente eficaz para evitar a angústia, sendo o sintoma a expressão desse fracasso e a busca de uma satisfação pulsional por via indireta. O sintoma será sempre, nesta consideração, patológico, e a satisfação alcançada desprazerosa.

A sublimação

A sublimação, tal como indica o texto de Lacan citado, é um destino pulsional diferente e específico. A satisfação pulsional não será, neste caso, indireta ou sintomática.

Freud deduziu o termo sublimação de "sublime" num anexo de seus *Três ensaios sobre a teoria da sexualidade* que já intitulava significativamente "Participação psíquica na transformação da pulsão sexual": "O mais sublime e o mais baixo se encontram reunidos, mais intimamente que em qualquer outro lugar, na sexualidade."[4] Nesse momento fala inclusive de "idealização da pulsão". Esta idéia de relacionar os "elementos perversos" com o mecanismo da sublimação se mantém ao longo da obra de Freud. Assim, por exemplo, num texto de 1908, "Die 'kulturelle' Sexualmoral und die moderne Sexualität", diz: "A pulsão sexual põe à disposição do trabalho cultural quantidades de energia extraordinariamente grandes, em virtude da particularidade, singularmente marcada na dita pulsão, de poder deslocar sua meta sem perder intensidade. Esta capacidade de substituir a meta sexual originária por outra, que já não é sexual, mas que se encontra psiquicamente aparentada, denominamos capacidade de sublimação."[5] Mais adiante fala da transformação dos "elementos perversos" em "trabalho cultural".

Não está claramente delimitado o campo das atividades de sublimação. Diz respeito tanto à criação propriamente dita (caso Leonardo da Vinci) como à vida social, ao que faz laço social, como Freud explicitará mais tarde em 1932.[6]

A sublimação, como destino da pulsão, é um tratamento do excesso pulsional, dirigindo-o, em primeiro lugar, ao "trabalho cultural", ao laço social mesmo. Em *O mal-estar na cultura*, esta tese se complica, porque esse laço social vai aparecer marcado pela exigência de renúncia que rege e demanda o supereu. É um laço social construído, então, com a culpa. A questão colocada por Lacan será se existe um laço social não marcado inelutavelmente pela agressão e a culpa, se existe outra lógica coletiva que a da psicologia das massas. Sua aposta, a este respeito, é a Escola.

No que se refere à criação intelectual e especificamente artística, isto é, quando não se trata da mera "obsessão intelectual neurótica", a sublimação aparece mais claramente oposta ao retorno do recalcado, ao sintoma. Vê-se em *Uma lembrança de infância de Leonardo da Vinci*: há um resto de libido que escapa ao recalque, "sublimando-se desde um princípio no desejo de saber e incrementando a pulsão de investigação...; ao não existir aderência aos complexos infantis... e a pulsão pode atuar livremente ao serviço de interesse intelectual." E conclui: "Sublimação em lugar de retorno do recalcado."[7]

A pulsão, criativa

Isto é possível, segundo o Freud de *Três ensaios sobre a teoria da sexualidade*, porque a pulsão é parcial. Tem que se falar então de pulsões — não há uma pulsão original —, e do destino ou das vicissitudes do pulsional. A pulsão não é um programa, senão uma exigência de satisfação, de anular o excesso. "O que diferencia as pulsões umas das outras, e lhes dá suas qualidades específicas, é a relação com suas fontes somáticas e seus fins."[8] A fonte é a excitação, e o fim, ou a meta, é fazer cessar a "excitação de órgão".

De novo a mesma questão. A qualidade da pulsão reside em como tratará o fator quantitativo. Frente ao recalque, a sublimação o trata de forma específica. Em princípio, Freud havia estabelecido uma diferença entre neurose e perversão em função de que as fantasias neuróticas são inconscientes, enquanto que as perversas são conscientes, o qual favorece, neste segundo caso, que os "elementos perversos" da pulsão possam não só recalcar-se, como também transformar-se em "trabalho intelectual", ao ver-se modificada a relação entre o saber e a criação.

Na neurose, seja por inibição, seja pela "obsessão intelectual", a satisfação está ligada, pela via do recalque, à atividade sexual. Na sublimação, a libido escapa ao recalque, se separa da atividade sexual, inibe a meta de pulsão e, dessa maneira, a pulsão faz-se criativa. A criação, o criado, não é então da ordem da formação do inconsciente, não é um sonho; não diz, se mostra, acontece na criação mesma; não há interpretação da arte. Isto nos introduz ao que com Lacan podemos chamar um tratamento da arte como real, tal como afirma Jacques-Alain Miller em "Sete observações sobre a criação".[9] Assim cabe entender o que Lacan diz: "A noção de criatura é anterior a toda ficção." Anterior, podemos dizer, a toda ficção significante. Ou também que o significante, como diz Jacques-Alain Miller, toma outro status que o de *functor* de ficção e pode ser considerado então como objeto.

Dignidade pulsional

Lacan aborda a sublimação desde esta perspectiva do objeto. Não basta entender a sublimação como mero apaziguamento ou como a maneira de socializar a pulsão; há que entendê-la como criação: uma criação silenciosa que presentifica mais do que representa.

"A sublimação, que aporta ao *Trieb* uma satisfação distinta de sua meta... é precisamente o que revela a natureza própria do *Trieb* enquanto não é o instinto, senão que tem relação com *das Ding* como tal, com a Coisa na medida em que ela é distinta do objeto."[10] Enquanto que ela mesma, a Coisa, é distinta do objeto, posto que a pulsão não é o instinto. O objeto, prossegue Lacan, não é a Coisa, ainda que a Coisa é o que está no coração da economia libidinal. E conclui o parágrafo: "A fórmula mais geral que lhes dou da sublimação é a seguinte, ela eleva um objeto à dignidade da Coisa."

A Coisa revela que a pulsão não é o instinto. A pulsão não é um programa aplicado ao mundo. É, em primeiro lugar, a falta de programa. Isso a faz estilo. Se não é um programa, se não impõe um programa, impõe um estilo. E o que é um estilo? É o modo de ser do vazio da pulsão e da sua parcialidade. O exemplo do vaso do artesão ilustra esse objeto feito sobre o vazio, sobre esse centro do Real que é a Coisa. A partir do vazio, o artesão cria o vaso. O significante introduz um vazio no Real. Como tratar esse vazio? Isso obriga à criação, posto que não é o vazio entendido ao modo transcendental; é um vazio real, não inaugurado pela transcendência divina, senão por esse encontro da linguagem com o Real. É um vazio vivo, não é nada.

Elevar um objeto à dignidade da Coisa é pegar o objeto imaginário, não meramente na sua função de véu, senão convertê-lo em objeto real, em resto real no simbólico. Pela sublimação, a diferença do recalque, esse objeto imaginário converte-se em objeto real. Isso é elevar um objeto à dignidade da Coisa.

O vazio pulsional, o "não há relação sexual" e as pulsões parciais podem conduzir ao Outro do narcisismo, já que o narcisismo estabelece uma unidade ao *per se* e em si cindido. O objeto imaginário, *per se*, cobre o vazio e é a maneira como as pulsões parciais se coordenam com um Outro. É a função de identificação, de identificação à imagem.

Mas, tal como Lacan nos propõe a sublimação no Seminário, 7 trata-se antes de uma função de limite. A função não oblitera sua radical condição de limite. Mas o limite tem também uma função de contenção, de contenção de gozo, função então de proteção, de *Reizschutz*. Teria a ver então com a tarefa de socializar a pulsão, que vimos anteriormente. Mas se falarmos em elevar o objeto à dignidade da Coisa, não poderemos falar somente de anteparo, mas sim, por utilizar o termo recobrado por Lacan, de anamorfose. Colette Soler aludiu a esta questão em seu seminário sobre "A ética da psicanálise", ditado em Madri em 1989.[11] O específico da anamorfose é a surpresa, a surpresa como criação, sempre fiel a esse limite entre o vivo e o morto. Não é pôr um objeto imaginário diante da Coisa, senão elevar um objeto à dignidade da Coisa, dar ao objeto o status de uma invenção, de uma criação que não encobre a Coisa, mas sim a faz surgir, a mostra. Surpresa e novidade.

As meninas de Velázquez, *As maçãs* de Cézanne, o *Crucificado* de Zurbarán padecem, digamos assim, de uma novidade renovada a cada vez, anamórfica, por ser inédita. Aí se mostra, se presentifica, a estranheza da Coisa, sua extimidade. O debate sobre as falsificações de obras de arte têm a ver com isto, elas não surgem desse momento-limite, totalmente inédito, porque são representações de um quadro; não são criação, mas uma representação.

Assim considerada a sublimação, como criação, não é propriamente nem uma substituição, nem uma repetição, se entendemos a repetição como fixação facilitada a partir do encontro com o gozo: fixação disponível, facilitada pela organização fantasística. Este mecanismo, melhor dizendo, impede a sublimação. A sublimação opõe-se à fixação porque, ao não velar o vazio, ao não fazer anteparo, favorece a mobilidade libidinal e a abertura ao acontecer, a que novas formas possam produzir-se. A palavra poética, por exemplo, não representa, e por isso se converte em insubstituível. Chega e é assim; é o referente de si mesma; é palavra que desmente a *metalinguagem*, esse dizer convertido no Outro a partir de um outro dizer objetivado no enunciado.

Despejar o sintoma

Ficou claramente expressa a oposição entre sintoma e sublimação. O sintoma é uma satisfação substitutiva a partir das fixações, e a sublimação a elevação de um objeto à dignidade da Coisa.

Mas deste modo fica a sublimação isolada e numa certa nebulosidade. É surpreendente que Freud, ao falar dos destinos das pulsões, nomeie a sublimação como um deles, dizendo ao mesmo tempo que nada dirá dela. Pensamos que é uma expressão sintomática desse isolamento. Isolamento, porque pareceria um dom que algumas pessoas tivessem por si mesmas; pelo menos se entendemos a sublimação como criação e não só como modo de socializar a pulsão. Por que se produz? Como se tem acesso à sublimação? É só uma maneira de argumentar psicanaliticamente a genialidade de alguns poucos? A experiência analítica não comporta por si mesma efeitos de criação? Não é a psicanálise uma experiência do limite? É tão radical e tão insuperável a diferença entre um significante que representa um gozo e um significante que é parte do gozo, um significante que não só nomeie um objeto senão que seja ele mesmo objeto?

Não é à toa que Lacan modifica sua concepção do sintoma. O sintoma não será somente a expressão de um querer dizer, uma significação metafórica, um deslocamento significante ou o retorno do recalcado. Tomando a satisfação substitutiva freudiana no seu sentido mais radical, poderíamos entendê-la à maneira como Lacan vai considerar o sintoma: o sintoma é o modo que tem cada um de gozar de seu inconsciente, ou a maneira que tem de fazer existir um termo do inconsciente por fora deste, ao despejar, para-além de sua envoltura formal, seu status de condensador de gozo. O sintoma aparecerá, então, como limite do real; ali onde a fantasia descobre seu limite, sua condição de ficção fundamental; ali onde se desvela. Se é limite, o sintoma é então uma invenção, uma resposta particular ou singular ao "não há relação sexual". O sujeito do sintoma é um nome de gozo, determina-se como objeto produzido e causa. Em todo caso é o "parceiro" do sujeito.

Por isso Lacan dirá que uma mulher é um sintoma para um homem. Não somente no sentido clássico do "*cherchez la femme*!", senão que há em jogo um elemento novo, produzido, elemento inconsciente ou letra que causa a escolha de objeto. Não é *crê-la* como se fosse o amo de seu inconsciente, senão *criá-la* como sintoma para deixar de *crê-LA* alucinatoriamente.

Nome de gozo quer dizer que o mais-de-gozo está articulado com o um da letra. A categoria de letra impõe-se a Lacan à medida em que descobre que o significante não tem como função o efeito de sentido generalizável ao efeito de significação, senão que é um real, condensador de gozo. O sintoma ficará em silêncio: cifração e gozo. Já não será o sintoma patológico, a não ser considerando o patológico como o que de real padece do significante, não sendo o real o oposto, o *Gegenteil* do significante, senão esse vazio que inaugura o encontro material da linguagem com o real e cujo limite, como criação, é o sintoma. O sintoma é o produto que responde a esse limite e constrói o limite. Isso faz com que para Lacan só seja pensável na topologia dos nós, pois já não há termo a que privilegiar, senão suplência ou criação que faz nó. Só como criação o sintoma enlaça o simbólico frente à inibição e à angústia. A lei geral não é "isso significa" senão "isso falha": falha como falta e como falho. O sintoma é suplência desse falho, se faz com ele, é suplência do desenlaçamento RSI.[12].

A Escola

Por esta razão a psicanálise é uma política do real e a Escola uma conseqüência disso. Não é que ao final da análise restitua-se o sujeito a uma normalidade supostamente prévia ao mundo, senão que o produto de uma análise há de operar, desde sua própria singularidade, no laço social entre os analistas. Por isto, o sintoma como criação e produto não aponta tanto à criação artística como à política: à política do real, também chamada por Lacan de "política do sintoma".

Por conseguinte, uma análise não se detém no descobrimento da falta no Outro. Esse alívio, esse apaziguamento, essa forma de entusiasmo ou de alegria pode, em si mesma ou na sua detenção, voltar a operar como anteparo a respeito da Coisa e recuperar assim um novo narcisismo da falta. Atravessar o espelho rumo à anamorfose é poder ocupar esse lugar de objeto anamórfico que é o lugar do analista, impossível de pensar sem uma política do real. O analista não se habitua ao real. Existe por fora do inconsciente como término (final e resultado) do inconsciente. Se o sintoma faz existir o inconsciente por fora do inconsciente mesmo, isso faz do analista *causa* do inconsciente. Se não fosse assim não haveria ato analítico; só haveria Escola sob o modo da enfatuação.

O dispositivo do passe se funda na proposta de articular o descobrimento do inconsciente com a invenção do sintoma. Porém não seria possível uma Escola reduzida ao dispositivo do passe, a uma espécie de pureza alucinada, inquisitorial. Descobrimento e invenção se articulam numa política do real.

NOTAS

1. Freud, "Pulsions et destins des pulsions" (1915), *Métapsychologie*, Paris, Gallimard, 1968, p.25.
2. Lacan, J., Le Séminaire, livre VII, *L'Éthique de la psychanalyse* (1959-60), Paris, Seuil, 1986, p.132.

3. Freud, S., "Le refoulement" (1915), *Métapsychologie*, op.cit., p.45seg.

4. Freud, S., *Trois essais sur la théorie de la sexualité* (1905), Paris, Gallimard, 1962, p.49.

5. Freud, S., "La morale sexuelle 'civilisée' et la maladie nerveuse des temps modernes" (1908), *La vie sexuelle*, Paris, PUF, 1969, p.33-4.

6. Freud, S., *Nouvelles conférences d'introduction à la psychanalyse* (1933), Paris, Gallimard, 1984.

7. Freud, S., *Un souvenir d'enfance de Léonard de Vinci* (1910), Paris, Gallimard, 1987. p.35-6.

8. Freud, S., *Trois essais sur la théorie de la sexualité* (905), op.cit., p.35.

9. Miller, J.-A., "Siete observaciones sobre la creación", *Cuadernos Andaluces de Psicoanálisis*, 12, Granada, 1993.

10. Lacan, J., Le Séminaire, livre VII, *L'Éthique de la psychanalyse* (1959-60), op.cit., p.133.

11. Soler, C., "Le problème de la sublimation", seminário do Campo Freudiano de Madri (1988-89), Instituto do Campo Freudiano-Seção clínica de Madri.

12. Lacan, J., Le Séminaire, livre XXII, "RSI" (1974-75), inédito.

"Desgraçadamente, sou..."

Ricardo D. Seldes

"O tempo é a substância de que sou feito.
O tempo é um rio que me arrebata, mas eu sou o rio;
é um tigre que me destroça, mas eu sou o tigre;
é um fogo que me consome, mas eu sou o fogo.
O mundo, desgraçadamente, é real;
eu, desgraçadamente, sou Borges."

Jorge Luis Borges, *Otras inquisiciones*

Diferentemente do sintoma histérico, que freqüentemente se manifesta dos modos mais expressivos, o sintoma obsessivo tem a característica de ser muito mais discreto. Concentra-se no domínio psíquico (pensamento); em geral não apresenta o salto ao corporal, típico do sintoma conversivo, permanecendo como um assunto privado do sujeito.

Que formas pode tomar o sintoma obsessivo? Impulsos alheios ao raciocínio habitual do sujeito, atos cuja execução não lhe proporciona prazer, mas dos quais não pode subtrair-se, e idéias fixas alheias também a seu interesse normal. Este trio sintomático tem características peculiares e, mesmo que geralmente seja apenas um deles o dominante, compartilham um inegável traço comum: os fenômenos de coação, de forçamento (*Zwang*).

A eternização do absurdo

As idéias obsessivas carecem, amiúde, de sentido ou são indiferentes ao indivíduo ao qual se impõem, e o mais freqüente é seu caráter absurdo. Mas elas são sempre o ponto de partida de uma intensa atividade intelectual que esgota o sujeito, que por sua vez vê-se obrigado a ficar remoendo estas idéias como se fossem seus mais importantes assuntos pessoais. Os impulsos obsessivos, por sua vez, podem apresentar um caráter infantil e desatinado, e em geral possuem um conteúdo de temor. O enfermo sente-se incitado a cometer graves crimes dos quais foge horrorizado, e defende-se contra a tentação por meio de toda sorte de proibições, renúncias e limitações de sua liberdade. Os atos obsessivos são inocentes e insignificantes, e consistem em repetições ou floreios cerimoniosos sobre as atividades mais corriqueiras da vida cotidiana e quiçá as mais necessárias (deitar-se ou levantar-se da cama, lavar-se, sair a passeio), são as que terminam convertendo-se em problemas complicadíssimos.[1]

Ao analisar o caso do Homem dos Ratos, Freud compara o absurdo das representações obsessivas ao dos sonhos, o que lhes assegura a possibilidade de um sentido e, obviamente, uma lógica. Apesar do saber que o sujeito tem acerca delas, sua força o dobra. Mesmo quando tenta revelar-se, indignar-se ou propôr-se desobedecer os mandatos, sente-se impulsionado a obedecê-los e eles terminam sendo considerados energias onipotentes. Trata-se de um produto inconsciente cujo texto verbal é desconhecido. O acaso e umas operações gramaticais tais como a elipse ou o anagrama dão os meios para a produção do sintoma obsessivo enquanto efeito de verdade da cadeia significante. É um documento através do qual se exteriorizam idéias secretas, tentações ocultas, desejos impossíveis, em uma linguagem que deveria nos ser mais inteligível que a da histeria, por ser mais afim à expressão de nossos pensamentos conscientes.

Como situar então esta aparente contradição? Para Freud, o interesse centrava-se na possibilidade de demonstração de um "novo" tipo de formação de sintomas. Tratando-se de um conflito entre dois impulsos antitéticos, e diferentemente do que fora descoberto por ele em relação à histeria, o sintoma obsessivo satisfaz a ambos os elementos separadamente, primeiro a um e depois ao outro. É claro que se requer previamente a tentativa de estabelecer um enlace lógico, desprovido, às vezes, de toda lógica.[2]

O mecanismo de formação do sintoma obsessivo inclui então uma dimensão temporal, oposta ao compromisso histérico. A coação é sem compromisso, extrai sua natureza de forçamento do desdobramento temporal dos contrários. O que já nos dá um modo de recalque diferente também daquele que opera no sintoma histérico. No sintoma obsessivo o sujeito despoja o trauma de sua carga afetiva, ficando apenas na lembrança consciente um conteúdo representativo indiferente e, na aparência, insignificante. A cadeia permanece explícita, sem queda de um significante, mas o preço é o do sem-sentido, do absurdo. Deste modo observa-se o fato de separar em dois tempos o ato obsessivo. Para Jacques-Alain Miller, o *Zwang* da obsessão pode ser definido como tentativa de uma sutura definitiva do sujeito, soldando sua divisão, isolando-a, vendo-se o sujeito obrigado a conversar consigo mesmo, e não com o outro.[3]

Qual é o propósito desta sutura? Retornemos à conferência XVII de introdução à psicanálise. Ali Freud relembra que o sentido de um sintoma reside numa relação do mesmo com a vida íntima do sujeito. Quando nos defrontamos com estas idéias desprovidas de sentido ou com um ato sem objeto, a solução é descobrir a situação pretérita na qual tais idéias ou atos tiveram sentido e objeto respectivamente. A reinclusão na temporalidade subjetiva garante então a reinstalação do sentido perdido, produto do recalque.

O sujeito da estratégia obsessiva[4] tentará enganar a morte. Para tanto nunca estará onde se joga o jogo e por isso quase nada do que ocorre verdadeiramente lhe interessa. Dito de outro modo, tudo o que realmente importa perde o sentido. E em seu lugar estes pequenos e cotidianos absurdos sintomáticos se eternizam em uma vã tentativa de se preservar, abdicando do desejo que, por outro lado, lhe dá alimento. Algum dia..., alguma vez..., ...

Enquanto isso, o sintoma obsessivo exige cada vez mais um cumprimento penoso mas evasivo de uma angústia sempre à espreita.

A eficácia do inconsciente

O indivíduo afetado por sintomas obsessivos é consciente do que lhe acontece. Mas frente a isso só pode fazer uma coisa: deslocar, permutar, pôr em lugar de uma idéia estúpida outra de algum modo debilitada, avançar de uma precaução ou proibição a outra, executar um cerimonial em vez de outro. Pode deslocar a obsessão, mas sem suprimi-la.[5] Para sua concretização utiliza todo tipo de enlaces para estendê-la de um objeto a outro e "fazê-la, por sua vez, impossível",[6] segundo a expressão certeira de uma paciente de Freud. Assim é que o desenvolvimento da neurose se sustenta no duradouro conflito entre a proibição e a tendência que perdura insatisfeita. A tendência (sexual em geral) é inconsciente e o sujeito a desconhece totalmente; não é assim com a proibição. Para escapar a esta, a tendência deve continuamente deslocar-se para escapar à interdição que sobre ela recai e tentar mudar o que lhe está vedado por objetos e atos substitutivos.

Os falsos enlaces terão a virtude de permitir unir duas idéias que em si não têm conexão. Podemos explicar o status da superstição e o da onipotência do pensamento que freqüentemente acompanham os pacientes obsessivos com uma fórmula: não há coincidências. Trata-se de um permanente esforço para tamponar com significantes uma hiância que aparece sob a forma de uma ameaça. Devemos acrescentar aqui a conclusão freudiana de que os sintomas obsessivos são em geral de dois gêneros de tendências opostas:

— proibições, medidas preventivas e penitenciais, ou seja, sintomas de natureza negativa; — ou, pelo contrário, satisfações substitutivas que burlam toda defesa.

A formação do sintoma obsessivo alcança o triunfo quando logra unir a proibição com a satisfação de uma maneira tal que o que fora originalmente um mandamento defensivo, ou uma proibição, adquire a significação de uma satisfação, a cujo efeito colaboram estes enlaces extraordinariamente artificiosos. Em muitos casos, o sujeito logra que a maior parte de seus sintomas contenham, além de significação primitiva, a contrária, com o que se manifesta o poder da ambivalência.[7]

Como situar a ambivalência em relação ao sintoma obsessivo? Os típicos atos em dois tempos anteriormente mencionados, cuja primeira parte é anulada pela segunda, são a representação do conflito entre dois impulsos antitéticos de igual magnitude; a antítese de ódio e amor.[8] E, se bem que se trate da coexistência destes dois opostos, é a presença do ódio que Freud descobriu na base de cada sintoma obsessivo, como resposta sempre à mão para se defrontar com os signos de que o Outro não é um deserto de gozo.

A clássica união entre a ambivalência e o erotismo anal tem sua origem na peculiar experiência que o sujeito faz em relação ao objeto anal. É aí onde pela primeira vez o sujeito pode ensaiar reconhecer-se em algo, num objeto ao redor do qual gira aquilo que é marca de sua constituição: a demanda do Outro, encarnada pela mãe. É neste estádio anal onde a demanda no Outro domina e o objeto em questão (o objeto *a* lacaniano) não será o puro e simples excremento, senão o excremento enquanto demandado, ou seja, significantizado. É na experiência que realizou em torno deste objeto anal recebendo uma aprovação e a admiração de quem encarna o Outro, que o sujeito simultaneamente aprende como afastar-se do produto de sua satisfação.

Lacan assinala que aí pode-se situar a origem da ambivalência obsessiva, na medida em que este objeto *a* é a causa desta ambivalência, do sim e do não. Também pode-se ver aí como o sintoma "é de mim, contudo, não é de mim".[9]

Vemos assim como esta solda significante pela qual tenta-se obturar a divisão subjetiva e que torna tão difícil a abordagem do obsessivo evidencia a necessidade de uma intervenção do analista. Para Freud, as comunicações feitas ao paciente acerca de seus descobrimentos dos sintomas não obtinham nenhum resultado. O resultado não consistia em suprimir os sintomas, senão em iniciar a análise, cujos primeiros dados são proporcionados inclusive pelas contradições e pelas negativas dos pacientes. Ele saberá que seus sintomas têm um sentido, mesmo que desconheça seu real valor. A implicação do sujeito consistirá em enfrentar-se com o que lhe falta: esta é a dimensão da causa. Daí que a indicação de Lacan é que o sintoma obsessivo não sai do estado de enigma ainda não formulado ao se formular, mas quando no sujeito se desenhe algo cuja índole é que se lhe sugere que há uma causa para isso.[10]

E isto é assim fundamentalmente porque é no sintoma obsessivo onde a dimensão da causa é entrevista como angustiante; ou seja, nele se trata do retorno do recalcado do desejo no Outro, desta falta que não se pode tolerar. O obsessivo o cobrirá com o recurso à demanda, que se manifesta em sua permanente necessidade de solicitar autorização para suas tentativas de lidar com o desejo: é preciso que o Outro lhe demande isso. Sua fantasia lhe permitirá acentuar o impossível do desvanecimento do sujeito, na negação do desejo do Outro.

Com o sintoma obsessivo o sujeito se reassegura de que este deserto de gozo no Outro se sustente, ou seja, que o gozo passe para o nível do significante. Deste modo podemos imitar uma fórmula obsessiva assinalando que, quanto mais presentificação de gozo, mais proliferação de significantes.

O sintoma obsessivo demonstra assim a eficácia do inconsciente, o inconsciente selvagem, o inconsciente a céu aberto, povoando o sujeito com saberes tão fatigantes quanto inúteis.

A irrupção do desarranjo

Nossas colocações vêm seguindo uma linha argumentativa que assinala o sintoma obsessivo como uma resposta de um sujeito que quisesse dominar o pensamento com o propósito de rechaçar a perda que se produz na constituição subjetiva. Mas, em seu esforço máximo de unir tudo numa lógica bizarra, nada pode fazer para evitar a irrupção do desarranjo. No caso do Homem dos Ratos, um elemento de negação toca com o desmentido sua intenção de significação.[11] A brusca aparição de um Outro, que assinala a impotência do símbolo para identificar o gozo, produz esses desencadeamentos do sujeito na angústia, que lhe possibilitarão a consulta ao analista, se é que não se deixa levar demasiadamente pela coincidência entre sua posição estrutural e a da passagem ao ato ("eu não penso"). Quando fica enredado no máximo rechaço da dimensão da escolha forçada, o sacrifício se lhe impõe. Este é um território escorregadio que convém ter em mente para captar a seriedade do sintoma obsessivo.

E qual é o desarranjo fundamental no ser falante? Lacan o recorda no Seminário 4, ao se perguntar: qual foi a contribuição de Freud, como sempre sozinho, sobre este tema? Não há um objeto harmônico que por sua natureza consuma a relação sujeito-objeto. Se a harmonia (homem-mulher) não fosse neste registro um assunto problemático, não haveria análise em absoluto. Há neste registro uma hiância, algo que não vai bem; o qual não basta para defini-lo.[12] Uns anos mais adiante (*De um Outro ao outro*) Lacan proporá que não podemos partir de nenhum vestígio para fundar o significante da relação sexual. E o que é que o neurótico nos testemunha com seus sintomas? Um espaço de escolha entre esse ponto de impossibilidade que em algum momento da vida se presentifica, como ponto ao infinito na aproximação da conjunção sexual e seu correlato subjetivo, em que o sujeito se experimenta como não estando à altura. A impossibilidade se mascara com a insuficiência como álibi.[13]

Com o sintoma obsessivo o sujeito se fará a pergunta infinitamente para dar consistência a um Outro que sabe o que quer. Mas a hiância se manifesta, e o mal-estar não cessa de emergir, pelo que a dúvida obsessiva, enquanto sintoma, será o retorno sintomático da pergunta do Outro.

Concluamos, pois, que a dignidade do sintoma obsessivo se baseia em testemunhar aquilo que a fantasia se dedica a mascarar, o "não há relação sexual", a impossibilidade da harmonia racional entre homem e mulher. Quiçá seja esta a expectativa obsessiva.

Por meio do sintoma obsessivo o sujeito tomará uma posição particular em relação a este furo fundamental, no espinhoso caminho de fazer-se uma posição particular na subjetivação de seu sexo. A aposta da psicanálise será que o sujeito consinta em apreendê-lo como um saber impossível do sentido da castração.

NOTAS

1. Freud, S., "Le sens des syhmptômes", *Introduction à la psychanalyse* (1915-17), Paris, Payot, 1970, p.240.
2. Freud, S., "Remarques sur un cas de névrose obsessionnelle (L'Homme aux rats)" (1907-8), *Cinq psychanalyses*, Paris, PUF, 1970, p.224.
3. Miller, J.-A., "H_2O", *Matemas II*, B. Aires, Manantial, 1985, p.140.
4. Lacan, J., "A psicanálise e seu ensino" (1957), *Escritos*, Rio de Janeiro, Jorge Zahar, 1998, p.438-60.
5. Freud, S., "Le sens des symptômes", *Introduction à la psychanalyse* (1915-17), op.cit., p.241.
6. Freud, S., *Totem et tabou* (1912-13), Paris, Payot, 1985, p.39.
7. Freud, S., *Inhibition, symptôme et angoisse* (1925), Paris, PUF, 1975, p.33.
8. Freud, S., "Remarques sur un cas de névrose obsessionnelle (L'Homme aux rats)" (1907-8), op. cit., p.224.
9. Lacan, J., Le Séminaire, livre X, "L'angoisse" (1962-63), lição de 19.6.1963, inédito.
10. Ibid.

11. Miller, J.-A., "1,2,3,4" (1984-85), lição de 29.5.1985, curso inédito.
12. Lacan, J., Le Séminaire, livre IV, *La Relation d'objet* (1956-57), Paris, Seuil, 1994. p.25-6.
13. Lacan, J., Le Séminaire, livre XVI, "D'un Autre à l'autre" (1968-69), lição de 14.5.1969, inédito.

A fobia como plataforma giratória

Bernardino Horne

Aquele que queira informar-se sobre o sintoma fóbico dispõe de uma volumosa bibliografia de textos fundamentais, desde o caso do Pequeno Hans, de Sigmund Freud[1], aos de Lacan, especialmente em seu Seminário *A relação de objeto*[2], e os trabalhos de Jacques-Alain Miller a propósito deste[3].

Não obstante, o leitor, entre os quais me incluo, não encontrará grande coisa que esclareça a afirmação feita por Lacan, segundo a qual a fobia é uma plataforma giratória que pode dirigir-se à histeria e à neurose obsessiva, e que pode efetuar um enlace com a estrutura da perversão. Centrarei meu comentário sobre este ponto,[4] perguntando-me se a fobia, enquanto plataforma giratória, implica um momento de efetuação da estrutura, admitindo que o sujeito, ao confrontar-se inauguralmente com a angústia de castração, soluciona-a provisoriamente, ligando-a ao significante.

O sintoma fóbico

A constituição do sintoma fóbico se dá no ponto da divisão do sujeito, diz Lacan.[5] Esse ponto é um nó a partir do qual o sujeito edificar-se-á com uma fobia, surgirá o fetiche ou tomará o passo vacilante da neurose.

Lacan toma como exemplo um caso de Helene Deutsch, de um menino com fobia a galinhas. Resume o caso dizendo que, em um primeiro momento, o menino gostava de ir ao galinheiro para recolher os ovos com sua mãe e, na hora de tomar banho, brincava com ela que ele era a galinha que colocava ovos para ela. Como não perceber que o gozo do menino era o de ser e prover o objeto de interesse da mãe? Lacan define este modo de relação como anaclítica. (Permitimo-nos brincar com a idéia de que, se um dia esse menino fizesse o passe, a galinha apareceria como representante de seu gozo enquanto objeto. O saber revelado sobre seu gozo incluiria o saber do gozo de ser a galinha poedeira da mãe.)

As coisas mudam de registro a partir do momento em que o menino é agarrado fortemente por trás por um irmão maior, que lhe diz: "Eu sou o galo, você é a galinha." O menino defende-se, não quer ser mais a galinha. A castração faz-se presente nesta cena. Evidencia-se um saber inaceitável, que inclui a diferença de sexos e a noção da mãe como castrada, e o menino faz uma equivalência entre o feminino, objeto e passivo. É este um pequeno relâmpago de saber que sucumbe à evitação do contato com o verdadeiro. A galinha transforma-se na marca da castração. Há uma mudança de registro que transforma todas as relações do sujeito. Com o irmão estabelece-se uma relação de poder, onde prima a relação narcisista. A galinha toma a função de significante do temor. A castração produz mudanças de saber que, apesar de ocultarem sua verdade, guardam o segredo do saber anterior. Assim, passa-se da galinha como objeto anaclítico de gozo à galinha causa de angústia e, finalmente, significante do medo: o horror ao saber verdadeiro guia este processo.

A propósito, citaremos Lacan: "A passagem do campo da angústia, a saber, que não é sem objeto, à condição de que se veja que este objeto é a aposta mesma do sujeito no campo do narcisismo, é aquela onde se desvela a verdadeira função da fobia, que é a de substituir o objeto de angústia por um significante que provoca temor.[6] À vista do enigma da angústia, a relação assinalada de perigo é tranqüilizadora."

É neste ponto onde Lacan se refere à fobia enquanto plataforma giratória prévia à definição da estrutura — neurose ou perversão — e de seus modos, histeria ou neurose obsessiva. Desde a perspectiva do saber verdadeiro, propomo-nos a entender a construção da plataforma fóbica em relação aos tempos lógicos.

Os tempos da fobia

O instante de ver corresponde à revelação de um saber que até então nem se intuía. No exemplo clínico, a partir do instante em que ocorre a experiência com o irmão, configura-se, para o menino, uma situação que se define a partir de sua relação ao saber, quer dizer, ao horror que o saber verdadeiro produz. Há em jogo um saber sobre a castração, sobre a diferença dos sexos e a relação sexual, o que implica saber a verdade da mãe como desejante, quer dizer, castrada.

Isto produz horror, perplexidade e angústia no sujeito. Não há elementos significantes que possam simbolizá-los.

O instante em que o irmão do menino diz "galinha", separa um antes — onde galinha mencionava o gozo de ser objeto da mãe — de um depois, o de um gozo com valor de letra. A galinha como objeto de gozo implicando a castração será geradora de angústia, formará parte da matriz de gozo fantasístico. "Galinha" toma um valor significante a partir da interpretação do sujeito. Assim, galinha passa do status de gozo ao do significante mestre (S1), que esboça o delírio. Por acaso não é um delírio pensar que uma galinha queira picar seu pênis e castrá-lo? A interpretação fálica denigre a posição de objeto, o feminino e a castração.

O instante de ver é, pois, o instante do enfrentamento com um saber que não se alcança: um saber nas bordas do Real.

O tempo de compreender é o que permite ao sujeito colocar um significante como mecanismo precário de defesa. É um mecanismo precário porque a fantasia não está plenamente estabelecida, e é de defesa enquanto se trata de um significante que vem a substituir a angústia, criando, através de uma metáfora, uma articulação na cadeia significante.

Da fobia à perversão

Se a interpretação inconsciente não tem lugar, a plataforma girará em direção à constituição de uma estrutura perversa. Ao pequeno Hans lhe interessam as calcinhas da mãe enquanto véu que oculta a resposta à sua pergunta pelo falo materno. As mesmas, retiradas do corpo materno, enquanto objeto, erguem nele formações reativas de tipo neurótico.

A perversão, ao construir com a calcinha um fetiche, desmente (*Verleugnung*) a castração e outorga ao A a completude que lhe falta.[7]

Em *Inibição, sintomas e ansiedade*,[8] Freud coloca o horror à castração como o motor dos processos defensivos neuróticos. Deve ser destacado, no entanto, que é o aumento de tensão pulsional o que coloca o sujeito frente ao perigo da castração. Lacan lembra que é a ereção de Hans, aos 4 anos, o que põe em questão sua capacidade de dar uma resposta satisfatória à mãe.

Freud marca isso, dizendo que a angústia aparece como produto da impotência psíquica da criança, análoga à impotência biológica em que se encontra quando as magnitudes de estímulo superam as possibilidades de elaboração ou de descarga, e adquire valor de "trauma". Na neurose, a castração e o aumento pulsional aparecem misturados ou confundidos.

Em "Fetichização de um objeto fóbico",[9] de modo precursor, descreve-se um objeto que é de atração e de horror ao mesmo tempo. Isabelle Morin[10] dá outro passo quando nos recomenda distinguir dois elementos diferentes no encontro com o objeto no passe. Dois saberes revelam-se num relâmpago: o primeiro sobre o gozo masoquista do sujeito, *a*, e o segundo, que a rigor é uma dedução lógica, o saber da estrutura, $(-\varphi)$.[11] O saber da estrutura implica uma posição ética do sujeito, uma posição do sujeito frente ao saber verdadeiro — $S(\not{A})$. O perverso desmente o saber da estrutura e goza do saber de seu gozo.

Escolha da neurose

Na neurose, o giro em direção à histeria ou em direção à neurose obsessiva, dependerá do tipo de defesa como escolha forçada do sujeito.[12] Desde o *a posteriori* do passe, podemos postular a idéia de que o neurótico obsessivo chega a saber da estrutura pela via do saber sobre seu gozo. A histérica, ao invés disso, enfrenta a inconsistência do A e, dali, deduz o saber sobre seu gozo. Esta diferença implica, certamente, espaços topológicos diferentes.

A disposição perversa polimorfa persiste no neurótico em forma fantasística, enquanto que, na perversão, tomará forma em ato.

Nos relatos de alguns passes, pode-se observar que, uma vez levantada a defesa obsessiva, a angústia e os temores fóbicos tomam conta da cena e dificultam, ao sujeito, seu contato com o saber verdadeiro.

Em seu depoimento, Francisco Pereña[13] nos diz que, próximo ao final de sua análise, houve um renascer de poderosíssimos pesadelos diante de um touro: "Um touro preto que subia pela parede branca até me alcançar, e esse horror me despertava. A analista deu um nome a esses sonhos: uma fobia, como o cavalo de Hans."

Em outro depoimento,[14] era a proximidade a uma mulher ardente o que produzia angústia e reações fóbicas no sujeito, cujo temor era morrer queimado. A idéia de que essa mulher fosse eternamente ardente permitia fantasiar a relação sexual como existente, assim como o A sem a barra. O eterno, como astúcia obsessiva, implica fazer existir a relação sexual, negando o impossível e o limite ao gozo que a castração implica.

O tempo lógico

Podemos caracterizar o instante de ver como metonímico e escrevê-lo: $(-\varphi \rightarrow a \rightarrow S_1$ (letra); e o tempo para compreender como metafórico, onde o significante "galinha" substitui "galinha" como letra.

$$\frac{S_1 - \textit{galinha}}{S_1 - \textit{letra}}$$

O sujeito, ao ligar a angústia de castração ao significante, interpreta-a como proveniente do A. O A é assim tomado como agente da castração e o sujeito aparece como objeto desse gozo. Assim, seu próprio gozo é atribuído ao A.

O tempo de concluir é o momento no qual a fobia, como plataforma giratória, deve definir-se. Jacques-Alain Miller, em seu Seminário *O inconsciente intérprete*,[15] destaca que a criação do objeto fóbico de Hans implica uma interpretação. Hans confronta-se com um problema e trabalha para resolvê-lo, acrescentando um elemento a mais, em forma de interpretação. Tradicionalmente, pensaríamos que a fobia está presente pela ineficiência da função paterna em metaforizar o desejo da mãe. Desde a perspectiva da fobia enquanto plataforma giratória, o elemento sintoma vem para dar conta da falta na estrutura.

O sintoma, enquanto letra de gozo, permite indexar o elemento faltante, esse "menos um" com o um da letra.[16] A letra de gozo do sintoma é, assim, o elemento estabilizador da estrutura, que permite enlaçar o simbólico, o imaginário e o real.

A passagem da angústia ao medo institui-se através de um significante que tem algo de simbólico e algo de imaginário e que, como significante, é um objeto.[17] Enquanto objeto, está constituído por um núcleo real rodeado por uma auréola imaginária. É a relação ao simbólico o que permite, a nível do imaginário, fazer surgir o objeto *a*. Nesse sentido, o significante da substituição, em sua íntima articulação com a letra de gozo, toma uma função de suplência. É um significante que vem desde a vertente do objeto e que aponta ao gozo oculto do sujeito — saber do gozo —, e ao vazio, ao nada, saber da estrutura.

NOTAS

1. Freud, S., "Análise de uma fobia em um menino de cinco anos (O Pequeno Hans)" (1909), *ESB*, X, Rio de Janeiro, Imago, 1976; "Inibição, sintoma e angústia" (1925), *ESB*, XX, op.cit.

2. Lacan, J., O Seminário, livro 4, *A relação de objeto* (1956-57), Rio de Janeiro, Jorge Zahar, 1995.

3. Miller, J.A., "Introduccion a la lógica de la cura del pequeño Hans, segundo Lacan", EOL, B. Aires, 1993; "A lógica da direção do tratamento", Belo Horizonte, EBP-MG, 1995; *Lacan elucidado*, Rio de Janeiro, Jorge Zahar, 1997.

4. Este texto foi elaborado a partir da leitura (realizada com Leda Guimarães) da lição inédita de 7.5. 1969 do Seminário XVI, "D'un Autre à l'autre", op.cit.

5. Lacan, J., "A ciência e a verdade" (1965), *Escritos*, Rio de Janeiro, Jorge Zahar, 1998, p.891-2.

6. Lacan, J., Le Séminaire, livre XVI, "D'un Autre à l'autre", op.cit.
7. Freud, S., "Fetichismo" (1927), *ESB*, XXI, op.cit.; "A clivagem do eu no processo de defesa" (1938), *ESB*, XXIII, op.cit. Ver também Associação da Fundação do Campo Freudiano: Contribuição da École da la Cause Freudienne, "Structure du fétichisme" (relator J.-L. Gault), "Fétichisme et phobie" (relator G. Clastres), *Traits de perversion dans les structures cliniques*, Paris, Navarin, 1990, p.26-34 e p.141-8.
8. Freud, S., "Inibição, sintoma e angústia" (1925), *ESB*, XX, op.cit.
9. "Fétichisation d'un objeto phobique", *Scilicet*, 1, Paris, Seuil, 1968, p.154-67.
10. Morin, I., "Le désir du psychanalyste dans la passe", *La Cause Freudienne*, 27, Paris, Navarin/Seuil, 1994.
11. Horne, B., "Esa sombra espesa", trabalho apresentado à EEP-Espanha, Seção Catalunha, fevereiro 1997.
12. Soler, C., "La elección de neurosis", *Finales de análisis*, B. Aires, Manantial, 1988.
13. Pereña, F., "Del relativismo a la contingencia", *Acentos*, Bolétins de la EEP-Espanha, 12.12.1996.
14. Monseny, J., "Depoimento na EBP-Bahia", em vias de publicação em *Agente*, Boletim da EBP-Bahia.
15. Miller, J.-A., "El inconsciente interprete", *Freudiana*, 17, Barcelona, 1996, p.10.
16. Soler, C., *Variáveis do fim da análise*, S. Paulo, Papirus, 1993, p.200.
17. Miller, J.-A., "El inconsciente interprete", op.cit., p.48.

As perversões: éticas privadas, gozos públicos

Lucia D'Angelo

Ao final do século XX podemos constatar que a sentença de Lacan se cumpriu: de fato, a psicanálise não pôde inventar nenhuma nova perversão. Contudo, algo mudou na atualidade; há sujeitos perversos em análise. Não mudou o sujeito perverso e seus sintomas e a psicanálise não cedeu em suas premissas: seu modo de investigação nos leva a considerar o envoltório formal dos sintomas como a transferência em ato, dito de outra maneira: os sintomas para a psicanálise mantêm a referência fundamental ao Outro. Por esta mesma razão as perversões – também as psicoses – problematizam a clínica psicanalítica e nos fazem perceber um limite nesse modelo de investigação dos sintomas perversos porquanto preservemos o termo do Outro; é a particularidade dessa relação do sujeito com o Outro o que põe em suspenso a clínica psicanalítica. Então, como operar na prática da psicanálise, no dia-a-dia, sem inscrever o sintoma das perversões no contexto atual do laço social que o determina por sua vez em sua *forma*? Que é que permaneceu invariável no *uso* das perversões e o que se modificou nas portas do século XXI? Qual é o lugar da psicanálise quando o Outro social inscreve as novas *formas* e *usos* das perversões como sintoma do mal-estar contemporâneo de forma diferente, outorgando-lhe uma legitimidade inédita e regulando – inclusive – as normas de sua homogeneização?[1]

A dimensão social do sintoma das perversões

Freud é o primeiro a evocar no princípio do século a dimensão sintomática das perversões como mal-estar da civilização. Basta como exemplo seu artigo de 1907, "Moral sexual 'civilizada' e a doença nervosa moderna"'[2] que testemunha esse antagonismo entre a vida pulsional e a cultura e seu nefasto pressentimento: ..."Cabe conjecturar que sob o império de uma moral sexual cultural chegue a sofrer desvalorização tanto a saúde como a aptidão vital dos indivíduos, e que, ao fim, o estrago infligido a estes últimos pelo sacrifício que se lhes impõe alcance um grau tão alto que por este desvio corra perigo também a meta cultural última."[3]

Freud critica ao longo de sua obra o rigor da exigência cultural e a dificuldade crescente da união genital dos sexos que não fazem mais que favorecer "outras modalidades" das práticas sexuais. A sexualidade, considerada sob o prisma da civilização, não pode senão apresentar-se sob a forma de um sintoma da civilização mesma. Torna-se necessário, seguindo a linha de reflexão freudiana, considerar a pertinência da relação entre o sintoma e a civilização, assim como avaliar as conseqüências do desenvolvimento da pulsão sexual e de seus desvios: "A experiência ensina que, para a maioria dos seres humanos, existe um limite para-além do qual sua constituição não pode obedecer às exigências da cultura. Todos os que pretendem ser mais nobres do que sua constituição lhes permite caem vítimas da neurose; se eles tivessem discernido a possibilidade de ter sido piores, se sentiriam melhores."[4] Segundo Freud, entre os preconceitos e danos que se atribuem à moral sexual da época, o psicanalista tem o dever ético de elucidar aqueles "valores" que se difundem com rapidez na sociedade e cuja promoção é reconduzível àquela moral.[5] A dimensão social do sintoma das perversões está ineludivelmente relacionada com a clínica e a prática da psicanálise e, portanto, esta não deveria se esquivar da dimensão ética que lhe concerne como discurso e preservar seu lugar como diferente nos novos mal-estares da civilização atual.

Lacan retoma a dimensão social do sintoma cinqüenta anos depois sob a mesma perspectiva, tal como foi evocado recentemente por J.-A. Miller em seu Seminário:[6] "A psicanálise desempenhou um papel na direção da subjetividade moderna, e não pode sustentá-lo sem ordená-lo pelo movimento que na ciência o elucida."[7] É interessante constatar a mudança de figuras do Outro da civilização que faz mudar, por sua vez, *as formas e usos do sintoma* que serve também para o sujeito e suas perversões. A "doença nervosa moderna", evocada por Freud em sua época, ou a "subjetividade moderna", evocada por Lacan na sua, faz somente colocar-nos no caminho de que a psicanálise não pode senão se perguntar quais são as coordenadas do Outro contemporâneo, como se inscreve o sujeito contemporâneo no Outro, acompanhado de seu mal-estar, isto é, de seus sintomas neuróticos, de suas invenções psicóticas e do uso e abuso de suas práticas perversas.

A dimensão clínica: com Freud

A aparição dos "Três ensaios de teoria sexual"[8] em 1905, e seu célebre capítulo intitulado "As aberrações sexuais,"[9] permite deduzir desde o início do século o modo de investigação freudiano aplicado às referências obtidas por seus predecessores e contemporâneos. A maneira inversa de colocar o problema – dos perversos sexuais à sexualidade perversa – introduz uma modalidade nova de investigação que faz surgir a posição freudiana em relação ao problema das perversões, em um marco teórico, clínico e social no qual Freud pode parecer menos crítico, menos convincente às aspirações do leitor desprevenido. Porém, para Freud não se trata de estar contra nem a favor dos teóricos da época; trata-se, sem dúvida, de dizer *outra coisa.*[10] Nesse sentido a posição freudiana muda o método descritivo do século XIX no esforço de constituir uma *nosografia* das perversões, mas igualmente de estabelecer a *etiologia* das mesmas, isto é: a pergunta pela *causa*. Pergunta que não deixa de lado sua íntima relação com o Outro da civilização da época. Em última instância, Freud pergunta como incidir desde a psicanálise e de que modo intervir na questionável disputa pela apropriação do conceito das perversões por parte da medicina, da sexologia, da moral, da religião e do jurídico.

No final de sua obra, o resumo de todas essas considerações nos faz verificar que as perversões atravessam por caminhos diferentes todo o mapa das elaborações freudianas. A pretensão de isolar seus mecanismos como fenômenos separados das estruturas clínicas é descartada desde o início.

As perversões são compatíveis com as neuroses, com as psicoses e com a perversão em si mesma. A libido fá-la atravessar de maneiras diferentes todos os caminhos da clínica psicanalítica: seja como significação de sintomas, seja como ato perverso. As perversões podem apresentar-se como figuras de defesa contra a castração da mulher, como atitude feminina e passiva frente ao amor pelo pai, como libido narcisista e, também, como sublimação; seja como traço de perversão, seja como perversão em si mesma como estrutura clínica. As modalidades de *formas* e *usos* das perversões podem incluir ou não o *fetichismo* ou o par *pulsional sadismo-masoquismo* se consideramos esses últimos como mecanismos próprios da estrutura perversa.

Dessa forma, o polimorfismo da sexualidade se apresenta como sintoma relativo ao desejo ou como fixação libidinal em relação ao gozo. A tríade conceitual – *fixação libidinal*, *regressão ao auto-erotismo e eleição narcisista de objeto* – percorre todo o espectro da clínica freudiana para considerar as perversões como sintoma.

A dimensão clínica: com Lacan

Em uma leitura interessada sobre o tema das perversões, talvez nos assombre verificar que não há seminário ou escrito de Lacan em que não seja abordada a problemática clínica, social e ética sobre o tema das perversões. Desde 1938 em "Os complexos familiares"[11] até o final de seu ensinamento, as perversões atravessam todo o conjunto das elaborações lacanianas.[12]

Contudo, é na década de 50 que Lacan precisa seu ponto de partida para o exame das perversões. E o faz – tal como nos orientava Éric Laurent desde alguns anos[13] – de uma maneira "clássica"; sigamos sua pontuação sobre o tema: ..."todo o problema das perversões consiste em conceber como a criança, em sua relação com sua mãe, identifica-se com o objeto imaginário deste desejo, enquanto que a mesma mãe o simboliza no falo".[14] Sob a égide do imaginário, a dialética do amor e do desejo não faz mais que acentuar a incidência do simbólico no imaginário a partir do operador conceitual do falo. Por essa mesma época, ao lado do desejo masculino e do desejo feminino, Lacan enfatiza também o *desejo perverso, "que apenas acentua a função do desejo no homem*".[15]

Mais tarde, em sua ruptura com os desenvolvimentos dos pós-freudianos de "a relação de objeto", Lacan confere um lugar específico às perversões, fazendo uma distinção operatória entre o *objeto fóbico* e o *objeto fetiche*.[16]

O conceito de *fixação da libido* cunhado por Freud é retomado por Lacan desde suas primeiras elaborações sobre o *gozo*, que vem no lugar da privação do falo.

Do lado feminino Lacan sublinha a estrutura de homossexualidade feminina que se torna exemplar como estrutura da perversão mesma.

Na década de 60, a reflexão lacaniana põe em primeiro lugar o problema das perversões sob a égide da primazia da fantasia sobre o sintoma em *Kant com Sade*.[17] A fórmula da fantasia sadiano permite fazer parecer que o sujeito perverso se faz instrumento do Gozo do Outro e se imprime o conceito de *vontade de gozo*, que implica os dois pólos da encruzilhada perversa para dar conta da clínica: o *franqueamento* ou a *detenção* da vontade de gozo frente ao limite que impõe o desejo.

Na década de 70 produz-se uma mudança crucial na clínica lacaniana que opera também em seu exame sobre as perversões. À luz de *RSI e O Sinthome*[18] a prevalência da relação mãe e filho, figura preponderante tanto para Freud como para Lacan na clínica das perversões, põe em primeiro lugar uma clínica do Pai multiplicada sob certas condições:[19] (...) "a perversão quer dizer pai-versão, porquanto o pai não é senão um *symptôme* ou um *sinthome*". Isto tudo reconduz Lacan às suas elaborações sobre as perversões partindo do Gozo como real ou do *sinthome* como um modo de passagem direto do simbólico ao real assim como as coordenadas do amor impossível pelo Pai. Por outra parte, Lacan reconsidera as perversões à luz de novo lugar da *Verdade* no discurso analítico a partir da lógica e não da palavra.

As últimas considerações do ensino de Lacan sobre as perversões colocam-nos no caminho de formular algumas hipóteses para uma nova orientação teórica, clínica e ética, que nos permitem dar conta de um espectro muito mais amplo das perversões. A articulação do falo e do objeto na fantasia, da incidência da fantasia no sintoma, da nova versão da clínica do pai mais-além do Édipo, a articulação dos registros do Real Imaginário e Simbólico,a clínica do nó borromeano e a nova versão do pai como sintoma ou *sinthome* permitem-nos dar conta de uma clínica que não se detém na concepção do traço de perversão nas estruturas clínicas que compartem o lado masculino ou feminino da lógica da distribuição entre os sexos mas que – ao contrário – considera os traços neuróticos que se apresentam no sujeito perverso. Por esses viés, abrem-se as possíveis perspectivas de analisabilidade, cuja chave continua sendo a mesma, o modo como o desejo pode fazer limite à sua modalidade de gozo.

As perversões e a orientação lacaniana

No final de nosso fragmentário percurso por Freud e Lacan, podemos verificar que as perversões parecem estar destinadas a dar conta e esclarecer as passagens mais obscuras da vida sexual; também a questionar e problematizar a abordagem clínica, social e ética da prática psicanalítica mesma. Se formulamos o desafio em termos de "problemas", então podemos orientar-nos no intento de encontrar algumas "soluções". Se aceitamos a tese freudiana e lacaniana de que a civilização marca a vida sexual e suas perversões de maneira irrefutável com os ideais da época, os modos – e *modas* – do gozo, assim como a repartição sistematizada – e até legalizada – das formas e os meios – *Internet* por exemplo do gozo antes ciumentamente *privado* e agora escandalosamente *público*, a Psicanálise não pode ser indiferente ao exame do regime da civilização atual,[20] um exame que permita, ao mesmo tempo, encontrar seu lugar nos novos mal-estares do contemporâneo.

A clínica psicanalítica atual está orientada e basta seguir seu trajeto já traçado por Lacan no final de seu ensinamento e prosseguido por Jacques-Alain Miller há mais de 10 anos;[21] trata-se de uma clínica que verifica a existência do *Real* na experiência analítica. Isso implica concernir às perversões no mundo contemporâneo: como sintomas de mal-estar da civilização e sob a incidência dela mesma sobre os sintomas. É justamente na experiência da prática clínica onde se pode estabelecer a relação de cada sujeito com o Real.[22] Lacan prosseguiu à sua maneira o itinerário freudiano do sintoma nas perversões. Tal como aquele, suas elaborações levam-no a considerar em primeiro lugar a vertente do sintoma como mensagem no registro da interpretação, do sentido recalcado no Ics. Mais tarde, seu ensinamento sobre o sintoma leva-o a considerar a vertente do gozo e volta a considerar sob essa vertente a definição freudiana do sintoma – *fixação libidinal* – como modalidade de *satisfação libidinal* que não deixa de se apresentar sob a forma de uma certa "artificialidade" em relação com o Real da satisfação. Por outro lado, a definição lacaniana do sintoma e seu invólucro formal se apresenta como um "*artifício*": é necessária a transferência para mediar entre o sujeito e o Outro.

Existem, também, instrumentos, "artifícios", no modo de gozar do sujeito perverso. Dessa forma podemos definir que a perversão é a materialização do sintoma onde o elemento artificial forma parte do dispositivo mesmo.[23] É um fato que as perversões põem em evidência o par de opostos. Seja pelo par pulsional de *voyeurismo-exibicionismo* ou pelo do *sadismo-masoquismo*, ou da *eleição do objeto homossexual*.

O sintoma do sujeito perverso apresenta-se sempre – pela vertente da fantasia – já com a inclusão do Outro: *o sujeito perverso e seu par*. Para o analista trata-se de como se incluir no sintoma perverso sem cair no lugar do par; é a aposta de cada dia na clínica e numerosos trabalhos sobre as perversões dão conta dos alcances e dos limites dessa possibilidade. A psicanálise não pôde inventar nenhuma nova perversão; porém existem alguns sujeitos perversos que se submetem ao dispositivo analítico. Como analistas preservamos o privilégio de tomar o Real de cada sujeito explicitamente, assim como aquele que concerne à civilização atual; talvez esse privilégio nos conceda o lugar de encontrar o caminho de uma nova Ética.

NOTAS

1. Miller, J.-A., Laurent, É., "L'Autre que n'existe pas e ses comités d'éthique" (1996-97), lição de 20.11.1996, *La Cause Freudienne*, 35, Paris, Navarin-Seuil, 1997, p.3-20.
2. Freud, S., "Moral sexual 'civilizada' e doenças nervosas modernas", *ESB*, IX, Rio de Janeiro, 1976. Freud examina neste artigo um livro de Christian von Ehrenfels (1859-1932), *Sexualethik*, elogiando esse professor de filosofia de Praga por suas críticas corajosas da instituição do casamento.
3. Ibid., p.187.
4. Ibid., p.197.
5. Ibid., p.188.
6. Miller, J.-A., Laurent, É., "L'Autre qui n'existe pas e ses comités d'ethique", *La Cause Freudienne*, 35. op.cit.

7. Lacan, J., "Função e campo da fala e da linguagem em psicanálise" (1953), *Escritos*, Rio de Janeiro, Jorge Zahar, 1998, p.284-5.

8. Freud, S., "Três ensaios sobre a teoria da sexualidade", *ESB*, VII, op. cit.

9. Ibid., p.135.

10. Estudei mais amplamente esse tema na obra de Freud em minha tese de DEA sobre "L'homosexualité masculine: développement historique et conceptuel dans l'oeuvre de Freud", sob a orientação de J.-A. Miller, e que defendi na Universidade de Paris VIII-Saint-Denis em 1994.

11. Lacan, J., *Os complexos familiares* (1938), Rio de Janeiro, Jorge Zahar, 1987.

12. Cf. Associação da Fundação do Campo Freudiano, *Traits de perversion dans les structures cliniques*, Paris, Navarin, 1990.

13. Laurent, É., "Considérations actuelles sur les perversions", *Quarto*, 43, Bruxelas, 1991.

14. Lacan, J., "De uma questão preliminar a todo tratamento possível da psicose", *Escritos*, op.cit., p.560-1.

15. Lacan, J., "Observação sobre o relatório de Daniel Lagache: Psicanálise e estrutura da personalidade" (1960), *Escritos*, op.cit., p.689-90.

16. Lacan, J., O Seminário, livro 4, *A relação de objeto* (1956-57), Rio de Janeiro, Jorge Zahar, 1995.

17. Lacan, J., "Kant com Sade", *Escritos*, op. cit., p.776-803.

18. Lacan, J., Le Séminaire XXII, "RSI" (1974-75) e Le Séminaire XXIII, "Le sinthome" (1975-76), inéditos.

19. Ibid.

20. Retorno a tese que J.-A. Miller e É. Laurent desenvolveram em seu seminário do ano 1996-97, "L'Autre que n'existe pas e ses comités d'éthique".

21. Tanto em suas publicações como em seu curso "L'orientation lacanienne".

22. Entre os numerosos trabalhos clínicos em que os conceitos lacanianos foram sustentados pela casuística do sujeito perverso em análise, citemos, a título de exemplo, o livro de Serge André, *A impostura perversa* (1993), Rio de Janeiro, Jorge Zahar, 1995; e as apresentações feitas no seminário "L'inconscient homosexuel" da Seção clínica de Paris-Ile de France, 1997.

23. Miller, J.-A., "Seminário de Barcelona, sobre *Die Wege der Symptombildung*", *Freudiana*, 19, Barcelona, 1997.

A assinatura, o fenômeno psicossomático

Pierre Streliski

Podemos ler nos *Annales de Dermatologie*, de outubro de 1996, a seguinte opinião: "Muitos estudos mostraram a intricação de fatores psicológicos nas diversas doenças auto-imunes (lúpus eritematoso, poliartrite reumática, síndrome de Reynaud). Um trabalho preliminar animador nos conduziu a fazer uma avaliação sistemática dos fatores psicopatológicos que intervêm no aparecimento dos pênfigos (...) Este estudo confirma a intervenção de fatores psicopatológicos no aparecimento do pênfigo. (...) Assim, um acompanhamento psicoterápico de tal doença poderia ser associado sistematicamente ao tratamento de fundo."

E que renasça a psicossomática! Depois da aurora dos tempos, a questão insiste: somos pensamento, somos matéria?

A época moderna foi marcada por dois adventos: o da ciência e o da medicina modeladas sob a perspectiva de um recorte do saber no real; o da psicanálise, conferindo ao sujeito um status inédito, também referenciado a um real.

Entre medicina e psicanálise, uma falha: "a falha epistemossomática", como a nomeou Lacan.

Paixões

Para Freud, o *missing link* entre psique e soma deveria ser considerado com cautela e ele responde a seus discípulos apaixonados pelas perspectivas de novas pesquisas fornecidas pela teoria psicanalítica sobre as doenças, num tom freqüentemente contrariado.

A Groddek, que se beneficiava do método psicanalítico para o tratamento de doenças físicas e lhe escrevia: "Eu me recusei inteiramente a aceitar a separação entre as doenças somáticas e as doenças físicas. Eu tentei tratar o indivíduo na sua totalidade, o isso nele; procurei um caminho que me conduzisse a este domínio inviolado, desconhecido", Freud responde, acentuando a pulsão ainda que informemente: "Parece-me tão arbitrário animar a natureza sempre e para todo lado como desespiritualizá-la radicalmente. Deixemo-la então em sua infinita variedade, que a eleva do inanimado ao organicamente animado, da vida somática à vida psíquica[1]."

A Edoardo Weiss, que acabava de publicar um caso de eczema curado pela psicanálise, mas cuja evolução se fez na direção do aparecimento de uma paranóia, ele observa: "talvez esta experiência deva nos ensinar a não dar publicidade a um doente e a não solicitar sua colaboração antes do fim do tratamento" e pede que ele preste atenção onde põe os pés: "Você teve o azar de encontrar um paranóico em potencial e, curando sua neurose, de abrir caminho a uma afecção mais grave."[2]

A paixão pela psicossomática vai explodir na América a partir dos anos 40. A Escola de Chicago (Alexander, Dunbar), com a introdução do conceito de neurose de órgão, produz uma versão adaptada ao *modern way of life* mas bastante alucinante da questão das relações do corpo doente e da teoria psicanalítica.

Entre os kleinianos Garma, depois da guerra, foi o chefe de um pensamento fundado sobre a existência de uma especificidade entre tal tipo de sintoma psicossomático e tal tipo de estrutura da personalidade.

Na França, os psicanalistas do Institut de Psychanalyse, na Societé Psychanalytique de Paris, lançaram o *Journal de Médecine Psychossomatique* desde 1959, vinte anos depois o *Psychosomatic Medecin,* e Pierre Marty e seus colegas não pararam de fazer desta pedra angular entre medicina e psicanálise um de seus temas preferidos. Seus trabalhos receberam uma audiência favorável no mundo médico.

Eles começaram por desmontar severamente as aproximações simplistas de Alexander ou de Garma.

De 1963, data da publicação da bíblia sobre o tema que representa *L'Investigation psychosomatique*, até 1995, cento e vinte três obras ou artigos de Marty testemunham a pugnacidade deste campo de pesquisa na SPP.

E um tamborete

A mensagem deles é simples: existe "uma personalidade psicossomática", que se tornará com o passar dos anos uma "ordem psicossomática" especial. O doente não é nem um neurótico, nem um psicótico, nem um perverso, é alguém que "funciona" de uma maneira particular; ele é desligado de seu inconsciente e seus afetos se traduzem em *acting in* corporais, em energia pulsional indiferenciada se desencadeando sobre o corpo e lesando os órgãos. Diferentemente da psicopatia, onde as passagens ao ato traduzem uma inadaptabilidade, a doença psicossomática é, ao contrário, a expressão de uma tentativa de hiperadaptabilidade.

Daí, o horizonte do tratamento aparece sem disfarce. Restabeleçamos "a ligação inconsciente-consciente" (o psicanalista é esta ligação?) nas suas três dimensões, de espessura, fluidez e disponibilidade. A sugestão será bem-vinda, "guia" necessário para recolocar o sujeito em bom entendimento com seu eu, eventualmente sob o modelo do eu de seu terapeuta. Por exemplo, numa entrevista com um paciente pode-se ver Pierre Marty lhe retorquir: "Muito bem, isto quer dizer que você tem uma quantidade de agressividade em você e que ela escapa à menor ocasião. Você sente isso?"[3] Ou, um momento mais tarde: "Eu chamo isso uma babaquice que, digamos, não é tão grave quanto você imagina!..."[4]

O discurso do mestre não é antipático ao discurso médico, tanto mais que o discurso de nossos colegas subentende um *continuum* biológico-psíquico que não se arrisca de usurpar as prerrogativas da medicina: a psicossomática — e a psicanálise sem dúvida, como humanismo moderno — servidora da medicina, eis o que pode fazer com que nos entendamos.

Será ainda melhor se, no lugar do conceito de regressão, fizermos apelo àquele ainda mais vago de estresse. Mas é preciso ser claro sobre os lugares de cada um: psicanalista amigo, se você quer vir se sentar no "banquete da Medicina", pegue então um tamborete.

No real

Lacan pega o tamborete e nocauteia seu interlocutor com um golpe bem dado: "Sem a psicanálise, o médico está condenado a desaparecer"[5], lança Lacan. Seus recipiendários torcem o nariz e não o convidarão mais.

Se elevando acima do debate sobre "a simples falação que consiste a dizer que há uma duplicação psíquica a tudo que ocorre de somático" ele sublinha primeiramente que as manifestações psicossomáticas são fenômenos que têm a ver com o real.

Em segundo lugar, eles não são sintomas no sentido analítico clássico, tal como podemos por exemplo escrevê-los no gráfico do desejo em s(A) como jogo entre significante e significado, como questão e resposta em relação ao Outro.

Notemos que nisso ele está de acordo com seus colegas da IPA dizendo que a chave do fenômeno psicossomático não está no sentido que lhe pode ser dado.

Não é um sintoma, é um fenômeno observável, "(...) impressão ou inscrição direta(...),"[6] escreve Lacan em 1956. Ele falará vinte anos mais tarde de uma forma de escrita, de um hieróglifo. No intervalo, em 1964, um pouco depois da aparição de *L'Investigation psychosomatique*, ele desenvolve uma importante teorização sobre a natureza do fenômeno, apoiado sobre o conceito de alienação-separação que ele está forjando. Vamos resumi-la em duas palavras já que hoje, no nosso meio, ele faz parte da doxa.

O Outro da linguagem não responde de modo algum ao sujeito. Ele é uma garantia imperfeita (salvo na paranóia). Ele também deseja e isso deixa o sujeito face ao seu desejo, quando o Outro falta.

Em certos casos — que Lacan enumera: a psicose, a debilidade e a psicossomática — esta dupla inscrição no lugar do Outro (alienação, mais separação) é malfeita. A dupla significante representando o sujeito é tomada em massa, holofraseada: "(...) quando não há intervalo entre S1 e S2, quando a primeira dupla de significantes se solidifica, se holofraseia (...)"[7]

E o fenômeno da psicossomática aparece como efeito possível desta holofrase, como uma congelação de significação mas também como uma esquisitice, pois isto é "(...) algo que não é um significante, mas que, mesmo assim, só é concebível na medida em que a indução significante, no nível do sujeito"[8], e que "(...) o elo do desejo é aqui conservado(...)"[9] entre necessidade e amor.

O fenômeno psicossomático: um desejo sem sujeito? Ele não é homólogo nem ao sintoma do neurótico, nem ao delírio do psicótico, ele não é, no entanto, a marca de uma estrutura particular mas é, ao contrário e sobretudo "para todos", observável no neurótico, no psicótico ou no perverso.

O doutor Lacan retoma esta questão cerca de dez anos mais tarde.

O acento na doutrina psicanalítica é agora colocado sobre a disjunção do significante e do gozo, sobre o combate a armas igual entre o imaginário, o simbólico e o real. E o fenômeno psicossomático em 1975 é menos considerado nas suas relações problemáticas ao significante que a uma ligação de gozo, uma escritura de gozo fixada sobre o corpo. O conselho de Lacan é sem rodeios: "é por este viés, pela revelação do gozo específico que ele tem na sua fixação que é preciso tentar abordar o psicossomático[10]." Notemos de passagem a reaparição do sujeito graças a este novo ângulo de ataque via o gozo que subssume o antigo conceito de desejo: o psicossomático, sujeito do gozo. Este sujeito é da mesma natureza daquele que , em *Lituraterre*, nasce do escoamento dos significantes abrindo barrancos num relevo de tantos traços: Lá a Sibéria, aqui o corpo. "(...) a escritura (...) está no real, o sulco do significado; ou seja, o que choveu do semblante, no sentido em que é isso que faz o significante."[11] O psicossomático é esta escritura.

Lúnula de um velho casal

O médico nocauteado se levanta e responde: "O discurso analítico é percebido como esotérico pela comunidade médica e sem grande valor prático, e mesmo nocivo ao doente pelo fato que ele pode levar ao adiamento de um tratamento médico ou cirúrgico curativo[12]." Sem rir.

E medicina e psicanálise continuam a ter uma ligação impossível e necessária: necessária pois ela não cessa de se escrever, impossível também pois ela não cessa de não se escrever na mesma linguagem. Entre elas se desenha uma lúnula, aquela mesma que, com os círculos de Euler, Jacques-Allain Miller desenhava em 1982, justamente num comentário do conceito de alienação-separação. A lúnula neste caso seria aquela da operação de separação (mas ainda forma de ligação): um conjunto vazio de significantes.

Apesar dos esforços de Lucien Israël e de alguns outros (C. Brisset, P. Benoist, E. Raimbault), o diálogo entre os dois continuará sob a forma de querela de velho casal que J.D. Matet pôde qualificar com felicidade de "algazarra psicossomática".

Se é divertido constatar que os títulos das críticas feitas à psicossomática não mudaram com o passar do tempo, é preciso notar que o tom endureceu. A crítica apoiada sobre as neurociências se tornou virulenta: "Obcecada pelo poder da alma, esta disciplina (a psicanálise) se fixou nela mesma. Comprazendo-se no discurso pseudofilosófico, ela foi incapaz de transformar a interação entre o corpo e o espírito em um problema experimental. Tudo se passa como se ela tivesse nascido morta."[13] Onde o tamborete se transforma em assento de dobradiça...

Seguir com Lacan

No entanto a política da psicanálise nos manda ir mais longe, escrevia Lacan en 1958. Esta injunção talvez não fosse estrangeira à recolocação da questão da psicossomática no nosso campo no final dos anos 80. Seguiu-se o nascimento de um grupo de reflexão e estudos, o GREPS, e a adoção de um novo sintagma a partir da releitura dos trabalhos de Lacan sobre a dita questão, o de FPS — fenômeno psicossomático —, iniciais qualificando de maneira deliciosamente enigmática o enigma do fenômeno a observar.

Este grupo de pesquisas vacilou, obedecendo ele também à lei ciclotímica que nós evocamos acima sobre a variação entre o interesse e o desinteresse no que concerne a este *missing link*. Mas ele deixou traços interessantes: dois belos números de *Analytica* sobre "o fenômeno psicossomático e a psicanálise", depois sobre "Existe um sujeito psicossomático?", e uma observação em dois tempos de Jacques-Allain Miller.

Ele tinha, a princípio, numa primeira apresentação, notado o aspecto de "contornamento do Outro do significante" no FPS, sublinhando depois seu aspecto de S1 absoluto, "um selo", escreveu ele, um escrito, um impresso não legível, um *imprimatur*[14]. Em seguida ele se interroga sobre a maneira como o fenômeno psicossomático imprimia o gozo sobre o corpo. Ele avançava, e retomou isso no seu curso na mesma época, dizendo que havia aí uma inversão do sentido da circulação ordinária entre imaginário, simbólico e real, tal como Lacan a propôs no seu esquema do Seminário 20, *Mais, ainda*, modelando o circuito da análise. O analisante vai do imaginário ao simbólico, depois do simbólico ao real. Este circuito encerra um vacúolo de contornos fluidos: o gozo. No fenômeno psicossomático, é o inverso: há primeiramente imaginarização do simbólico (o contornamento de Outro) e em segundo lugar — isto é uma questão — realização do imaginário.

Numa apresentação de 1989 que ficou inédita, ele retoma a questão confrontando-a com aquela do inconsciente e propõe o esquema:

$$J \rightarrow ICS \rightarrow \Sigma.$$

No "sintoma-significante", o gozo passa ao inconsciente antes de se formular num sintoma, no FPS ele passa como escritura à superfície do corpo. Miller propõe então inscrever a superfície do corpo como uma das superfícies múltiplas do inconsciente e distingue duas modalidades de interposições em relação ao inconsciente no FPS.

$$J — (\rightarrow ICS —) \rightarrow \Sigma$$

uma aquém da posição do inconsciente —(→, outra além —→). Assim vê-se que, segundo a modalidade J—(→ICS, o FPS se observa como um resto a gozar, um resto bruto de gozo. Por exemplo, tal paciente numa entrevista recente nos falava a propósito de sua doença de pele muito pruriginosa que a fazia se coçar durante seu sono de "sua consciência adormecida". Na segunda modalidade ICS —)→ Σ), o FPS aparece "como uma espécie de parada do sintoma onde se trata de forçar a interpretação". Por exemplo, um outro paciente, apresentando um pênfigo, nos informa depois de muitos meses de entrevistas, com um ar de "tout va très bien Madame la Marquise", sobre uma sucessão de dramas familiares que deveriam acabar com o humor de qualquer um. Denegação sem dúvida, mas a qual preço?

J.-A. Miller concluía fechando os dois lados do parênteses para isolar o inconsciente num pequeno ovo fofo:

$$J \text{ — } (\to \text{ICS —}) \to \Sigma.$$

Concluamos aqui sobre este "forçar a interpretação".

O longo curso do tratamento

Se, na análise, o inconsciente é de alguma forma "a ovo aberto", deixando brilhar a gema apetecível do sentido escondido, no fenômeno psicossomático o inconsciente é abrigado na sua casca. O sentido invisível é escondido por um neo-sentido, aquele que por ser muito liso deixa ver a casca da pele. Não há que se divertir com Didier Anzieu a propósito deste "eu-pele" e sobre este inconsciente de imagem. É um falso sentido, claro — "fundamento imaginário" diagnostica Lacan —, mas é necessário a todo sujeito doente dar uma significação — imaginária — ao real. (Primeiro tempo do caminho inverso do triângulo de *Mais, ainda*.)

Enquanto a medicina explora seu corpo em busca de um saber seguro, o doente inventa um saber sobre este real: ele produz disso uma significação simples, a partir por exemplo dos acontecimentos de sua existência. "O inconsciente é apenas uma dedução"[15] escrevia Lacan em "Vers un signifiant nouveau".

Afirmaríamos que, deste ponto de vista, o fenômeno psicossomático, em todo caso desde que ele é dito como tal, é uma interpretação, uma interpretação pelo sujeito do enigma do que lhe afeta, mas uma interpretação que lhe economiza o exame de sua relação ao gozo. Assim, uma análise com um sujeito psicossomático teria um caminho mais longo a percorrer que aquele de um neurótico sintomático: ele precisaria antes, na clínica sob transferência, renunciar ao sentido *ready-made* de seu fenômeno — assinatura das coisas — para passar ao sentido do inconsciente. E aí poderia ser abordado enfim o que reclamava uma analisante afetada por um FPS, da qual nós falamos num trabalho precedente: poder "tocar o fundo do não-sentido".

Lacan dizia, a propósito de Joyce, que, para ele, alguma coisa pôde cessar de se escrever, uma interrupção pôde advir pela escrita. Aqui, de escrever, isso não cessa. Ao contrário, isso não cessa de se escrever. Isso poderia ser dito e tornar-se contingente?

NOTAS

1. Freud, S., "Lettre a Georg Grodeck de 5.6.1917" (1917), *Correspondance* (1873-1939), Paris, Gallimard, 1979.
2. Freud, S., Weiss, E., *Lettres sur la pratique psychanalytique*, Toulouse, Privat, 1975, p.69.
3. Marty, P., Nicotraïdis, N., *Psychosomatique, pensée vivante*, Bordeaux, L'Esprit du Temps, 1996, p.96.
4. Ibid., p.102.
5. Lacan, J., "Psychanalyse et médecine" (1967) *Lettres de L'École Freudienne de Paris*, 1, 1967, p.34-61.
6. Lacan, J., O Seminário, livro 3, *As psicoses* (1955-56), Rio de Janeiro, Jorge Zahar, 1985.
7. Lacan, J., O Seminário, livro 11, *Os quatro conceitos fundamentais da psicanálise*, Rio de Janeiro, Jorge Zahar, 1995.
8. Ibid.
9. Ibid.
10. Lacan, J., "Conférence à Genève sur le symptôme" (1975), *Le Bloc-Notes de la Psychanalyse*, 5, Genebra, 1985, p.17.
11. Lacan, J., "Lituraterre" (1971), *Ornicar?*, 41, Paris, Navarin, 1987, p.10.
12. Besançon, G., "Théories en psychosomatique", *Encyclopédie médico-chirurgicale, Psyquiatrie*, Paris, Éditions Techniques, 1992, p.7.
13. Dantzer, R., *L'Illusion psychosomatique*, Paris, Odile Jacob, Paris, 1989.
14. Miller, J.-A., "Quelques réflexions sur le phénomène psychosomatique", *Analytica*, 48, Navarin, 1986, p.113-26.
15. Lacan, J., Le Séminaire, livre XXIV, "L'insu que sait de l'une bévue s'aile à mourre" (1976-77), *Ornicar?*, 17/18, Paris, Lyse, p.19.

“Não sou paranóico”

Carmen Gallano

Na primeira metade do século XIX, o termo paranóia recobria de maneira vaga o campo das manifestações da loucura, o que da loucura se separava da demência. Depois, a psicose paranóica foi terreno de discussão dos psiquiatras que se preocupavam por discernir a especificidade dos fenômenos clínicos. Desde o final do século XIX, com Kraepelin, o enigma clínico da paranóia se perdeu na noção de “desenvolvimento insidioso”, que alimentou a visão da paranóia como exacerbação do que é normal no terreno do eu. Por isso, no século XX, o termo paranóia passou à linguagem comum, ao mesmo tempo que se erigiu o culto ao eu do homem moderno. Designa a suspeita que, sobre as intenções do outro, cada qual pode albergar e que resume o refrão: “pensa mal e acertarás”. É a suspeita daquele que trata de assegurar seu ser no eu e que reduz a relação com o outro ao plano especular. Agora, no final do nosso século, a psicose é reduzida à esquizofrenia.

A referência paranóica

Podemos perguntar-nos, então, por que a paranóia é, entre as psicoses, a que interessou à psicanálise, até o ponto de que somente a psicanálise distingue paranóia e esquizofrenia. Mais ainda, o que Freud e Lacan conceberam sobre a psicose tem como referência a paranóia. Freud, desde o início, se interessou pela paranóia, que assim como a histeria e a obsessão deu lugar a uma entidade clínica determinada por um modo de defesa frente à experiência desprazerosa de uma irrupção da sexualidade. Ele definiu a paranóia por sua diferença com a neurose obsessiva: ante a mesma experiência de gozo não havia no paranóico a culpa que afetava o obsessivo. O descrédito da auto-recriminação (*Unglauben*) a fazia aparecer como imputação desde o exterior. Se o obsessivo se defendia de sua implicação subjetiva no gozo com a escrupulosidade, o paranóico se defendia com a desconfiança no outro, de onde lhe podia voltar um mal alheio a sua participação subjetiva.

O que da psicose interessou a Freud? Ele diz, no início de suas observações, sobre as "Memórias" de Schreber: "Os paranóicos revelam espontaneamente, ainda que alterado pela deformação, aquilo que os neuróticos ocultam como seu mais íntimo segredo[1]". Interessa a Freud o saber de Schreber e ele encontra nas "Memórias" a combinatória significante que lhe guia na decifração do inconsciente. Lhe interessava o paranóico porque, no esforço de rigor de seu trabalho delirante, oferece um saber da psicose que o esquizofrênico, que não delira, não oferece. A conclusão de sua leitura lhe conduz a ver no paranóico delirante um competidor, pela "coincidência singular" do delírio de Schreber com sua teoria da libido cifrada no inconsciente. Convocava o testemunho de um amigo para mostrar que ele havia se adiantado a Schreber em sua teoria da paranóia. Não só encontrava que Schreber confirmava sua teoria, senão que parecia-lhe que, no delírio, o paranóico elabora o saber da estrutura mesma da paranóia. O que diferencia então a teoria freudiana de um delírio? Não escapou a Freud a questão, que ele submete ao futuro: "O porvir decidirá se a teoria integra mais loucura do que eu quisera ou a loucura mais verdade do que outros crêem hoje possível[2]."

A solução do delírio

Essa decisão do porvir chegou e transformou a psicanálise quando Lacan a assentou no "para-além do Édipo". Mas foi longo o tempo do ensino de Lacan até chegar à lógica que varre o delírio da teoria psicanalítica e extrai do delírio psicótico sua solução como *sinthome*. Devemos a Jacques-Alain Miller ter dado o relevo e o alcance radical para a psicanálise dos avanços sucessivos no ensino de Lacan e ter elaborado sua incidência a respeito da psicose, que hoje nos orienta.

Ainda nos anos 30, antes de seu ensino, Lacan, sendo psiquiatra, se insurgiu contra a tendência reinante na psiquiatria que reduzia a paranóia à noção psicológica de caráter. A estrutura dos estados delirantes era sua bússola para fundar, desde os fenômenos clínicos, a ruptura inaugural da paranóia. O interesse pela paranóia conduziu depois Lacan da psiquiatria à psicanálise.

O que da psicose interessou a Lacan? Nos limitaremos aqui a duas respostas dadas por ele mesmo. Uma, o fracasso da psicose no amor.[3] Outra, o êxito da psicose no saber. A paciente de sua tese de psiquiatra, Aimée, que no amor não podia ir mais contra a fatalidade[4], lhe levou a formular a questão: O que é o saber? As divagações delirantes de sua paciente lhe deram a suspeita de que o saber não é a revelação nem o descobrimento da verdade, senão que o saber é uma invenção.[5] De Aimée, Lacan aprendeu que a relação que o paranóico mantém com o saber se relaciona com a certeza, com essa certeza que não lhe abandona desde a irrupção do fenômeno elementar, momento inaugural de sua psicose. A psicose paranóica é a psicose que oferece um saber à psicanálise do qual se pode deduzir o que é comum a todas as psicoses: a certeza que acompanha a relação de um sujeito com o significante que surge no real.

Por sua leitura das "Memórias de Schreber" seguindo os passos de Freud, Lacan pôde definir a psicose como uma "relação entre o significante e o sujeito"[6] e ler o sintoma psicótico em sua articulação na estrutura. A exterioridade, que Freud havia localizado como o lugar do qual retorna ao paranóico o mal do qual ele havia se livrado, é a exterioridade do significante no real. Seu efeito é a perplexidade do sujeito e a certeza, proporcional ao indecifrável do que se lhe impõe: o vazio no lugar da significação.[7] A enfermidade mental é um transtorno do sujeito que tem sua causa no significante. O específico da psicose paranóica, em seu esforço de rigor delirante, é que, ao paranóico, o saber lhe serve para achar uma resposta concordante com sua certeza que lhe permita ao mesmo tempo representar-se como sujeito. Com o saber, o paranóico elabora uma resposta inédita para tratar de cifrar esse real que irrompeu , quebrando a cadeia significante que sustentava o mundo. Lacan corrige, desde seu escrito "De uma questão preliminar a todo tratamento possível da psicose", sua tese inicial da paranóia como anomalia em relação com a personalidade. Aonde no plano do eu se assinala a rigidez do paranóico, Lacan situa sua determinação no rigor da relação do sujeito com o saber.

Quando o paranóico apela ao saber, não lhe serve qualquer significação; e recusará todo saber do Outro que considere alheio a sua certeza. É o que viram os clínicos clássicos, que forjaram o termo de "significação pessoal" como o ponto de partida do delírio. Lacan varre a ilusão organicista para afirmar que "a única organicidade interessada nesse processo é essencialmente a estrutura da significação[8]". É divertido ver como os psiquiatras de hoje, que buscam uma objetivação científica da psicose, se limitam a situar a binaridade significante na conexão ou não-conexão transcalosa dos dois hemisférios cerebrais. Ao perceber na clínica a significação em suspenso na linguagem do psicótico, a localizam na hipotética ruptura de conexões córtico-corticais.

O paranóico pensador

A interpretação a que se entrega o paranóico demonstra a estrutura da binaridade significante da ordem do simbólico, na qual o imaginário se simboliza em efeitos de sentido. A intrusão no imaginário do paranóico, onde a psicologia só vê discordância com a realidade e desacordo com o outro, resulta de que o paranóico é um pensador que busca produzir-se como efeito de significação. O êxito terminal do delírio em conseguir essa significação a que o sujeito possa consentir é proporcional ao esvaziamento dos efeitos de sentido do delírio, com o que o paranóico nos ensina que não é na dimensão religiosa do delírio onde se encontra a solução do sujeito. O próprio Schreber prioriza o interesse científico para a humanidade de seu saber sobre o "conhecimento das verdades religiosas", que encontrou nele. A eficácia da duração da invenção de saber do paranóico, como saber ganho no real, para-além do transitório dos efeitos de sentido do delírio — que surgem nesse acesso a um pensamento novo — é comprovada também em outros psicóticos de nosso século que incidiram na filosofia, como Nietszche e Wittgenstein ou nas matemáticas, como Cantor e Gödel.

Qual é o segredo da eficácia para o sujeito do delírio nessa redução do sentido? Lacan deduziu da paranóia o que Freud não havia entendido, que o buraco no lugar da significação é o que o neurótico não encontra, por estar ocupado pela significação fálica na qual se cristalizam todos os efeitos de sentido de sua fantasia. Lacan, propondo como condição da psicose a foraclusão do Nome-do-Pai, dá razão à falha na ordem do simbólico a qual o paranóico se confronta. Quem senão o paranóico demonstrou a Lacan que "a condição do sujeito depende do que se desprega no Outro articulado como um discurso?"[9] O paranóico, no testemunho dos momentos nos quais se impõe a significação de sua morte subjetiva, sabe do sacrifício de sua existência requerido para representar-se como sujeito no jogo dos significantes, pois somente a partir do "assassinato de sua alma" encontrará um novo lugar de sujeito verdadeiro, no que o saber vai fazer-lhe significar. Em suma, com o saber do delírio o paranóico pode chegar a subjetivar seu ser e a jogar com o Outro como vivo, mas com outra cor que não a fálica.

Para o paranóico, o pai não serve como serve ao neurótico, porque não lhe chega dele um dizer que responda a obscura incógnita do querer materno.[10] Por que recusa a impostura paterna? Lacan propõe nos anos 70 a lógica a que se reduz o Édipo na estrutura do sujeito, que permite deduzir que ao pensamento não lhe chega, de seu pai e de sua mãe, por via da fala, a existência do "dizer não" à função fálica.[11] Aí onde seu pai não lhe serve, o saber inventado no delírio será seu recurso para cifrar um destino do gozo que faz existir o Outro, em uma equivalência do gozo e do saber.

Alta-tensão de saber

A límpida formalização da qual Lacan deduz a lógica da psicose paranóica permite situar a diferença entre o delírio psicótico e o delírio que se extrai da análise do neurótico. Se pode dizer que o tratamento psicanalítico é uma "paranóia dirigida" pela crença no sujeito-suposto-saber e que a interpretação do inconsciente induz a redução do Um do sintoma a efeitos de significação. Mas o esforço do neurótico por alcançar um saber sobre o gozo o confronta com o fato de que o gozo escapa de maneira irremediável ao saber. A indução da transferência, a remeter ao Outro a causa do desejo, aguça a oposição e revela a separação radical entre o gozo e o Outro.

A resposta do sujeito paranóico à absoluta estranheza do Outro é definida por Lacan, mais precisamente em 1966, como identificação do gozo no lugar do Outro como tal.[12] O saber do delírio designa o ser do sujeito como objeto de gozo do Outro. A solução terminal do delírio, quando se consolida no sujeito, é uma transformação desse ser nomeando-se em relação com o infinito ao que remete no significante a sexualidade feminina. A alta-tensão da relação do sujeito paranóico com o saber, que se desprende da oposição paradoxal da binaridade significante, aponta a responder dessa falta do Outro que habita o gozo feminino. Se o eu delirante do neurótico se apóia no ponto de falta no sujeito que inscreve o Um fálico, o eu delirante do paranóico se consolida sobre o ilimitado do gozo, sobre esse real sem nome que é seu lote.

"Não sou paranóico", afirmava Schreber, "pois eu não relaciono tudo comigo mesmo. Eu sou diferente, é o Outro que relaciona tudo comigo."[13] Desde a solidão de seu ser *outlaw* (fora-da-lei), o paranóico enfrenta o mundo no que lhe toca garantir a lógica desconhecida de uma nova ordem. É o heróico de seu destino. Heroicidade cada vez mais inútil no mundo em que não há mais ordem que a do mercado capitalista, o da produção extensiva da falta-a-gozar. Ainda que na aportação à ciência possa encontrar suas letras de glória e na religião sua virtude carismática, ele fará ressoar o lamento do ser do homem moderno desabitado pelo amor. Pois o Outro, que o saber ignora, ocorre na surpresa da palavra, numa falha da linguagem que não remete a nenhum objeto. Dela nasce a verdade do sujeito. Dom da falta do Outro que dá sua oportunidade ao amor.

NOTAS

1. Freud, S., "Remarques biographiques sur l'autobiographie d'un cas de paranoia: Dementia paranoides (Le Président Schreber)" (1911), *Cinq psychanalyses*, Paris, PUF, 1954, p.264.

2. Ibid., p.321.

3. Lacan, J., Conférences et entretiens dans des Universités nord-américaines" (1975), *Scilicet*, 6/7, Paris, Seuil, 1976, p.16.

4. Ibid.

5. Lacan, J., Le Séminaire, livre XXI, "Les non-dupes errent" (1973-74), lição de 19.2.1974, inédito.

6. Lacan, J., "De uma questão preliminar a todo tratamento possível da psicose" (1958), *Escritos*, Rio de Janeiro, Jorge Zahar, 1998, p.542-3.

7. Ibid., p.544-5.

8. Ibid., p.578-9.

9. Ibid., p.537.

10. Miller, J.-A., "Clinique ironique", *La Cause Freudienne*, 23, Paris, Navarin/Seuil, 1993, p.11.

11. Lacan, J., "L'étourdit" (1972), *Scilicet*, 4, Paris, Seuil, 1973, p.10-22.

12. Lacan, J., "Présentation des Mémoires du Président Schreber" (1966), *Cahiers pour l'Analyse*, 5, Paris, Le Graphe, Seuil, 1966, p.74.

13. Lacan, J., O Seminário, livro 3, *As psicoses* (1955-56), Rio de Janeiro, Jorge Zahar, 1985.

Destinos da esquizofrenia?

Fabien Grasser

A esquizofrenia não é uma entidade clínica nova, entretanto o destino que a medicina e as neurociências contemporâneas vêm lhe impondo a coloca no centro de um debate, onde o que está em jogo é a sobrevivência mesma do conceito de psicose. Se tornou uma verdadeira luta tentar manter o acesso a este saber tão arduamente adquirido. A ciência atual tenta anular tal saber, e reduz particularmente o autismo e a esquizofrenia a doenças deficitárias de origem organo-genética, onde um simples recondicionamento cognitivo seria suficiente para lhes enquadrar em posições satisfatórias de subnormalidade. Conscientemente ou não, outras tendências também colaboram com estes desvios. Em nome de uma clínica *pragmática*, verdade mais fácil de compreender porém simplista, um embaraço se impõe, o de *satisfazer a preocupação para com a semelhança biológica*[1]; neurocientistas e cognitivistas especulam e procuram encontrar todas as respostas no que conhecemos por *massa cinzenta*. O DPN (Processo neurológico deficitário)[2], testemunha a prediposição à psicose, teria sido identificado, ainda que sua definição implique seu silêncio clínico até a manifestação do primeiro sintoma. As hipóteses de causa genética não cessam de nos serem prometidas.

Um saber arduamente adquirido

Bleuler, em 1906, cria a esquizofrenia e rebatiza mais dignamente a Demência precoce de Kraeppelin. Schreber, no ano de 1903, se confrontava com a concepção kraeppeliana, criticando a noção errônea de alucinação sem objeto.[3] Bleuler esteve entre os primeiros, ainda que evitando a dimensão sexual, a tentar aplicar a concepção freudiana à clínica das psicoses e, em 1911, ele isola o distúrbio fundamental dessa doença: a dissociação. Síndrome positiva, que engendra a famosa síndrome negativa do autismo e que corresponde à perda de todo poder regulador do eu.[4]

Bleuler chega assim, mas não sem a influência de Freud — que publica "O presidente Schreber" em 1911[5] —, a introduzir uma concepção unitária das psicoses. Organicista, ele é, entretanto, o primeiro a clarificar o fenomeno de base das psicoses em seu sentido propriamente estrutural. A introdução do fenômeno dissociativo faz desmoronar as divisões nosográficas construídas pela clínica anterior e revoluciona o debate sobre a psicose e suas evoluções.[6]

Como não aproximar a estas as concepções de Clérambault. Um mecanicista é verdade, mas de quem Lacan soube extrair perspectivas estruturais tão perspicazes. Não seria o automatismo mental o herdeiro da *síndrome dissociativa*, a "ideogenia secundária" à via de elaboração paranóica que se opõe à do autismo secundário bleuleriano? Graças a Schreber e a Freud, Lacan conseguiu aproximar o princípio da *liberação das células primitivas* de Clérambault da estrutura simbólica primitiva e atemática da psicose.[7] Ele identifica as vozes de *origem sobrenatural*, de *origem exterior*[8], à estrutura simbólica primitiva do sujeito afetado pela *Verwerfung*. Em resumo, ele substitui as *células primitivas* de Clérambault pelo significante e a *liberação das células primitivas* pelo *desencadeamento do significante*. Desta maneira, Lacan cerca a estrutura da psicose.

Schreber, por sua vez, foi o primeiro a testemunhar sobre o que há de real na estrutura das psicoses. Podemos até dizer, pelo menos historicamente, que é ele quem indica a Freud e Bleuer o que concerne ao processo ativo das psicoses, o que vai lhes permitir unificar o campo das psicoses. De fato, Schreber, o paranóico, transmite o que é particular da síndrome dissociativa. Com o rigor que sabemos ser o dele, descreve ponto por ponto o que se passou, uma vez desencadeada sua crise. O desencadeamento significante, que desestabiliza radicalmente sua identificação anterior, o confronta a um gozo que lhe fragmenta e do qual ele desconhece o ponto de partida. Suas descrições revelam a perda da própria imagem e de toda unidade de seu corpo.

A dissolução imaginária vem como resposta à enxurrada de gozo e o conduz para *a morte do sujeito*, a qual ele tenta resistir. É o momento logico do não-sentido: *Alles ist Unsinn*. Nada mais é compreensível, não há mais ordem para o sujeito. Não sobra mais do que um corte preciso e sistematizado do corpo, marcado por significantes individuais não articulados por uma significação unificante. Schreber não consente a esta desagregação e procura resistir, ao ponto de preferir tentar a morte real. Ele tinha estado identificado ao que saciava o desejo da mãe, ele deseja voltar a este estado anterior, mas o Outro está a tal ponto desenfreado que ele não pode voltar atrás.

Sua hospitalização psiquiátrica o obriga a aceitar a identificação ao objeto real, que no final das contas é o que Lacan precisou como *a regressão tópica ao estádio do espelho.*[9] *Cadáver leproso entre os cadáveres leprosos*; ou seja, um simples resto do corpo, dejeto da operação dissociativa. Logo que ele se sabe morto pelo anúncio de seu falecimento, ele não é mais que um barco sem rumo. Após esta fase paranóica de defesa, ele é tomado pelo estupor e pela catatonia. O alto funcionario da Justiça alemã e sua primeira identificação *i'(a),* foram reduzidos à uma avalancha de gozo. (Cf. esquema.) Schreber, o paranóico, estrutura na seqüência, pela operação da interpretação, uma significação nova que lhe restitui uma ordem e um novo corpo. É o tempo da *ideogenia secundária*, ou seja, da convicção delirante, que distancia a certeza de base que o sujeito encontrou ao mesmo tempo que os elementos dissociativos, e vai permitir reestabelecer um laço social pelo testemunho que ela implica.

A escolha do esquizofrênico

O campo da esquizofrenia, a clínica nos ensina, tem por limite o estado do estupor catatônico. O esquizofrênico não vai muito longe no campo da interpretação, e da significação, onde, como precisa Jacques-Alain Miller, "a fala contém ela mesma a interpretação, pelo menos em sua vertente paranóica, e se coloca como a dona do sentido. Esta fala tem o poder, na esquizofrenia, de denunciar o semblante social em seus ultimos redutos."[10] O esquizofrênico, assim como o paranóico, estão sob o marca da *Unglauben*, mas eles fizeram cada um a escolha pela foraclusão. Entretanto, qualquer coisa de essencial lhes diferencia e pode ser constatada pela diferença de seus destinos. O paranóico faz a escolha de um sentido que se opõe ao que organiza o Nome-do-Pai. Ele se dedica a criar um sentido único, excepcional, e que responde a sua certeza, no que mantém sua não aceitação da solução fálica. O esquizofrênico, desde que perdeu sua primeira identificação, cuja significação nada tem de excepcional, uma vez que resulta da interpretação da mãe, se coloca sempre do lado da articulação Real-Simbólica e recusa o uso de todo sentido.

O campo das psicoses, unificado pelo fenômeno elementar de base no qual consiste o distúrbio estrutural da linguagem da alucinação, responde a escolha pela foraclusão do Nome-do-Pai. No campo da paranóia é a opção pela interpretação que se sobressai do campo da crença, do sentido. François Leguil indica que "a crença, por mais séria que seja, estará sempre em déficit quanto ao saber (dessubjetivado), remetendo ao Outro a responsabilidade da causa".[11] A opção esquizofrênica, é a da recusa de todo compromisso com o imaginário e a significação, ou seja, a "certeza, desta vez em déficit quanto à transmissão".[12] Seria então o esquizofrênico aquele que escolhe ficar o mais proximo de uma verdade intransmissível, uma vez que exageradamente objetiva?

Existe, então, foraclusão do Nome-do-Pai e *Unglauben* em ambos os casos, mas o esquizofrênico escolhe o pior e se priva de toda ajuda imaginária para tentar se fazer corpo. Se o encontro do sem sentido e do enigma podem reconduzir o paranóico a sua certeza, retirando-o de sua convicção, o esquizofrênico fica sempre provocado pelo sem-sentido, se interditando toda convicção e também todo desconhecimento.

Das identificações diferenciais

Uma vez diferenciadas esquizofrenia e paranóia, falta precisar os diferentes destinos que encontram os sujeitos esquizofrênicos. A partir da leitura de Schreber, da *Questão Preliminar* de Lacan e do *Suplemento topológico à questão preliminar* de Jacques-Alain Miller,[13] podemos extrair um esquema que, caso a caso, parece poder demostrar os diferentes destinos na psicose, e permite constatar, como assinala François Leguil, "que o sujeito testemunha uma certeza que está no horror da mensagem que lhe revela que o real de um objeto comporta sua condição subjetiva".[14]

Esquema:

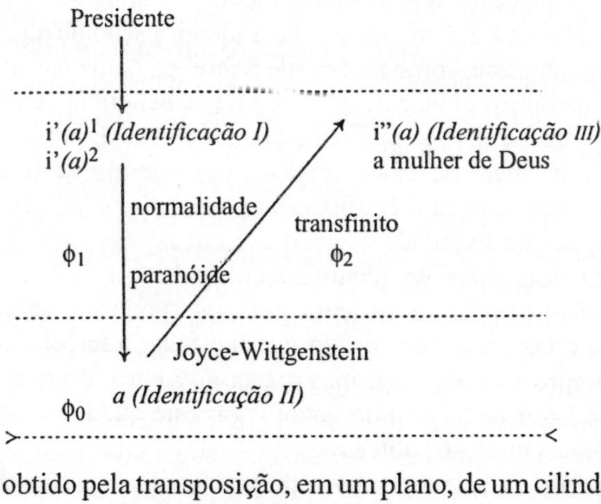

Esquema obtido pela transposição, em um plano, de um cilindro cortado entre S e R.

Neste esquema partimos de i'(*a*), a primeira identificação de Schreber, pela qual ele satisfaz o desejo da mãe e também vai lhe permitir chegar próximo à *porta de entrada* do mundo da normalidade.É este primeiro lugar, que eu esquematizo pelo significante *presidente*, que desencadeia seu encontro para com a certeza e a experiência de sua psicose. Schreber é testemunha do percurso da degradação de sua significação primeira(ϕ_1) e de sua queda inexorável, apesar de suas tentativas de resistência ou de suicídio através de sua segunda identificação que Jacques-Alain Miller identificara ao objeto real, *a*. No que ele consente a esta identificação e sua significação (ϕ_0), ele não é mais que o objeto *cadáver real* frente à certeza da morte inexprimível. O tempo seguinte é para Schreber o da reconstrução de uma significação que torna compatível o enigma de sua certeza para com um Outro insaciável de gozo. É o tempo da interpretação, ou seja, da morte da coisa; sempre incompleta na paranóia, como lembra Jacques-Alain Miller no seu artigo "Clínica irônica".[15] Ele cria assim uma significação pessoal (ϕ_2) que apazigua sua relação ao mundo e reunifica seu corpo em uma nova identificação i"(*a*).

A esquizofrenia e seus destinos não respondem à primeira parte do trajeto. O campo clínico da esquizofrenia se estende sobre este primeiro vetor tendo por primeiro ponto de interseção i'(*a*) e (ϕ_1), sendo de uma normalidade algumas vezes extrema. Na segunda interseção encontra-se *a* e (ϕ_0), vertentes do sujeito morto e do estupor catatônico. Podemos então situar os destinos dos sujeitos esquizofrênicos e suas declinações clínicas entre estes dois pólos.

Sobre a vertente da normalidade, a clínica coloca em evidência que é na adolescência, desde que o sujeito encontra o outro sexo, que a psicose se manifesta mais freqüentemente. Se a identificação de alguns sujeitos é suficientemente forte, como no caso de Schreber, para resistir longo tempo — ou se a de outros evita este encontro ou se beneficia de uma suplência já sólida —, este é um dos momentos mais críticos. É possível pensar que a qualidade da identificação primeira i"(*a*), suporte desta normalidade, deve ser diferenciada da identificação terceira i''(*a*), pela qual, desta vez, o sujeito apazigua a vontade de gozo do Outro.

Se estes dois tipos de identificação apelam a uma significação, a primeira identificação se sustenta pela interpretação da mãe no tripé imaginário e faz da criança o falo que lhe falta; a terceira não responde mais a interpretação da mãe, mas a esta do Outro, no qual o paranóico localizou o lugar de origem do gozo; lugar este que lhe designa, pela via do objeto, sua condição subjetiva.

O esquizofrênico, independente do grau de dissociação, de fragmentação ou de gozo do qual ele é objeto, não ultrapassa a identificação segunda ao objeto real. A clínica coloca em evidência como, desde logo, ele se fixa aos diferentes destinos sustentados pelo vetor i'(*a*) → (*a*).

O pré-psicótico normal, o funcionário exemplar, a personalidade *as if, boderline*, marginal..., todos estão fixados em i'(*a*). Depois de um primeiro episódio dissociativo, que ameaçara a cada vez a conjuntura de aparente socialização que é i', é bastante freqüente constatar a volta integral a esta primeira identificação. Provavelmente favorecida pelos medicamentos antialucinatórios, esta solução não é certamente a pior. Se estes sujeitos podem nos parecer excessivamente racionais e seus discursos vazios, eles respondem a seus deveres sem que lhes seja necessário nenhum sentido. Uma discreta ironia, diriam, mas cujo respeito transforma o destino destes sujeitos. Hospitalizados raramente, e a partir de sua própria demanda, eles participam de um autêntico laço social sem serem demasiadamente ameaçados pelas torturas próprias de sua estrutura.

Duas saídas exemplares

Outros pacientes, depois da descompensação inicial, voltam ao primeiro tipo de identificação, mas o modificam, podendo até mesmo melhorar seu poder de saturação de gozo e de socialização. Tomemos como exemplo o caso de um jovem, filho de pai antilhano e mãe nórdica, que não tinha encontrado outra solução à interpretação materna que a de se converter ao islamismo. Mais devoto que nenhum outro muçulmano, ele é entretanto rejeitado por sua namorada argelina. Ele intensifica as provas de sua devoção, mas deixa escapar, sutilmente, o cômico de uma identificação que caricatura a crença no Nome-do-Pai. Ao final de seu trajeto dissociativo, ele propora substituir a circuncisão que ele não podia efetuar por um status de deficiente. Tudo se passa à revelia de sua mãe, cuja interpretação não o sustentava. Depois do fracasso da primeira solução, ele vislumbrou uma nova possibilidade que conserva os mesmos objetivos: conseguir um compromisso para com a interpretação materna. Ele tenta, dessa forma, substituir $i'(a)^1$ por $i'(a)^2$.

Observemos também o caso de um jovem, vítima de um delírio paranóide há mais de 15 anos. Ele não conseguiu alcançar uma identificação apaziguadora, e se debate permanentemente com os fenômenos que o surpreendem. Não lhe resta outro recurso que o significante desordenado em sua vertente real para tentar represar ponto por ponto as invasões alucinatórias. Tentando uma solução desastrosa, ele toma Mercalm (medicamento para o tratamento de enjôos), que tem como efeito intensificar ainda mais os efeitos cinestésicos que o torturam. Entretanto, ele resiste permanentemente à morte e denuncia todos aqueles que a desejaram para ele. Ele não vai conseguir inventar uma língua estrangeira à alíngua de sua mãe, fonte de todos seus fenômenos alucinatórios, apesar de todas as tentativas de intervenções com ares paternais. A solução de Wolfson, ainda que o condene à elaboração incessante, encontrara aí seu lugar lógico no vetor dos destinos da esquizofrenia. Nosso paciente paranóide resiste à (ϕ_0), ainda que não chegue a aderir a uma significação que o socializaria. Indicar-lhe uma significação não serviria do que para reforçar sua ironia já tão afiada. Ele permanece, então, suspenso entre *a* e i'(*a*), sem jamais os atingir.

Enfim, como não pensar em Joyce e talvez Wittgenstein, já que ambos, no mais próximo da morte do sujeito e no limite da identificação ao objeto real, se armam, um do significante puro, e o outro, da logica, para tratar a coisa sem nenhum compromisso para com o sentido e o imaginário. Eles enfrentam o objeto real indo até o fim de suas escolhas éticas pela foraclusão, e pela recusa do subterfúgio da interpretação. O primeiro fez a escolha pela manutenção da certeza de uma verdade. Uma verdade excessivamente verdadeira para que possa passar ao sentido, enquanto que o segundo escolheu demonstrá-la.

A ilegibilidade de um e a ferocidade do outro não concedem nada ao Outro no que concerne à responsabilidade da causa, ou seja, à filiação. A coisa continua viva, inteira. O corpo deve tecer literalmente na borda deste buraco, permitindo a relação do sujeito ao real. Mantendo o sintoma em seu ponto de retorno,[16] Joyce se condenou a produzir efeitos de criação. Em nosso esquema ele fica na borda de *a* recusando tanto o imaginário como a morte do sujeito, não admitindo o menor recuo. Situaríamos Wittgenstein neste mesmo lugar; ele faz uso das "letrinhas" (*petites lettres*) para demonstrar a fraude de toda crença e então de todo semblante aos olhos da verdade e da certeza. Nenhuma relação para com a significação do *transfinito* de Cantor.

Tratar é a-bordar

O testemunho do presidente Schreber nos permitiu diferenciar paranóia e esquizofrenia, e esboçar um esquema estrutural dos destinos logicos da esquizofrenia. Concluamos sobre a questão dos tratamentos. É verdade que, se nós temos a impressão de melhor interpretar os destinos dos psicóticos, limitamo-nos a um estágio preliminar que consiste em não impedir aos sujeitos esquizofrênicos encontrar por eles mesmos seu melhor destino. Nem todos os psicóticos têm a capacidade de Joyce. E ainda que tivessem, estaria fora de questão lhes conduzir por esta via, uma vez que conhecemos os sofrimentos que Joyce teve que suportar para a criação de tal obra. É ainda verdade que os neurolépticos parecem impedir os psicóticos de realizar seu próprio trajeto e, também, de não serem os responsáveis pela volta de certas posições de normalidade com freqüência vazias de sentido. Finalmente, é preciso se preservar de correr o risco de conduzir o psicótico à situação que permitiu a Schreber seu tão formidável testemunho. Do que se trata mais precisamente é de tirar conseqüências desses testemunhos a fim de não redobrar os efeitos de gozo dos quais esses sujeitos são já objeto, e no que a ciência contemporânea participa ativamente.

O "dito esquizofrênico", nos diz Lacan, "se particulariza por ser surpreendido sem a ajuda de nenhum discurso estabelecido".[17] O que significa que, à exceção da interpretação primeira, aquela da mãe que não produz nenhum discurso e não oferece ao sujeito mais do que um engodo de posição social, o esquizofrênico não leva a sério todo discurso que pressupõe um senso preestabelecido. Fortalecido pela sua ironia lógica, ele se opõe a isso. De fato, esta interpretação primeira da mãe significaria outra coisa que a idéia de que uma mãe pode ter o falo? Ainda que contra todo discurso, e sobretudo contra a significação fálica engendrada pela função do Nome-do-Pai. Eu diria que a interpretação paranóica, a metáfora delirante, se sustenta de uma significaçao nova, inventada. Entretanto, o esquizofrênico é aquele que continua fiel não somente à sua escolha pela foraclusão do Nome-do-Pai, mas também pela descrença (*der Unglauben*) e pelo não-sentido (*der Unsinn*).

Não está aqui em questão dar mais valor a uma ou outra das soluções da psicose. Em uma leitura posterior, somos obrigados a aceitar o saber que o sujeito paranóico nos transmite à custa de um certo grau de desconhecimento e de uma verdade pouco fiável: a convicção. É portanto ele quem dá as chaves da decifração da verdade incorruptível, a qual o esquizofrênico se devota ao preço de seu sofrimento e de sua intransmissibilidade.

Para se opor aos esforços tecnológicos da pseudociência contemporânea, tiremos a lição destes testemunhos um tanto quanto embaraçosos. Por sua ironia, o esquizofrênico faz com que os psiquiatras não acreditem inteiramente em um consenso obscurantista, quando justamente a maior fonte de ironia do esquizofrênico reside na anulação das normas preestabelecidas que os psiquiatras desejam lhes impor. Se nos podemos comparar aos "neurocognitivistas", que afirmam que a existência de anomalias neurobiológicas já está mais do que provada na esquizofrenia,[18] aos psiquiatras da escola de Flechsig (Schreber mostra-lhes os estragos que podem provocar na paranóia), alguns destes atualmente estão advertidos de que o efeito de duplicação foraclusiva da ciência contemporânea tem por único resultado a anulação de toda capacidade produtiva e criativa dos psicóticos, além da multiplicação, dos efeitos de gozo que lhe vêm do

Outro. Recentemente, um psiquiatra universitário com pretensão humanista, tendo por objetivo além do "nada querer saber" atingir Lacan e seus alunos em seu ensino sobre as psicoses, ridiculariza Clérambault, sua obra e sua memória de maneira odiosa. Desta forma, ele também participa deste movimento, cujas conseqüências são desastrosas para os esquizofrênicos.[19]

Tomando o cuidado de não intensificar os terríveis efeitos que a escolha ética pela foraclusão implica, o analista deve encontrar a palavra que possa evitar tanto a morte subjetiva como a real. Lacan a caracteriza por um "não sem dizer"[20] que possa escapar à dimensão "do dito (*dit-mension*), da verdade", aquela da interpretação materna. Este "não sem dizer" é um "dizer que não"[21] ao abandono do sujeito no extremo dos efeitos de gozo. Ele se opõe ao não da foraclusão e da exclusão da ciência contemporânea e deixa ao psicótico o campo livre onde ele pode tratar as coordenadas subjetivas cuja mensagem de horror lhe é reenviada. Faltaria tratar, em uma próxima vez, quais pistas concernem aos sujeitos autistas e melancólicos.

NOTAS

1. Hardy-Baylé, M.Ch., "Cognition et psychose", *Halopsy*, 14, Janssen-Cilag, novembro 1995.
2. Durif, F., "Diagnostic et prévention précoces dans la schizophrénie", *Innovation & Psychiatrie*, 6, Janssen, novembro 1996.
3. Schreber, D.P., *Mémoires d'un névropathe* (1903), Paris, Seuil, 1975, cap. IV.
4. Bercherie, P., "Présentations", in Bleuler, E., "L'invention de l'autisme", *Analytica*, Navarin, 1988.
5. Freud, S., "Remarques biographiques sur l'autobiographie d'un cas de paranóia: *Dementia paranoides* (Le président Schreber)" (1911), *Cinq psychanalyses*, Paris, I PUF, 1967, p.263-324.
6. Bercherie, P., "Présentation", in Bleuler, E., "L'invention de l'autisme", *Analytica*, 52, op.cit.
7. Lacan, J., "De nossos antecendentes" (1966), *Escritos*, Rio de Janeiro, Jorge Zahar, 1998.
8. Schreber, D.P., *Mémoires d'un névropathe* (1903), op.cit., p.247.
9. Lacan, J., "De uma questão preliminar a todo tratamento possível da psicose" (1957), *Escritos*, op.cit., p.574-5.
10. Miller, J.-A., "Le monologue de l'apparole", *La Cause Freudienne*, 34, Paris, Navarin/Seuil, outubro 1996.
11. Leguil, F., "La certitude en psychanalyse", *La Cause Freudienne*, 25, Paris, Navarin/Seuil, setembro 1993.
12. Ibid.
13. Miller, J.-A., "Supplément topologique à la question préliminaire", *Actes de l'EFP, Les Psychoses*, 1979.
14. Leguil, F., "La certitude en psychanalyse", *La Cause Freudienne*, 25, op.cit.

15. Miller, J.-A., "Clinique ironique", *La Cause Freudienne*, 23, Paris, Navarin/Seuil, fevereiro 1993.
16. Miller, J.-A., "Sur la leçon des psychoses", *Actes de l'ECF*, XIII, 1987.
17. Lacan, J., "L'étourdit" (1972), *Scilicet*, 4, Paris, Seuil, 1973, p.31.
18. Hardy-Baylé, M.Ch., "Cognition et psychose", *Halopsy*, 14, op.cit.
19. Grivois, H., "Pour en finir avec Clérembault", *Synapse*, 131, NHA, dezembro 1996.
20. Lacan, J., L'étourdit" (1972), *Scilicet*, 4, op.cit., p.8.
21. Ibid., p.9.

A histeria, língua de base

José Monseny

Falar de sintomatologia histérica nas neuroses implica duas opções: a que suporia que existem neuroses radicalmente diferentes e que nelas poderiam apresentar-se, como elementos alheios ou inseridos, certos sintomas histéricos; e a que, ao contrário, estabelece a unidade da neurose. Esta segunda opção é a que Lacan assinala, a propósito de Hamlet, e permite pensar que a histeria constitui a organização primordial a partir da qual as outras neuroses — só contamos como tais as neuroses obsessivas — seriam organizações posteriores que, de forma total ou parcial, conseguiriam recobrir este núcleo histérico primordial.

De forma que encontrar sintomas histéricos em outras neuroses implicaria certo fracasso em reduzir esta primeira organização histérica. Deixamos de lado o problema da fobia, que estaria mais relacionada com os tempos lógicos da estruturação das neuroses que com uma estrutura neurótica propriamente diferenciada.

Histeria e obsessão

A favor da segunda hipótese pareceria jogar a idéia freudiana, estabelecida já desde os *Estudos sobre a histeria*[1] no caso Lucy R., que deixa claro que a constituição do sujeito dividido, e portanto, a divisão do inconsciente, eram simultâneas ao encontro com uma primeira experiência de gozo.

Freud não hesita em colocar a histeria sempre em primeiro lugar em uma suposta sucessão cronológica: histeria, neurose obsessiva, paranóia e *dementia praecox*,[2] o que supõe um status primordial para a histeria. Neste mesmo texto, referindo-se a uma paciente com sintomas histéricos e uma organização obsessiva posterior, se nega a formular a hipótese de uma sincronia clínica, que explicaria o caso como um documento bilíngüe, quer dizer, com um conteúdo idêntico expresso pelas duas neuroses em línguas diferentes. Exige para cada caso um trauma distinto e sucessivo, passivo na histeria e ativo na neurose obsessiva. Todavia, a exigência de duas línguas diferentes não implica uma radical separação dos mecanismos através dos quais este núcleo traumático se expressa nos sintomas, pois Freud definirá no caso do Homem dos Ratos[3] a neurose obsessiva como dialeto da linguagem histérica.[4] Este dialeto supõe, para Freud, uma empatia facilitada, aparentada com a expressão do nosso pensar consciente. Portanto, ainda que sempre se encontre um núcleo histérico na neurose obsessiva, a linguagem da neurose obsessiva implica o predomínio do eu, enquanto que a histeria tem sua homologia com o próprio funcionamento do inconsciente, enquanto "os significantes no inconsciente falam sem saber o que dizem" e "a histérica não sabe o que diz".[5]

Assim, a histeria supõe uma experiência primordial em relação ao encontro com o gozo, a respeito da neurose obsessiva e da forma através da qual este núcleo traumático encontra expressão. A linguagem histérica seria primordial, enquanto que a linguagem da neurose obsessiva, ao estabelecer-se como dialeto, seria secundária, e viria recobrir a primeira de forma total, quando a neurose obsessiva se estabelece como bem-sucedida, ou parcialmente, quando deixa expressar-se a linguagem mais fundamental do sintoma histérico.

Isto supõe uma afirmação da divisão subjetiva como primordial, e a sutura como secundária.

Neurose e discurso analítico

Logo de início a neurose histérica favorece o discurso analítico, ainda que não o faça em todos os casos no mesmo grau. Isto explica o fato da histérica estar na origem mesma do descobrimento freudiano. Em sua estratégia neurótica, podemos dizer que, na histeria, o sujeito assume a divisão subjetiva[6] com maior freqüência, enquanto a oferece como tal a um outro que deverá pôr-se a trabalhar para elaborar um saber que deveria preencher esta divisão. Daí que Lacan diga "a histérica fabrica um homem animado pelo desejo de saber".[7] É por aí que a histérica se aproxima do discurso histérico. Porém, não se deve esquecer os paradoxos que comportam tal posição, posto que se bem ela pressupõe, e ainda exige que este Outro disponha dos meios do saber que preencherão sua divisão — o que implicaria na negação da castração no Outro —, ao mesmo tempo não pode deixar de "querer no limite que se saiba que a linguagem não consegue dar a amplitude do que ela, como mulher, pode despregar com respeito ao gozo",[8] o que tem como conseqüência a revelação da falta em que se encontram os significantes para recobrir este gozo.

Não devemos esquecer que, ainda que esta posição seja a mais favorável para uma entrada em análise, não é suficiente, posto que aqui seria o outro quem ocupar-se-ia da elaboração de saber (daí advém o parentesco do discurso histérico com o discurso da ciência, que são quase iguais).[9] Ao mesmo tempo, este saber é denunciado como impotente; por isso é necessária uma virada que ponha o analista como agente enquanto semblante do objeto *a* e, deste modo, o sujeito histérico passe à produção de saber.

Porém a histérica também põe dificuldades ao discurso analítico, e também tem seu modo de suturar a divisão subjetiva, sendo ela quem faz o semblante deste objeto que falta ao Outro, o que não implica a castração, posto que ela supõe poder colmá-lo oferecendo-lhe este objeto maravilhoso que ela é.

O obsessivo, todavia, é o que preenche a divisão subjetiva a marteladas "solda-a, conectando, sacrificando toda verossimilhança, S1 e S2".[10] Esta conexão traz consigo a negação da falta por anulação da articulação significante que implicariam os intervalos, ainda que não negue os cortes; ao contrário, acentua-os graças aos mecanismos de isolamento que, negando a cadeia, pode reduzi-los a um conjunto totalizável. Esta operação implica a evacuação do gozo tentando reduzir o significante a um deserto de gozo, reduzindo a interlocução a um falar consigo mesmo e fazendo do Outro a transferência um morto.[11]

Na ordem do gozo, o sujeito pode fazer o sacrifício total de seu gozo deslocando-o para o outro, o que pode sustentar uma loucura misantrópica, e um desejo de ordem no mundo e nos semelhantes. Também pode sustentar a conhecida posição de escravo, o que deixa o sujeito muito longe de reconhecer-se como portador de um sintoma. Tudo isso requer que, em não raras ocasiões, o retorno do gozo recalcado do sujeito se faça pela via da interpelação do outro. É o que se exemplifica no caso do Homem dos Ratos por seu encontro com o capitão cruel. É certo que os mecanismos de sutura podem falhar através do retorno das idéias obsessivas, das dúvidas e das compulsões, porém então sucessivas linhas de defesa protegem estes retornos, recobrindo a divisão do discurso com estas fortificações do eu que Lacan assimilava às fortalezas de Vauban.

Ambas as operações — sutura da divisão subjetiva e sacrifício de gozo — dificultam obviamente a entrada em análise. Daí que a necessidade da histerização do discurso na neurose obsessiva tenha-se convertido para nós em uma regra inquestionável, preliminar a toda entrada do obsessivo em análise. Por isso, essa esclarecedora fórmula que Jacques Alain-Miller nos deu — H_2O — podemos escrevê-la, sem depreciar sua química e seu valor analítico, como HOH. Quer dizer, como uma seqüência: núcleo histérico da neurose — dialeto obsessivo — histerização na entrada em análise. Este último termo, sem ser idêntico ao primeiro, encontra nele suas condições de possibilidade.

Todavia a histerização do discurso não é menos necessária na neurose histérica, especialmente quando esta se apresenta como a encarnação do objeto maravilhoso que trata de deslocar a divisão subjetiva para o analista ou quando simplesmente é no discurso do mestre onde ela se sustenta: "a histérica, o que ela quer, é um mestre, para reinar sobre ele".[12] Assim pois, também na histeria será necessária uma operação que, nesta ocasião, poderíamos escrever: H3, quer dizer: núcleo histérico da neurose – neurose histérica em sua apresentação de objeto, que desloca a divisão para o Outro, ou em sua apresentação de discurso do Mestre – histerização do discurso na análise.

Neurose e entrada em análise

Qual é a natureza da operação que devemos fazer, para pensar a passagem da neurose obsessiva à histerização?

Antes de responder a esta pergunta, creio que seja necessário recordar as variações que sofre a concepção da lógica do significante, e conseqüentemente o conceito de sintoma em Lacan, na clínica do antes e do depois do giro dos anos 70. Tal como lembrou Colette Soler nas II Jornadas da Sessão da Catalunha, há uma mudança fundamental na lógica do significante. No início do seu ensino, Lacan supõe que formar cadeia faz parte da natureza do significante e que só excepcionalmente este aparece sozinho, ou soldado formando um. O conceito de holófrase, como significante congelado, responderia a essa lógica. De modo que o sintoma como metáfora se apresentaria desde o princípio como resultado de um par significante: "O sintoma significante enigmático do trauma sexual e o termo que ele vem substituir."[13] Somente os avatares de certas modalidades clínicas implicariam uma posterior abolição do intervalo, na neurose obsessiva particularmente.

De forma que a histerização suporia restituir certo intervalo, cortar a sutura que o obsessivo pretende fazer em seu discurso. Pelo lado do gozo, isto implicaria que o sujeito obsessivo, que quer desalojar o gozo de sua vida e do campo do Outro, reconhecesse que, no lugar da verdade, também participa deste gozo entrevisto no momento do encontro traumático com o outro gozador.

Porém, a partir da mudança na lógica do significante, se este já não se apresenta de início formando cadeia, mas sim em unidades-significantes,[14] apresenta-se deste modo solitário, insensato, assemântico, como Lacan o nomeia em "L'étourdit"[15]; se o problemático é então pensar como pode o significante formar cadeia, a questão já não se reduz à problemática de romper a suposta consistência do discurso egóico para abrir o discurso do inconsciente; ainda que essa quebra do eu seja necessária, pois o obsessivo toma por identificação a repetição do gozo como seu destino ou sua maneira de ser, identificando seu eu consigo mesmo. Trata-se de que comece a estranhá-lo para que daí possa advir um enigma.

Uma vez conseguido isto, o problema será então como fazer com que o sujeito consinta a articular à cadeia este significante traumático, quer dizer, fazer dele o significante da transferência para fazer S1-Sq, e que a histerização do dispositivo possa advir.

Esta segunda manobra não seria menos necessária para a histeria, pois, se por sua natureza de intriga parece mais dada a fazer uma conexão entre seu gozo traumático e o saber do Outro, não tem menos tendência a testemunhar a impotência desse saber para se ligar aos dizeres do Outro e dificultar o deixar surgir de seus próprios dizeres o saber que convém. Dificuldade que se agrava pela natureza da não fé que preside suas relações com o significante.

Então, o sintoma, enquanto o real que se atravessa na boa marcha das coisas do sujeito, já não inclui em si mesmo, de início, a metáfora, bastando que seja essa marca insensata portadora de gozo que se intrometa na vida do sujeito. A metaforização, ou melhor dizendo, o decifrado do sintoma, só se obteria como efeito do próprio dispositivo.

Neurose e fim de análise

Depois será necessário que o trabalho do sintoma pela cadeia significante prossiga até o limite em que os significantes se revelem em sua incompletude, e que nem sequer o recurso à fantasia, a adoração fálica, possa ocultar a fonte de onde surgia esse efeito do gozo sintomático: do fato que não há relação sexual.[16] Para isso, a histérica parece melhor posicionada, por denunciar desde o princípio a falta do significante para recobrir o gozo, e também por carecer da paixão pela consistência fantasística que no obsessivo trata de mascarar o real. Ela não se dispõe facilmente a ocupar um lugar nesta fantasia e tende a posicionar-se como o que falta a ele; e nem sequer cai facilmente na ilusão de que o gozo fálico possa suprir a relação sexual que não há. É a paixão amorosa a que aqui trata de suprir essa falha até o final e que, como Jacques-Alain Miller nos ensinou a ler, implica a foraclusão generalizada[17] e, portanto, a existência em todo sujeito de um núcleo inelaborável. Isto não somente faz desnecessária a idéia de que a primeira experiência de gozo implica uma histerização primordial que a distingue da neurose obsessiva, senão que, a princípio, há um certo núcleo de foraclusão em todas as estruturas clínicas. Quer dizer, todo mundo delira.

Só através do desejo do analista, o sujeito neurótico, obsessivo ou histérico pode consentir em atravessar as barreiras que o ideal, a fantasia ou o amor põem diante da aproximação a este ponto de real que é "o núcleo elaborável do gozo"[18] e assumir assim seu ser de gozo e ao mesmo tempo fazer a experiência da castração, de modo que essa causa particular assumida possa sustentar o desejo sem recorrer ao Outro, passando de a /- j<> Aa para a → S/.

NOTAS

1. Freud, S., Breuer, J., "Fräulein Lucy R.", *Études sur l'hystérie* (1895), Paris, PUF, 1956, p.83.

2. Freud, S., "La disposition à la névrose obsessionnelle. Une contribution au problème du choix de la névrose" (1913), *Névrose, psychose et perversion*, Paris, PUF, p.189.

3. Freud, S., "Remarques sur un cas de névrose obsessionnelle (L'Homme aux rats)" (1907-8), *Cinq psychanalyses*, Paris, PUF, 1954, p.199.

4. Stevens, A., Vereecken, Ch., "La névrose obsessionnelle, dialecte de l'histérie", *Hystérie et obséssion*, Fundação do Campo Freudiano, Paris, Navarin, 1985, p.129-34.

5. Lacan, J., "Propos sur l'histérie" (1977), *Quarto*, 2, 1981, p.5-6.

6. Miller, J.-A., "H_2O", *Matemas II*, B. Aires, Manantial, 1985, p.139.

7. Lacan, J., Le Séminaire, livre XVII, *L'Envers de la psychanalyse* (1969-70), Paris, Seuil, 1991, p.36.

8. Ibid., p.37.

9. Lacan, J., *Télévision* (1973), Paris, Seuil, 1973, p.36.

10. Miller, J.-A., "H_2O", *Matemas II*, op.cit.

11. Ibid.

12. Lacan, J., Le Séminaire, livre XVII, *L'Envers de la psychanalyse* (1969-70), op.cit., p.150.

13. Lacan, J., "A instância da letra no inconsciente ou a razão desde Freud" (1957), *Escritos*, Rio de Janeiro, Jorge Zahar, 1998, p.521-2.

14. Lacan, J., "La troisième" (1974), *Lettres de l'École Freudienne de Paris*, 16, 11.11.1974, p.178-203.

15. Lacan, J., "L'étourdit" (1972), *Scilicet*, 4, Paris Seuil, 1973, p.15-6; "La troisième" (1974), *Lettres de l'École Freudienne de Paris*, 16, op.cit.

16. Lacan, J., "La troisième" (1974), *Lettres de l'École Freudienne de Paris*, 16, op.cit.

17. Miller, J.-A., "Sobre la insignia", *Metafora y delirio, Estudios psicoanaliticos*, 1, Eolia, 1993, p.42.

18. Lacan, J., "La troisième" (1974), *Lettres de l'École Freudienne de Paris*, 16, op.cit.

Zwang und Trieb

Antonio Quinet

Em 1896 Freud elevou à dignidade da neurose uma característica de um tipo de representação. Trata-se de *Zwang*, generalizada nos anos 20 como manifestação da força do recalcado do Inconsciente.[1] *Zwangsvorstellung, Zwangsneurose, Wiederholungszwang.* Nessas três expressões, *Zwang* designa o que é obrigatório, imperativo, como se pode encontrar em *Zwangsarbeit* (condenação a trabalhos forçados), *er tut es nur aus Zwang* (ele só o fez por obrigação), *unter Zwang stehen* (estar submetido a, sob o jugo de). Paralelamente a essa característica de ordem e comando, *Zwang* significa força e pressão como nas expressões *der Zwang der Ereignisse* (a pressão dos acontecimentos) e *der Zwang der Konvention* (a força das circunstâncias). Esses dois aspectos fazem de tudo o que é *Zwang* uma exigência coercitiva, *eine dringende Forderung* em que encontramos a conjunção de uma representação que faz função de mestre do comando e a *Drang* da pulsão sexual que exige satisfação. *Obsessão, neurose obsessiva, compulsão à repetição*: em todos os três trata-se de uma articulação entre o simbólico e o real que faz do significante não uma barreira ao gozo mas seu porta-voz.

Zwang — Σ

O sintoma obsessivo contraria o compromisso que ele promete, pois longe de interditar ele traz o gozo do qual o sujeito gostaria de se separar. A cada remanejamento teórico que Freud faz da etiologia da obsessão, longe de excluir a precedente, ele acrescenta a esta uma característica que nos ajuda a melhor cingir a relação entre o sintoma e a pulsão.

A primeira teoria se refere ao período que vai de sua correspondência com Fliess até "O Homem dos Ratos" (1909). Nesta neurose de defesa, sua etiologia está vinculada à conotação de prazer quando do primeiro encontro com o sexo. Quando, mais tarde, sua recordação é evocada, ela vem acompanhada de uma recriminação e o que era prazer se torna desprazer. Em seguida, recordação e recriminação são recalcados para dar origem ao sintoma primário da neurose obsessiva: a escrupulosidade. No retorno do recalcado, o afeto da recriminação se vincula a um conteúdo deformado — a idéia obsessiva, que é o sintoma de compromisso. Dividido entre a escrupulosidade que exige que nada seja desarrumado e a idéia obsessiva que faz irrupção na consciência, o sujeito rejeita a crença na obsessão e sua "luta" desemboca na formação de sintomas secundários como a compulsão ao exame, a ruminação mental, cerimoniais, *folie du doute* etc. Daí Freud afirmar que os obsessivos "são pessoas que correm o perigo de ver finalmente o conjunto da tensão sexual cotidianamente produzida se transformar em recriminação e de lá em sintoma".[2]

A recriminação que acompanha a recordação da experiência sexual de prazer lhe confere *a posteriori* a característica de experiência proibida. Ela é a expressão da lei que marca o gozo como proibido e seu retorno, mesmo disfarçado, é o memorial dessa transgressão que faz um apelo a uma sanção. A obsessão traz, ao mesmo tempo, a Lei e sua transgressão, o gozo e sua condenação. "As obsessões são invariavelmente recriminações transformadas, que retornam fora do recalque e se referem sempre a uma ação sexual da infância efetuada com prazer."[3] A obsessão como sintoma faz, portanto, função de Nome-do-Pai como portador da Lei simbólica que barra o gozo *e*, simultaneamente, ela expressa a maneira de um sujeito gozar de seu Inconsciente. A obsessão nos mostra assim as duas características do sintoma depreendidas por Lacan: como Nome-do-Pai e maneira de gozar do Inconsciente.[4]

A obsessão não é portanto um compromisso no qual o sujeito possa ter confiança. Muito pelo contrário, ela é uma defesa fracassada e o sujeito é, então, obrigado a encontrar medidas de proteção que serão também um fracasso. A formação perpétua e contínua de sintomas é uma característica da neurose obsessiva.

Quanto ao Homem dos Ratos, Freud remete sua origem ao conflito entre o amor e o ódio no que diz respeito tanto à sua amada quanto ao seu próprio pai, os dois confundidos. O amor por um é acompanhado do ódio pelo outro. Esse ódio, correspondente ao componente sádico do amor, é recalcado mas força sua irrupção trazendo a dúvida sobre o amor, a qual se estende, por deslocamento, a toda atividade do sujeito, levando-o a uma incerteza generalizada. A repetição das obsessões e dos cerimoniais surgem então para banir essa incerteza, a qual concerne, no fundo, ao êxito da defesa contra o ódio do Outro.[5] Para se defender do ódio do Outro no sentido subjetivo (seu ódio contra o pai), o sujeito, graças ao retorno da pulsão em direção a ele mesmo, é levado a ser o objeto do Outro do ódio — o que será tematizado por Freud na segunda tópica. O ódio do Outro é uma face do *Wunsch* inconsciente de morte do Outro, desejo suspenso à impossibilidade de passar para a palavra e no entanto presente nos insultos infantis (*Sua lâmpada! Sua toalha! Seu prato!*) — como xingava o Homem dos Ratos a seu pai) e nas blasfêmias que se introduzem como que sem querer nas orações de louvor a Deus. A gentileza do obsessivo e seu comportamento *tudo-para-o-outro* constituem uma formação reativa contra esse ódio, no fim do qual se encontra a morte que o mira. Esse ódio é a expressão, no nível do afeto, da pulsão de morte que visa a destruição, o aniquilamento do Outro. O sujeito toma muito cuidado na sua relação com o outro como "se devesse prepará-lo para o anúncio da morte de uma pessoa querida", dizia-me um paciente. Seus depoimentos adquirem o aspecto de uma morte anunciada — morte do Outro que ele deseja ao mesmo tempo em que a anula e dela se recrimina.

Freud confere à pulsão escópica um papel essencial na constituição do sintoma da ruminação mental obsessiva: o recalque do voyeurismo e da curiosidade sexual é o responsável pela sexualização do pensamento que não é outra coisa senão a substituição do ato pelo pensamento. A pulsão de saber derivada da pulsão escópica (voyeurismo $\Rightarrow$ curiosidade sexual) é "particularmente apta ... a atrair a energia, que se esforça inutilmente em se manifestar por um ato, rumo ao pensamento que permite uma outra forma de satisfação".[6]

Gozar do pensamento é a satisfação que está presente no sintoma da ruminação: gozo escópico que situa o sujeito em um *dar-a-ver*. O sujeito dá a ver para o Outro seu desempenho sexual sob a forma de cogitação. A copulação de significantes substitui o ato sexual, colocando a distância o parceiro, que não é assim tocado, mas pode ocupar o lugar do espectador de seu desempenho intelectual, *performance* que é fonte freqüente de angústia.

Em 1913, Freud afirma que a organização sexual sádico-anal é *a disposição* à neurose obsessiva[7] e em 1917 o erotismo anal lhe permite estabelecer a conexão entre pênis-bebê e presente-dinheiro devido à "transposição" dessa pulsão.[8] Essa série de objetos entra em jogo como objetos da demanda do Outro ao sujeito à qual está suspenso o obsessivo. Nesse plano da demanda, temos a oblatividade: o sujeito dá presentes ao Outro ou se recusar a dar qualquer coisa refugiando-se na avareza ou na dívida. No plano do gozo anal, o sujeito é levado à obscenidade, ao escatológico, à sujeira própria desse objeto nada limpo que é do objeto *a* vertente anal, que melhor o figura como dejeto do simbólico. O sujeito tenta recobrir com os significantes da demanda todo vestígio de prazer excedente que ele experimentou no sexo. Esse prazer excessivo, modelado pelo registro anal da pulsão, toma o caráter de gozo sórdido, "porco", "cagado", elevado à categoria de impossível de ser suportado. O *Zwang* do próprio sintoma é portador da satisfação do *Trieb* que ele anula, daí a associação entre o sagrado e o profano, o puro e o impuro, o Pai e o pior, Deus e a merda.

Se Lacan nos advertiu para não acreditar na oblatividade do obsessivo é porque o sujeito tenta recobrir com os significantes da demanda, sob a máscara da generosidade, o ódio pelo Outro do amor, cujo caráter pulsional Freud atribuiu ao registro anal.

Nos anos 20, a articulação entre o isso, reservatório das pulsões, e o mandamento do supereu permite melhor cingir a conjunção entre a pulsão e a representação obsedante, entre o objeto e o significante mestre. Em *Inibição, sintoma e angústia*, Freud situa a constituição da obsessão a partir do complexo de Édipo e da angústia de castração. O gozo em jogo é o da masturbação castigada por um "supereu super-severo": a obsessão é seu compromisso. Esse gozo auto-erótico que faz a economia do Outro sexo vem à pauta graças à caraterística do sintoma obsessivo de "deixar cada vez mais espaço para a satisfação substitutiva", e o resultado, que vai em direção ao "fracasso completo da luta inicial", é "um eu extremamente limitado, reduzido a buscar suas satisfações nos sintomas". Nesse plano do gozo, a pulsão sádico-anal exige do sujeito atos de crueldade que o supereu condena. "Todo excesso traz em si o germe de sua própria supressão."[9] A obsessão comporta portanto esse traço do paradoxo do supereu que Lacan resume com o imperativo do gozo e cuja fórmula podemos escrever $\left[\frac{S_1}{a}\right]$.[10]

Freud ressalta o que é o mais importante nos sintomas obsessivos: o "valor de satisfação de moções pulsionais masoquistas".[11] Trata-se da resistência do sintoma à cura; pois ele satisfaz a pulsão de morte. O supereu do obsessivo adquire o aspecto de um Outro gozador, como o capitão cruel ou o Pai da horda primitiva de *Totem e tabu*, que trata sadicamente o sujeito que não pode tomar senão a posição masoquista mortificando-se em seu sintoma. Podemos desdobrar a pulsão masoquista que se satisfaz no sintoma obsessivo segundo a declinação das pulsões em oral, anal, escópica e invocante, cada uma apontando para um aspecto diferente e para uma face particular do supereu. No nível oral, o sujeito é presa da gulodice do supereu como transparece nos ditos do paciente — "deixo sempre os outros me devorarem cruamente" — que sustentavam seu sintoma de impotência diante do Outro da autoridade. No nível anal, o sujeito se faz expulsar como um objeto, condenado por suas recriminações, reduzido a esse dejeto sórdido cujo gozo da sujeira ele tenta limpar com os significantes de suas representações obsedantes. Para-além do registro da demanda, tanto oral quanto anal, o sujeito se encontra confrontado com o *desejo para o Outro* da pulsão escópica e o *desejo do Outro* da pulsão invocante. O olhar e a voz são os objetos que condensam o gozo do supereu cujas funções de vigilância e de crítica foram depreendidas por Freud a partir da clínica dos paranóicos em 1914.[12]

A pulsão escópica se satisfaz no *Zwang* da ruminação mental que faz barreira ao saber. Ela se encontra também presente no gozo do espetáculo que "o oferecido pelo sujeito na jaula em que... ele persegue a proeza dos exercícios hípicos mediante os quais comprova sua capacidade de estar vivo".[13] Cuidando para que o objeto não apareça, o sujeito se encontra sob a vigilância constante do Outro que paradoxalmente o leva a dar a ver o objeto que ele tenta esconder. O caráter cênico da obsessão é desvelado pela irrupção do obsceno na cena de uma alta moralidade. Esta é abalada pela obsessão que dá a ver o abjeto objeto da a moralidade *ob-cena.* E o sujeito é olhado como um dejeto da moral. Ele age seu desejo às escondidas, em contrabando,[14] para passá-lo sob os olhos cegos da alfândega da Lei. O sintoma obsessivo desvela o laço entre o anal e o escópico, entre a merda e o olhar. É o que mostra o sonho do Homem dos Ratos em que ele vê a filha de Freud com excrementos no lugar dos olhos, interpretado por Freud no registro anal (excremento = dinheiro) — ele queria casar com ela não por seus belos olhos mas por seu dinheiro —, e por Lacan no registro escópico: "a da morte, que o olha com seus olhos de betume".[15]

O sujeito se encontra no dar-a-ver *para* o mestre absoluto que é a Morte, que pode ser um dos Nomes da Mulher[16], como nos desvela um sujeito que em seu sonho vê o cadáver de sua mãe com os olhos bem vivos, ou um outro cuja obsessão consistia em imaginar-se visto pela mãe já falecida de um colega seu que constitui para si o ideal feminino do mestre de saias. O Outro da Morte pode também ser figurado pelo Pai, como aparece no episódio em que o Homem dos Ratos exibia para o olhar do espectro paterno sua potência fálica de trabalhador: tarde da noite, quando se preparava para uma prova, ele abria a porta para seu já falecido pai e "contemplava seu pênis no espelho".[17]

A angústia ligada aos desempenhos é o indício da presença do olhar mortífero que mede sem tréguas o sujeito com o ideal — ideal de limpar o simbólico de todo e qualquer vestígio de gozo. "Eu fico sempre me observando para avaliar meu desempenho" — dizia-me um outro paciente. Aí entra em jogo a "voz da consciência", presentificando a *Drang* da pulsão invocante por meio da qual o sujeito se faz escutar as auto-recriminações. A crítica é feroz e traz satisfação ao masoquismo do sujeito. Ele é o escravo do desejo do Outro cuja voz imperativa comparece nos mandamentos ritualizados que condensam, simultaneamente, a lei e sua anulação, o gozo e sua impossibilidade. A obsessão é a via sintomática da satisfação pulsional da voz de um supereu que vê.

O Zwang *do Inconsciente*

O conceito de pulsão de morte obriga Freud a generalizar o *Zwang* ao que se repete no Inconsciente. *Zwang* é o sinal da pulsão e morte que força os significantes a se repetirem no pensamento e, por conseguinte, no sintoma. O "*Zwang*, a coação, que Freud definiu pela *Wiederholung*, comanda os próprios rodeios do processo primário".[18] *Wiederholungszwang,* obsessão ou automatismo de repetição não é outra coisa para Lacan senão a insistência da cadeia significante como correlata da ex-sistência do sujeito.[19] A obsessão é como *The Purloined Letter*, uma letra colocada de lado, uma carta não retirada (*en souffrance*) mas que volta sempre ao mesmo lugar, pois ela vem no lugar do real, daí sua característica de dejeto do simbólico: *a letter, a liter.*[20] A repetição no inconsciente é obsessiva — o funcionamento do pensamento exige que o significante se desloque, que ele "deixe seu lugar, nem que seja para retornar a este circularmente".[21]

A obsessão é articulada por Lacan ao *signo* que "produz gozo pela cifra que os significantes permitem...". "A obsessão que cede, faz obcecção (escrita com um c) ao gozo que decide de uma prática".[22] Lacan faz portanto da obsessão a própria característica do signo como cifra de um gozo no Inconsciente. A obsessão como sintoma é a maneira de gozar para um sujeito cuja dúvida e a falta de certeza impedem seu ato, que é assim sempre adiado para mais tarde (procrastinação). Daí a obsessão como pensamento se encontrar em oposição ao ato, onde o sujeito não pensa, tornando-o portanto impraticável. Para que uma prática se torne possível é preciso o ato que, na neurose, é impedido pela falta de decisão do sujeito, pois seu gozo está condensado no pensamento que o obceda. Eis por que é preciso que a obsessão faça cessão, ceda o gozo ao ato que então será decisivo para uma prática. Em outros termos, é preciso que o gozo passe do pensamento para o ato, invertendo assim o próprio movimento de formação da obsessão (o ato substituído pelo pensamento).

O *Zwang* como sintoma permite cingir o trabalho de ciframento do Inconsciente pelo deslocamento que o caracteriza (tanto a obsessão-sintoma quanto o Inconsciente). A "metonímia é justamente o que determina como operação de crédito (*Verschiebung* quer dizer: transporte, transferência, traspasse, depósito) o próprio mecanismo inconsciente em que é no caixa-de-gozo, no entanto, que se aperta o botão.[23] E Lacan acrescenta, no mesmo trecho, em seguida: "Fazer passar o gozo para o Inconsciente, isto é, à contabilidade, é, com efeito, um deslocamento danado". O deslocamento do significante não se dá portanto sem o ciframento do gozo. Essa operação evoca a própria formação do sintoma obsessivo na base do qual se encontra o verter do real no simbólico, o depósito de gozo na rede de significantes — o que leva o sujeito à contagem, à numeração dos lances dos dados de gozo. O *Zwang* é a "carta forçada"[24] que nos mostra o pouco de liberdade do jogo de associação livre.

A obsessão como sintoma pode advir em todos os tipos clínicos da neurose — as obsessões histéricas são também cifras de gozo. Mas o pensar é, propriamente falando, o que define o obsessivo, que é, diz Lacan, "muito essencialmente alguém que pensa. Ele é *pensa* avaramente. Ele é *pensa* em circuito fechado. Ele é *pensa* para ele sozinho".[25] O obsessivo em seu pensamento faz um curto-circuito para anular o Outro do desejo e o que pensa se fecha no circuito pulsional no qual ele mesmo é o objeto. Trata-se do gozo onanista como Freud o pontuara. O sujeito histérico é o Inconsciente em exercício e o obsessivo o Inconsciente em cogitação; o *Zwang* do Inconsciente de um cisalha o corpo e o do outro cisalha a alma.[26] Se o histérico com seu agir faz o Outro pensar, é graças ao obsessivo que sabemos o que pensar quer dizer: ele *dá-a-ver* o modo de funcionamento do próprio inconsciente.

NOTAS

1. Freud, S., "Au-delà du principe de plaisir" (1920), *Essais de psychanalyse*, Paris, Payot, 1981, p.59.

2. Freud, S., "Manuscrit K. Les névroses de défense (Un conte de Noel)" (1896), *La Naissance de la psychanalyse*, Paris, PUF, 1979, p.132-5.

3. Freud, S., "Nouvelles remarques sur les psychonévroses de défense" (1896), *Névroses, psychose et perversion*, Paris, PUF, 1981, p.67.

4. Lacan, J., "Le complexe d'Oedipe est comme tel un symptôme", Le Séminaire, livre XXIII, "Joyce le sinthome", seção de 18.11.1975, *Ornicar?*, 6, Paris, Lyse, p.9; "Je définis le symptôme par la façon dont chacun jouit de l'inconscient en tant que l'inconscient le détermine", Le Séminaire, livre XXII, "RSI", seção de 18.2.1975, *Ornicar?*, 4, Paris, Lyse, p.106.

5. Freud, S., "Remarques sur un cas de névrose obsessionnelle (L'Homme aux rats)" (1907-8), *Cinq psychanalyses*, Paris, PUF, 1979, p.258.

6. Ibid. p.259.

7. Freud, S., "La disposition à la névrose obsessionnelle. Une contribution au problème du choix de la névrose" (1913), *Névrose, psychose et perversion*, op. cit., p.189-98.

8. Freud, S., "Sur les transposition de pulsions plus particulièrement dans l'érotisme anal" (1917), *La Vie sexuelle*, Paris, PUF, 1977, p.106-12.

9. Freud, S., *Inhibition, Symptôme et angoisse* (1925), Paris, PUF, 1981, p.35.

10. Cottet, S., Clastres, G. et al., "Demande, désir, jouissance dans la névrose obsessionnelle", *Hystérie et obsession*, textos reunidos pela Associação da Fundação do Campo Freudiano, Paris, Navarin, 1986.

11. Freud, S., *Inhibition, symptôme et angoisse* (1925), op. cit. p.39.

12. Freud, S., "Pour introduire le narcissime" (1914), *La Vie sexuelle*, op. cit., p.99-100.

13. Lacan, J., "A psicanálise e seu ensino" (1957), *Escritos*, Rio de Janeiro, Jorge Zahar, 1998, p.454-5.

14. Lacan, J., "A direção do tratamento e os princípios de seu poder" (1958), *Escritos*, op. cit., p.639-40.

15. Lacan, J., "Função e campo da fala e da linguagem em psicanálise" (1953), *Escritos*, op. cit., p.304.

16. Referimo-nos aqui ao texto de Freud "Les thèmes des trois coffrets" (1913), *Essais de psychanalyse appliquée*, Pars, Gallimard, 1933, p.87-103.

17. Freud, S., "Remarques sur un cas de névrose obsessionnelle (L'Homme aux rats)" (1907-8), *Cinq psychanalyses*, op. cit., p.232.

18. Lacan, J., Le Séminaire, livre XI, *Les Quatre concepts fondamentaux de la psychanalyse* (1964), Paris, Seuil, 1990, p.66.

19. Lacan, J., "O seminário sobre 'A carta roubada'" (1955), *Escritos*, op. cit. p.13.

20. Ibid., p.27-8.

21. Ibid., p.32-3.

22. Lacan, J., "... Ou pire. Compte rendu pour L'Annuaire de l'École Pratique des hautes Études du Séminaire de l'année 1971-72" (1972), *Scilicet*, 5, Paris, Seuil, 1975, p.10.

23. Lacan, J., "Radiophonie" (1970), *Scilicet*, 2/3, Paris, Seuil, 1970, 1975, p.71-2.

24. Lacan, J., Le Séminaire, livre XI, *Les Quatre concepts fondamentaux de la psychanalyse*, op. cit., p.79.

25. Lacan, J., "Conférence à Genève sur le symptôme" (1975), *Le Bloc-Notes de la Psychanalyse*, 5, 1985.

26. Lacan, J., *Télévision* (1973), Paris, Seuil, 1973, p.17.

A ética da melancolia

Shula Eldar

"... a breach in nature for ruin's wasteful entrance."
William Shakespeare, *Macbeth*, ato II, cena III

A melancolia põe em primeiro plano a ação da pulsão de morte que retorna em seu caráter de imperativo no lugar de *das Ding*. Freud assinalava que o sentimento inconsciente de culpa, isto é, a busca de castigo, surge da "constituição íntima do eu humano".[1] Como tal, não é um fato contingente, senão uma necessidade que se origina num exterior à qual é impossível ter acesso pelo pensamento. Alguns paradoxos da satisfação, tomados da clínica dos que fracassam ao ter sucesso, permitiram-lhe deduzir a insistência não simbolizável do resto, o caráter fundamental do masoquismo na economia das pulsões.[2]

Esse objeto não é uma simples sombra metafísica, assinala Lacan; toma a função de causa, sustento da libido, e ordena as identificações simbólicas e imaginárias do sujeito.

O postulado de culpa

O narcisismo do eu do qual partem os investimentos de objeto, e a identificação primária, simbólica, ao pai morto, deram lugar a dois momentos da abordagem de Freud ao difícil problema da melancolia; em 1917 em "Luto e melancolia" e, em 1923, em *O eu e o isso*, para defini-la, finalmente, em 1924, como "psicose narcísica", "paradigma do conflito entre o supereu e o isso".[3]

Desde a vertente do narcisismo trata-se de uma "perda de libido"; o sujeito apresenta-se como um eu empobrecido, "se singulariza por uma desorientação profundamente doída, uma falta de interesse pelo mundo exterior ... ".[4] Não obstante, a fenomenologia do quadro clínico não responde sobre a perda da qual se trata: o que absorve tão inteiramente o doente?

Freud assinala: "... cremo-nos autorizados a supor uma perda, porém não conseguimos discernir com precisão o que se perdeu, e com maior razão podemos pensar que tampouco o doente pode captar na sua consciência o que perdeu".[5] Porém, acrescenta: "há que dar fé à verdade que se confessa com tal franqueza, já que o doente que assim se aprecia, em algum sentido há de ter razão".

É a "delirante expectativa de castigo"[6] que permitirá situar a culpa melancólica, denunciada nos ditos, como uma falsa culpa, em que se demonstra a foraclusão — "o objeto não tem existência psíquica"[7] — como retorno da linguagem no real em forma de recriminações e insultos dirigidos a si mesmo: ao sujeito (eu) identificado com a Coisa odiada.

O melancólico que se acusa de crimes enormes se queixa — *anklagen* — contra o Outro que o tem abandonado. É ali onde fica fixado. Recusando tanto o saber como a verdade, dá testemunho da rejeição do inconsciente. Sua "consciência culpável" explicita reiteradamente que é indigno de absolvição, declarando o triunfo do objeto: "O eu sucumbe em face do objeto."[8]

À diferença do neurótico, não vem a reivindicar, a lavar sua falta no lugar do *nada*;[9] à diferença do paranóico não acusa o Outro nem se declara vítima inocente de uma persecução injusta. A falta do Outro com a qual se identifica é a sombra do pai morto que recai sobre o lugar do furo do significado, ao qual o Nome-do-Pai nunca chegou.[10] O retorno no real toma a forma delirante do "desagrado moral", descobrindo a cara de gozo da complacência desavergonhada — diz Freud — na injúria que volta como a voz do Outro que golpeia o ser.

O sujeito fica absorvido no lugar da Coisa; "o eu ocupa o lugar do objeto abandonado."[11] Empobrecido narcisicamente, sem valor fálico, o sujeito fica afundado na inércia de uma dor muda — "isso não pode dizer o que isso quer"[12] — marcado pela tendência ao retorno ao orgânico cujo enigma Freud logrou decifrar em *Para-além do princípio de prazer*.

A formalização da segunda tópica dá seu lugar ao real da estrutura: o supereu. Esta instância, que provém das primeiras identificações, anteriores à escolha de objeto, tem a *Bedeutung*[13] de uma lei antinômica, impossível de cumprir, já que inclui o limite da proibição como condição do desejo, assim como a incondicional vontade de gozo.[14]

Os fenômenos clínicos dão conta do levantamento da censura, do apagamento dos limites entre o sujeito e a Coisa e constituem uma prova da autonomia do supereu que conserva sempre seu caráter de origem: a insaciável necessidade de castigo revela-se como resistência ao tratamento. Sem a segurança que dá ao eu a conservação do objeto — o significante do desejo —, o supereu converte-se num cultivo puro da pulsão de morte.[15]

No caso em que o objeto falta — assinala Lacan em "Kant com Sade" — a lei moral representa o desejo.[16]

O humor não é um afeto

Os extremos da oscilação do humor — petrificação melancólica ou fuga maníaca — não são uma tradução das variações do afeto articuladas a um desejo inconsciente. Lacan opõe-se a esta concepção dos transtornos cíclicos assinalando claramente em *Televisão* que lugar outorga a um e a outro. O afeto é uma falha moral, uma covardia "que não cai em última instância mais que do pensamento", de "não se reconhecer no inconsciente".[17] Ao pertencer ao registro do "não penso", aparece como uma inadequação ao compreender e à transparência da consciência. Constitui-se como resto do recorte significante e tem como condição a incorporação do inconsciente no organismo. O humor, por outro lado, define-se do lado da discordância, de um ponto de interrupção entre o ser e a linguagem, que o atravessa como "uma pincelada do real".[18]

O significado daquilo que o melancólico enuncia em seu lamento não é da ordem do pessimismo neurótico próprio do obsessivo — Abraham encontrou afinidades entre ambos —,[19] senão uma evidência da presença de *alíngua* como uma canção reiterativa que repete a "aificação",[20] o futuro já realizado. A enferma M.B.K., de Tellenbach, citada por Binswanger, o diz da seguinte maneira: "... a essência verdadeira e horrorosa da angústia na depressão reside na ausência de objeto" porém "o objeto encontrado... aumenta o sofrimento."

De que encontro se trata? Não do bom encontro, que produz boa sorte ao se repetir.[21] Trata-se de um objeto no real, "material de combustão" para alimentar a fogueira do gozo. É *das Ding*, e não o objeto reencontrado como *Sache* através da mediação do significante unário.

"Os estados depressivos (não a tristeza) começam pela retirada do sentimento das coisas... um se sente privado de suporte interior (...) o sentimento se escapa... os pensamentos giram em círculo (...) vem o desespero... A vida passa por diante de um sujeito imóvel."[22]

Esse relato dá uma amostra da maneira como o sujeito ao qual falta "o apoio ou o suporte interior"[23] vai ao encontro de um signo do gozo do Outro que não é índice do desejo. Na melancolia, o significante retorna ao estado de vestígio. Esta primeira impressão da estrutura abre, no limite da existência, o campo da dor onde o ser não tem possibilidade de mover-se.[24] O gozo que não pode se deslocar na cadeia significante retorna ao organismo de acordo com a afirmação de Freud: "A inquietação da vida é substituída pela estabilidade do orgânico."[25]

A demonstração da foraclusão deve ser abordada desde o nível do sujeito da enunciação. O rechaço do significante do desejo revela a foraclusão na maneira como o sujeito se deixa cair do campo da responsabilidade fálica. O *a* com o qual se sente definitivamente identificado o arremessa fora da cena.[26]

A autocondenação põe em relevo a recuperação de gozo e, com isso, uma liberação do dever de bem-dizer: "uma foraclusão ética".[27]

Na melancolia presentifica-se assim a quietude do real, questiona-se o valor dos ideais como um ponto de fuga do sentido impossível de alcançar e dá-se conta da operação da lei moral.

O atrativo da falta

Freud abordou a melancolia como uma enfermidade da libido, vale dizer, da perspectiva da falta — "luto pela perda de libido" — , desde suas primeiras intuições. Daí que considerasse o luto como seu modelo normal. Ainda que as diferenças entre ambos venham a precisar-se de forma definitiva mais tarde, já em 1895[28] separa o termo no seu uso generalizado — para designar o afeto depressivo tal como aparece na neurastenia —, da melancolia autêntica, sublinhando que, em relação a sua forma "grave, genuína", de tipo cíclico, nos encontraríamos com "o cessamento da excitação sexual somática" como causa e não com uma falta de desejo — "falta de voluptuosidade" — , como efeito sintomático da inscrição da perda.

Esta "inibição psíquica" impede o deslocamento libidinal fazendo impossível a travessia das fronteiras do eu e o investimento de objetos do mundo exterior. Desta maneira, o empobrecimento do eu seria o efeito de uma "contração no psíquico" equiparável a uma ferida aberta que transbordaria como uma "hemorragia libidinal interna".

Freud pode situar assim a dor em relação ao "desinvestimento dos objetos" não sem que permaneça para ele como uma questão metapsicológica difícil de resolver, na qual insistirá ainda vinte anos mais tarde.

No manuscrito — recentemente publicado — [29] enviado a Ferenczi, Freud insiste sobre o excesso de dor, não sintomatizado, como índice de uma perda para-além da perda aparente — "Por que o desprendimento da libido dói tanto?", pergunta-se.

A conclusão de Freud nesse ponto é conhecida: às expensas do objeto ou às expensas do eu.[30]

É "o atrativo da falta", que Lacan frisa no Seminário 7, o que marca a diferença.

A partir destas considerações, Freud assinala um ponto fundamental que proporciona uma das chaves estruturais da clínica diferencial: a negação.

A negativização do ser divide o sujeito em relação à causa como existência e em relação ao seu corpo como exterior. Lacan articula estas duas vertentes ao definir a melancolia como "dor de existir", como a captura sem saída no campo narcísico.[31]

O furo tal como se apresenta na neurose recebe o estatuto de vazio, permite "bombear a excitação sexual somática e transbordar sobre o grupo sexual psíquico", ligar-se às representações, enquanto que, "na melancolia", o furo esta no psíquico",[32] é um furo sem borda. Neste caso o sujeito não admite um processamento do luto segundo o "modo cognitivo",[33] quer dizer, não admite uma tradução. Se a perda não pode ser sublimada é porque a dimensão inconsciente é rechaçada enquanto juízo negativo e o sujeito então tampouco pode pensar-se como Outro, tampouco pode se identificar com uma imagem — i(*a*) —, só com "a sombra" — *der Schatten* — assinala Lacan.[34]

Se nada pode ser concebido como objeto que não esteja sustentado por um sujeito, entendemos a observação de Freud assinalando que a busca dos motivos (na melancolia) que poderia se fazer faz-se fútil.[35]

Essa falha da negatividade, simbólica, que situa o sujeito em relação ao seu ser, é retomada em 1915 quando a melancolia é definida como neurose narcisista pelo viés do ideal do eu, identificação parcial ao significante do Outro. Num manuscrito enviado a Ferenczi, assim como na correspondência com Abraham,[36] Freud enfatiza a função da negação e assinala que o trabalho do luto implica o desamarramento por negação expressa de todos os enlaces com o objeto perdido; o mesmo processo se dá na melancolia "salvo que a denegação é finalmente omitida".[37]

Este rechaço do inconsciente pode ser considerado o elemento fundamental que explica por que o retorno ao eu da desvalorização do objeto é demonstração do estranhamento do Ideal, da perturbação das identificações simbólicas que impedem que o sujeito tenha acesso ao saber, "que é o que perdeu".[38] Ferenczi, na sua réplica a Freud de 22 de fevereiro de 1915, denomina-a "psicose de introjeção propriamente dita",[39] elemento também assinalado por Abraham.

O sacrifício do sujeito é o resultado. Freud assinala-o em *O eu e o isso* da seguinte maneira: "A assunção do sentimento de culpa é o único resto difícil de distinguir do vínculo resignado, semelhante ao processo da melancolia."[40]

O Outro que retorna no real e a passagem ao ato suicida

A culpa do melancólico deriva da sua maneira de assumir o mandato do Outro.

A perturbação do sentimento de si, o desagrado moral com o próprio eu, enunciados em 1917, dão conta da particularidade desta posição subjetiva e lançam luz sobre o delírio de indignidade como resto da operação simbólica e sobre a propensão à passagem ao ato. A freqüência da escolha de enforcamento não é um dado sem importância.

Para Lacan, o *pathos* melancólico não exime o sujeito da sua responsabilidade e seu consentimento ao sacrifício não se inscreve numa dimensão trágica, senão que é considerado uma "covardia moral".[41] Vale dizer, não renuncia ao gozo, consentimento à mortificação até o limite do aniquilamento: "não sou".

O objeto que triunfa ao se realizar como dejeto da linguagem está fora de toda pontuação fálica. Como resto indivisível da linguagem vem para o lugar da letra, da marca da divisão não assumida no corpo que se absolutiza na lucidez do ato suicida. O [Eu] se converte em equivalente do objeto; literalmente como desejo, mutilado do seu corpo.[42] O sujeito que se deixa cair pendendo de uma corda, passando pelo furo, vem a se colocar no coração do Outro. O real se coloca assim no lugar da verdade separando-se de toda possibilidade de saber. Dois dos exemplos clínicos relatados por Binswanger[43] são reveladores de que as coordenadas do empuxo para o suicídio não são unívocas.

No caso do escritor suíço Reto Roos, o sujeito se define como num entre-dois, entre percepção exterior e interior, e diz: "Sem amarras... se está na vida, porém também na morte; sentimentos que pelo geral empurram para a morte." O esforço inumano para seguir vivendo o determina a "se riscar do seu próprio livro de contas" e chega à certeza desta solução inequívoca: "decisão plena e sem equívoco do suicídio", com a qual se realiza como marca do Outro.

No exemplo de Bruno Brandt, descreve-se um suicídio falho e uma reanimação dos investimentos do objeto; a decisão pode ser revogada fazendo Binswanger duvidar do diagnóstico de melancolia. Durante sua estada numa clínica decide-se a "reabituá-lo à liberdade". Permite-se que ele dê um passeio pelo bosque, durante o qual decide se pendurar de uma árvore. Prepara praticamente um dispositivo e, no momento em que vai efetuar sua saída do mundo, algo o detém. Percebe no horizonte da sua visão a aparição de um animalzinho: um pequeno preá. Diz a si mesmo que não havia visto nunca um preá e que deve dar-se tempo.

A aparição dessa ponta do objeto — *a* — captura toda a atenção do sujeito. A ponta que se perfila nesse limite recorta no campo imaginário o lugar da exclusão, como foi tão bem assinalado por Lacan em *A angústia*,[44] e recobre a sombra, revestindo-a com uma imagem: *i(a)*. Um momento depois, constata que a intenção suicida evaporou-se. Este objeto imaginário

— alucinado ou não — detém o ato e permite situar o objeto separado em relação ao falo como contingente: o tempo. A necessidade (*necessité*) que se evidencia no empuxo supereuóico é de outra ordem, provém do real.

NOTAS

1. Freud, S., "Deuil et mélancolie" (1915), *Métapsychologie*, Paris, Gallimard, 1968, p.155.
2. Lacan, J., Le Séminaire, livre X, "L'angoisse" (1962-63), lição de 16.1.1963, inédito.
3. Freud, S., "Névrose et psychose" (1924), *Névrose, psychose et perversion*, Paris, PUF, 1973, p.283-6.
4. Freud, S., "Deuil et mélancolie" (1915), *Métapsychologie*, op. cit., p.148-9.
5. Ibid., p.151 e 152.
6. Ibid., p.245.
7. Freud, S., Ferenczi, S., *Correspondance*, Paris, Calmann-Lévy, 1996, p.58.
8. Freud., S., "Deuil et mélancolie" (1915), *Métapsychologie*, op. cit., p.163.
9. Lacan, J., "Observação sobre o relatório de Daniel Lagache: "Psicanálise e estrutura da personalidade" (1960), *Escritos*, Rio de Janeiro, Jorge Zahar, 1998, p.672-4.
10. Lacan, J., "De uma questão preliminar a todo tratamento possível da psicose" (1957), *Escritos*, op. cit., p.537-90.
11. "Kant com Sade" (1963), *Escritos*, op. cit., 158.
12. Freud, S., "Le moit et le ça" (1923), *Essais de psychanalyse*, Paris, Payot, 1981, p.228.
13. Ibid.
14. Lacan, J., "Kant com Sade" (1963), *Escritos*, op. cit., p.776-803.
15. Freud, S., "Le moi et le ça" (1923), *Essais de psychanalyse*, op. cit., p.228.
16. Lacan, J., "Kant com Sade" (1963), *Escritos*, op. cit.
17. Lacan, J., *Télévision* (1973), Paris, Seuil, 1973, p.39.
18. Ibid., p.41.
19. Abraham, K., "Préliminaires à l'investigation et au traitement psychanalytique de la folie maniaco-dépressive et des états voisins" (1912), *Rêve et mythe* (1907-13), 1, Paris, Payot, 1965, p.99-113.
20. Soler, C., "Innocence paranoiaque et indignité mélancolique", *Quarto*, 33/34, 1988, p.22-7.
21. Lacan, J., *Télévision*, op. cit.
22. Binswanger, L., *Mélancolie et manie* (1960), Paris, PUF, 1987.
23. Ibid., p.54-55.
24. Lacan, J., O Seminário, livro 7, *A ética da psicanálise* (1959-60), Paris, Seuil, 1986.
25. Freud., S., "Deuil et mélancolie" (1915), *Métapsychologie*, op. cit.
26. Lacan, J., Le Séminaire, livre X, "L'angoisse" (1962-63), lição de 16.1.1963, inédito.
27. Cottet, S., "La fausse énigme de l'état d'âme", *La Cause Freudienne*, 23, Paris, Navarin/Seuil, p.60-5.
28. Freud, S., "Lettre n.21 e 29.8.1894, Manuscrit G. La mélancolie" (1894), *La Naissance de la psychanalyse*, Paris, PUF, 1956, p.91-7.
29. Freud, S., Ferenczi, S., *Correspondance* (1914-19), t.II, op.cit., p.58-9.
30. Laurent, É., "Mélancolie, douleur d'exister, lâcheté morale", *Ornicar?*, 47, Paris, Navarin, 1988, p.5-17.

31. Lacan, J., O Seminário, livro 8, *A transferência* (1960-61), Rio de Janeiro, Jorge Zahar, 1992, cap. XXIII.
32. Freud, S., "Lettre n.21 de 29.8.1894" (1894), *La Naissance de la psychanalyse*, op. cit., p.91-7.
33. Freud, S., "Lettre n.64 de 31-5-1897. Manuscrit N. Notes (III)" (1897), *La Naissance de la psychanalyse*, op.cit., p.183-5.
34. Lacan, J., O Seminário, livro 8, *A transferência*, op.cit., cap. XXIII.
35. Freud, S., "Lettre n.64 de 31.5.1897. Manuscrit N. Notes (III)" (1897), *La Naissance de la psychanalyse*, op. cit., p.183-5.
36. Freud, S., Abraham, K., *Correspondance* (1907-26), Paris, Gallimard, 1969.
37. Freud, S., Fereczi, S., *Correspondance* (1914-19), t.II, op.cit., p.58-60.
38. Ibid., p.61.
39. Ibid., p.61.
40. Freud, S., "Le moi et le ça" (1923), *Essais de psychanalyse*, op.cit., nota 1, p.223.
41. Lacan, J., *Télévision*, op. cit., p.40-1.
42. Lacan, J., Le Séminaire, livre X, "L'angoisse" (1962-63), lição de 16.1.1963, op. cit.
43. Binswanger, L., *Mélancolie et manie* (1960), op.cit.
44. Lacan, J., Le Séminaire, livre X, "L'angoisse" (1962-63), lição de 16.1.1963., op.cit.

O autismo, especificidade

Rosine e Robert Lefort

Desde sua descoberta e descrição por Léo Kanner[1], o autismo não parou de colocar a questão de uma estrutura específica, não tanto em relação à psicose, mas especialmente quanto à distinção com a esquizofrenia. O autismo não se reduz à forma infantil precoce, ponto de partida da descoberta de Kanner, pois ele mesmo, através de seus casos, mostrou a multiplicidade das formas clínicas do autismo, desde a forma de debilidade profunda e de psicose até a forma dos adultos estabilizados e capazes de um certo funcionamento social: tantos autistas, tantas formas diferentes com um fundamento estrutural comum.

Os estudos anglo-saxões, de Frances Tustin[2] ou de Donald Meltzer[3], são remarcáveis pelo rigor e pela minúcia de suas descrições clínicas, mais fenomenológicas do que estruturais, por falta de uma referência ao significante e à linguagem, que será a nossa "orientação lacaniana".

Pontos de estrutura

O que falta à formulação fenomenologicamente verdadeira é "poder ordená-la em função da falta estrutural fundamental, inscrita no seio da lógica do significante, quer dizer, a falta no Outro, que é somente um significante sem significado, que Lacan escreve S(Ⱥ) e, por isso mesmo, subtraído à observação."[4]

O tratamento de Marie-Françoise levou-nos a esta estrutura, condição necessária e absoluta de ler o fenômeno dentro da dinâmica da transferência.

Isolemos, sucessivamente, os pontos de estrutura diferencial a partir da dialética do significante e dos matemas: A, S, *a*, S_1, S_2; quer dizer, aqueles que estão em jogo na emergência do sujeito, para interrogar a especificidade do seu status no autismo.

Quando a vejo pela primeira vez:

1. O que me surpreende é o seu olhar que flutua no vazio: olhar morto que dá a impressão de ser um muro. Tem olhos, mas não tem olhar.
2. Não tem contato com os outros, adultos ou crianças. Tem distúrbio de preensão de objetos, que só pode tocar com o dedo indicador ou com o nariz, servindo-se deste como um substituto da boca.
3. Não fala.
4. Não anda, mas se desloca sobre o traseiro.
5. Freqüentemente se anima por um balanço que afeta o corpo inteiro ou unicamente sua cabeça ou seus braços.
6. Sobre este fundo de introversão, é capaz de explosões de raiva violenta, nas quais bate com a cabeça no chão dando gritos estridentes.
7. Também tem crises noturnas com ranger de dentes, gritos, escoamento de saliva e olhos congestos, mas o EEG é normal.
8. é bulímica, depois de ter sido anoréxica.

Violência, sem Outro

A partir dos relatos de seu tratamento, pode-se notar cinco pontos principais:

1. Violência e destruição: o que me impressiona, imediatamente, é sua violência sem nenhuma inibição; quando chego, olha para mim durante um momento com um ar sombrio, sentada na cama, depois, quando falo, levanta-se de maneira súbita, e, com um sorriso, anda em minha direção e me dá uma bofetada magistral, com toda a força, seguida de cinco outras, agarrando-se a mim. Larga-me e deixa-se cair na cama, com a cabeça entre as pernas.

Pelo menos, esta agressão tem o mérito de temperar, na sua vida diária, a autodestruição que se infligia contra as barras da cama ou então batendo com a cabeça no chão. Para ela, o mundo deve ser destruído ou vai destruí-la.

2. Não há Outro para ela: estou presente e não existo como Outro, quer seja o Outro da imagem, o Outro da fala, já o vimos, ou o Outro que o pequeno sujeito torna portador do objeto. Não há nem S_1, nem objeto *a*.

Esta ausência do Outro da imagem aparece quando, na segunda sessão, seu olhar vai de mim até o vazio da janela onde faz um apelo a uma ausência real.

Quanto ao objeto, quer arrancá-lo de mim e jogá-lo fora, o lápis, o relógio, os cabelos, sobretudo meus óculos que joga fora, como faria comigo, embora às vezes coloque um vidro sobre seu olho como para me incorporar através de uma colagem.

Não sou esse Outro, ela diz o porquê: a este Outro falta ser furado, com o risco de mostrar que é seu próprio corpo que é furado, desenhando com o seu cocô os orifícios de sua boca e de seus olhos, ou seja, as bordas. Tenta fazer em mim o furo que falta, arrancando-me os objetos que joga logo fora, até mesmo tentando enfiar uma colher em meu olho. E se uma vez, num ímpeto, abriu meu jaleco e escondeu sua cabeça na abertura, logo depois recuou dizendo: "Não quero !". Depois, manipulou os objetos, os cubos e as caixas embutidas, ao contrário do que deveria fazer com os menores e os maiores, com uma lógica própria, implacável: é sua maneira lógica de lidar com a ausência de Outro, no sentido de uma recusa ativa, mas também real, pela impossibilidade de se fazer o objeto de um Outro absoluto e sem falha. Ao menos ela mostrou: seria preciso fazer um furo prévio? Que lugar lhe resta senão aquele mesmo do Outro, com qual ela faria seu duplo? Desta situação surge uma alternância de destruição entre os dois pólos presentes, própria da situação dual, onde a afirmação de um dos termos não pode se fazer senão com a exclusão-destruição do outro. A pulsão de morte encontra aqui sua "realização", diz Jacques-Alain Miller.

Ausência de objetos

3. A ausência de objetos: o oral, a voz e o olhar. A ausência de Outro a levou à bulimia extrema, onde se deixaria preencher sem parar com qualquer coisa. Mas, com a análise, encontra a possibilidade de se aproximar do objeto oral durante a sessão, um prato de arroz, num conflito onde o horror pode ser avaliado no fato de ficar à beira de uma crise convulsiva, com a boca aberta para dar um grito que não sai. Então, sua voz se torna uma monotonia gutural e abafada. Só pode tocar o que come com a ponta do dedo indicador ou do nariz, ou se aproximar com seu olho saindo para fora da órbita, enquanto substitutos de sua boca.

Mais tarde, na sua análise, conseguirá comer o conteúdo do prato, comendo-me com os olhos, para depois cuspir a comida na minha cara, entre a impossibilidade e a recusa muito agressiva. Não pode, com efeito, suportar a comida que vem do Outro e diz o porquê: em frente ao prato, exclama "mamãe-bebê", numa holofrase que elimina a demanda pela confusão do duplo que aí se inscreve. Assim, é impossível que a comida venha do Outro que não há, ou então o Outro pode ser essa comida, quando dirige um "mamãe" à farinha. Esta confusão do Outro e do objeto faz com que não exista nem um nem Outro.

No início, seus olhos eram vazios e sem expressão, mas logo saíram para fora da órbita quase em contato com o objeto oral, numa junção olho-boca. Se, no início, seu olhar e sua voz estão ausentes, é porque, tendo que contar com a demanda do objeto, vimos a impossibilidade de se resolver no duplo. Contudo, isso não impede que seja sensível ao que escuta, embora num sentido bem particular: cada vez que eu falo, emite fonemas agressivos para que eu me cale, como uma maneira de me anular. A fala do Outro redobra sua presença real, aqui o real é aquele do Outro, mais do que da fala.

O que acabamos de dizer do objeto no autismo mostra como não pode haver montagem pulsional; pois estes objetos, dos quais o Outro é portador, objetos separáveis do Outro barrado, não têm relação com esse Outro absoluto, e, nestas condições, são puros reais, portanto impossíveis, sem nenhuma dimensão de semblante. Também não existe nenhum significante que venha do Outro e faça o balbucio infantil da "alíngua" — ausência notada pelos anglo-saxões. Nem S_1, nem *a* se confirmam.

Então, que resta da voz do Outro quando, por exemplo, escuta a voz do médico no quarto ao lado e exclama "papai"? Somente um eco do S_2, que certamente ouve todo o tempo em volta dela, mas que não tem nada a ver com uma nomeação, quer dizer, com a funcão representativa do significante. Este S_2, em ausência do S_1, não representa o sujeito para um outro significante, portanto está fora da alienação, tornando toda separação devastadora pois impossível e real. Isso faz do autista um sujeito um tanto "verboso", diz Lacan, mas, por causa da ausência da alienação, não encontra a condição da própria fala em casos de ausência de nomeação. Só resta para o autista, que se situa na linguagem, a ecolalia, onde ele se encontra mais ainda numa posição de duplo, fora do discurso.

O duplo

4. O duplo: esta ausência de alienação no significante do Outro que não existe, faz do duplo um componente fundamental e estrutural intrínseco do autismo. Com efeito, esta ausência do significante do Outro exclui a identificação. Haverá no entanto fascinação? Nádia mostrou-nos que, frente ao espetáculo de uma criança no colo de uma enfermeira, sua fascinação não dependia somente daquilo que via, mas de um terceiro termo que alucinava, o objeto oral que não estava na imagem, mas era a causa dos seus movimentos de sucção. Sua fascinação dependia de sua alucinação desejante do objeto. Isso faz a diferença com o duplo, neste caso o que falta é o objeto causa do desejo, que não é implicado no encontro do duplo e sobretudo que não é alucinável na ausência do Outro. A montagem da pulsão não pode ser realizada: o real toma o lugar do Outro ou do objeto, até mesmo do sujeito ele mesmo. O espelho do Outro do esquema óptico, espelho sem estanho, pois não é somente o lugar do reflexo do corpo, não

se interpõe entre i(*a*) e i'(*a*); a passagem se faz entre dois i(*a*). A divisão do sujeito se efetua no real do duplo, no real do mesmo. Para retomar os termos de Lacan, "presença algures que constitui este lugar como ausência e faz da imagem especular a imagem do duplo com aquilo que ela traz de estranheza radical[5]". É preciso determinar que a imagem não dá acesso ao especular propriamente dito; este conjuga a imagem reunida do corpo despedaçado, origem imaginária de jubilação, com esta parte não especularizável no campo do Outro, o objeto *a,* que faz sua alteridade e não a estranheza do duplo. Aliás, esse último pode ser um animal, o que acentua mais o ser do que o sujeito ligado ao S_1.

5. Assim, o espelho no real é o duplo. Com efeito, é o real que Marie-Françoise encontra no pequeno espelho do pó-de-arroz, sem nenhum significante. Contenta-se em explorar com o seu dedo indicador atrás deste espelho.

O outro encontro, que assinala a ausência da imagem para ela, é muito explícito quanto à natureza real do espaço virtual: o espelho é substituído pelo vidro de uma janela, através da qual olha para o céu e o topo das árvores, e exige que eu olhe para ela enquanto está olhando. Será que exige um olhar ou o meu olho-órgão? A resposta vem quando, puxando para ela o batente da janela aberta, olha para mim através do vidro, o que não é nada especular, mas só faz de mim seu duplo: ela falhou o Outro.

Diagnóstico diferencial

O que podemos dizer do autismo? Certamente, trata-se de uma psicose; mas será que, devido à sua evolução variável, poderíamos pensar o autismo como uma quarta estrutura, junto à triade neurose, psicose e perversão?

O diagnóstico diferencial com a esquizofrenia foi colocado imediatamente. Lacan, em 1975, em Genebra[6], tinha dito na discussão: "Temos de saber por que existe no autista, ou naquele que chamamos esquizofrênico, algo que se congela, se podemos dizer assim." Esta aproximação poderia levar-nos a pensar que haveria uma tal afinidade entre os dois e que o diagnóstico diferencial seria aleatório. Tanto mais que, na origem, Bleuler não os tinha verdadeiramente distinguido, ao contrário de Kanner que, em 1943, isolou o autismo e sua evolução variável e específica. Foi Tustin que, pelas suas descrições clínicas, marcou melhor a diferença entre o autismo e a esquizofrenia: o autista é colérico, ativo, agressivo, enquanto o esquizofrênico é como uma massa mole que escorrega nos braços daquele que o carrega; ele foi uma criança fácil, sem raiva, nem manifestação de violência e de destruição.

Quanto à diferença entre o autismo e a paranóia, ela reside no fato que, neste caso, o Outro é portador do objeto, mesmo que seja impossível e real, não-separável, e a quem o psicótico deve tudo já que ele se encarrega de sua proteção. Se não existe mais S_1, nem o gozo prévio na paranóia, ao menos existe um corpo, com a presença de um objeto que pode fazer furo no Outro e que lhe é devido motivo até a automutilação.

Se não há objeto do Outro no autismo, ao menos existe S_2 porque o Outro fala. Assim, o Outro que fala pode fazer do autista um sujeito verboso, capaz mesmo de uma inteligência muitas vezes notável, não sem uma certa lógica discursiva; ou então, pelo contrário, este S_2 do Outro pode ser persecutório ao ponto de, no lugar de objeto, sua fala induzir uma componente paranóica que levaria a pensar numa saída do autismo.

Que não haja Outro no autismo e que isto seja um dos pontos específicos desta estrutura, abre a questão do lugar do analista no tratamento analítico do autismo, do desejo deste analista, em uma palavra, da transferência. Que não haja o Outro prévio, é o caso de dizer isso aqui, como também não há sujeito prévio; quando muito, o sujeito autista é suposto pelo analista, como o Outro da transferência é normalmente suposto saber pelo analisando. Se ele não é suposto para o autista, é porque o seu Outro não é portador do objeto; sem objeto separável, não somente o Outro não existe como ele se torna o objeto ele mesmo, ou seja, ele está no lugar do duplo, como vimos, numa situação dual sem mediação do objeto. Se o autista se precipita em direção ao analista na sessão, não é para lhe dirigir a palavra, mas para recusá-lo, anulá-lo, até mesmo destruí-lo, como se, na ausência de objeto, a dimensão pulsional fosse reduzida à pulsão de morte que se refere ao duplo.

Quanto aos inúmeros significantes que os autistas têm na cabeça, cuja irrupção na superfície às vezes provoca espanto, eles têm uma tal dimensão de real que excluem toda alienação e põem em equivalência a separação, a violência e a autodestruição alternadamente. Aqui é preciso retomar o desenvolvimento de Freud em "Análise terminável e análise interminável"[7] sobre a pulsão de morte, quando fala que, normalmente, ela alterna com a outra pulsão, Eros. Um traço de estrutura do autismo é chegar ao isolamento de Thanatos, um real insuportável.

O que dizer, então, do que podemos chamar, especificamente para o autismo, a vivência do analista? Privado de seu lugar de Outro que fala, até mesmo de seu lugar de objeto, ele deve realizar a injunção de uma pura presença sem existência, com o risco de seus significantes serem recebidos no real de um modo persecutório, induzindo sua destruição. Nesse caso, o autista é reduzido a querer tomar seu lugar, como Marie-Françoise, na janela, exigindo que eu olhe para ela, e não para o que ela olhava: o vazio exterior sem imagem, nem objeto.

Para concluir, da clínica aos matemas, o balanço destes é bem negativo, pois, com efeito, faltam: o grande A reduzido a um real não barrado; o *a* real não tombado que deixa o S do sujeito não barrado, em estado bruto; o S_1 do balbucio e do gozo prévio que não representa o sujeito para um S_2 que, por não fazer barragem ao gozo do sujeito, é gozo do Outro num real insuportável, do qual o autista se defende, seja pela recusa da palavra, seja tomando a palavra, mas palavra do Outro do qual ele é o duplo. Este duplo é Um, totalitário — sabemos que nosso trabalho já nos permitiu interrogar esta ideologia sócio-política que colocaria o autismo na via de uma generalização.

Então, que terá este Outro, no qual nem a linguagem, nem a lei se distinguem, pois o significante do Pai no lugar do Outro é foracluído? Qual é a diferença então entre a paranóia e o autismo? Por falta da dialética fálica, o paranóico faz a mulher que falta aos homens, numa foraclusão limitada e numa sexuação afirmada pelo seu "empuxo-à-mulher". Estando o autista fora da sexuação, fora da metáfora e fora do sentido, na foraclusão mais completa da relação sexual, só pode tocar sua música com a partitura do duplo. Aqui a situação dual exalta o sacrifício e, para a integração de uma grande parte de autistas, o real seria o mundo a partir do qual deles se constitui, levando a numeração até o infinito, diz Lacan[8] citando Cantor; o que abre o autismo a uma generalização, até fora da civilização, até mesmo à barbárie.

Seria preciso interrogar aqui o sujeito da ciência na sua relação à ética.

NOTAS

1. Kanner, L., in Berquez, G., *L'Autisme infantile, introduction à une clinique relationnelle selon Kanner*, Paris, PUF, 1983.
2. Tustin, F., *Autisme et psychose de l'enfant*, Paris, Seuil, 1977; *Les États austistiques chez l'enfant*, Paris, Seuil, 1986.
3. Meltzer, D., *Explorations dans le monde de l'autisme*, Paris, Payot, 1980.
4. Miller, D., "Le savoir sur l'autisme dans l'IPA", série La Découverte Freudienne, vol.VIII, Toulouse, Presses Universitaires du Mirail, 1992, p.182.
5. Lacan, J., "O estádio do espelho como formador da função do Eu" (1949), *Escritos*, Rio de Janeiro, Jorge Zahar, p.98; "Observação sobre o relatório de Daniel Lagache: 'Psicanálise e estrutura da personalidade'" (ver esquema óptico) (1960), ibid., p.680-5.
6. Lacan, J., "Conférence à Genève sur le symptôme" (1975), *Le Bloc-Notes de la Psychanalyse*, 5, Genebra, 1985, p.17.
7. Freud, S., "L'analyse avec fin et l'analyse sans fin" (1937), *Résultats, idées, problèmes* (1922-38), t.II. Paris, PUF, 1985, p.261.
8. Lacan, J., "L'étourdit" (1972), *Scilicet*, 4, Paris, Seuil, 1973, p.34.

Enfrentar o real da criança psicótica

Virginio Baïo

Yves tem 6 anos e passa o tempo inteiro a escutar o som da batida que ele mesmo produz numa caixa de biscoitos vazia. Ele nunca fala. Nem come. Rói somente a beira dos biscoitos.

Xavier, menino muito reservado de 5 anos, evita encontrar os adultos tanto pela voz quanto pelo olhar. Um dia, ele ouve a diretora dar um carão numa criança: "Para de fazer as vezes de bebê", disse ela. Então Yves vai falar com uma educadora e lhe anuncia que há no gabinete da diretoria "uma criança que está fazendo um bebê com a diretora".

Yves e Xavier são ambos psicóticos. Mas o que é que eles fazem? Para que serve a caixa vazia de Yves? Por que Xavier evita o olhar e a voz dos outros?

Quais são a função e a estrutura do sintoma na neurose e na psicose? A neurose na criança é diferente da neurose do adulto? A função do sintoma na neurose é a mesma que na psicose? E na psicose, o sintoma da criança tem a mesma estrutura e função que no adulto?

O sintoma na criança neurótica

Nas suas duas notas para J. Aubry, Lacan define o sintoma da criança neurótica como a verdade do par familiar[1]. Ele faz deste sintoma o efeito de uma causa dupla, de um $S_1 - S_2$. Só num segundo tempo é que, ao nosso ver, o sintoma da criança neurótica implica a dimensão do objeto.

Quando Jim chegou ao hospital, era anoréxico. Sua mãe o alimentava com a mamadeira cheia de água. Quando ele começou a ter desejos, começou também a se interessar pelos seios das educadoras. Um dia uma delas lhe disse: "Meus seios não valem a pena. Se você visse os de minha mãe..."

Desde então, cada vez que esta educadora vai embora, Jim lhe dá balas para que ela as dê a sua mãe. Vê-se neste caso despontar um programa fantasístico no qual o seio orienta a pulsão, como resposta à questão: "O que quer uma mulher para-além da mãe?"

Na criança neurótica, observamos uma dupla função do sintoma: ele intervém, de um lado, como a verdade do par familiar, a partir do qual o sujeito demanda que lhe façam uma oferta desejante; por outro lado, ele indica uma modalidade de gozo, reenviada, para verificação, à hora de verdade do sexo. Na neurose, a criança não goza necessariamente do seu sintoma como o adulto o faz, um sintoma de criança (retardo escolar, violência, anorexia etc.) pode funcionar unicamente como a verdade do par familiar, e por conseqüência como índice de que ela ainda não construiu "seu" sintoma.

A criança psicótica já faz o trabalho do sintoma: sua função é de "revelar a verdade do objeto da mãe[2]". Nossa hipótese na instituição em que trabalho[3] numa "prática com vários outros"[4], a qual eu descrevo neste artigo, é a seguinte: verdade do objeto, a criança psicótica é já dotada de um sintoma, mais exatamente, já está trabalhando para realizar e se dotar de uma construção sintomática.

É o caso de Yves e de Xavier, eles já estão trabalhando para realizar uma construção sintomática[5]. Um é esquizofrênico e o outro paranóico.

Esquizofrenia e paranóia

Se, na psicose, a foraclusão é o mecanismo significante comum, na falta de um suporte da função simbólica assegurada por um Nome-do-Pai, os destinos do gozo não são os mesmos na esquizofrenia e na paranóia, enquanto ligados ao Outro, que não é separado do gozo. O Outro, de fato, da esquizofrenia, no qual "todos os órgãos são fora-do-corpo", é o Outro da língua, isto é, o Outro do corpo. Assim, a palavra neste caso não é o assassinato da Coisa, "ela é a coisa"[6]. Na paranóia, há uma pequena diferença: "a palavra não é suficientemente o assassinato da Coisa"[7]. O Outro é real, existe, de uma parte e de outra.

Um órgão suplementar

Yves, o esquizofrênico, em relação a cste Outro real, tenta "se produzir" como sujeito. Como ele faz?

Ele isola um objeto no qual aplica uma batida, com uma alternância de + e de –. Como ele não pode contar com o significante (+), fálico, produtor de uma perda de gozo (–), para se orientar no espaço e no tempo quanto ao sexo e à existência, ele encontra um suplemento para esta carência, isolando um órgão suplementar[8] ao qual ele aplica um + e um –.

Onde o falo funciona como significante metafórico, Yves aplica na caixa de biscoitos uma batida.

$$\frac{\text{Linguagem}}{\text{Coisa}} = \frac{+}{-}$$

Mas esta batida permanece metonímica, sem chegar a engendrar um – pela substituição de um +. Esta construção não pára de não inscrever um –, e Yves deve repeti-la sem parar.

Este órgão suplementar, a caixa, constitui no entanto o sintoma de Yves, uma matriz suscetível de se enriquecer e de ser o pivô de uma construção delirante.

Como operar para que isto cesse de não se inscrever?

A partir do objeto pulsional

Como Yves não comia, ele roía somente a beira dos alimentos, nós só lhe dávamos pedaços de biscoito e lhe servíamos um menu incompleto. Então Yves começou a reclamar o que lhe faltava. Ele esquece as caixas de biscoito vazias, começa a nos chamar pelo nome, a classificar, repartindo por exemplo os objetos entre os que estão presentes e os que estão ausentes, os que são quebrados ou não.

Em seguida ele começou a verificar as instalações dos esgotos, os tubos de gás da casa, dos trens, depois os circuitos do corpo, a circulação do sangue, do ar, do xixi e do cocô.

Yves conseguiu fazer com que algo se escrevesse, tomasse o status de letra. Em que condições isto foi possível?

Isto cessa de não se escrever

Foi preciso que Yves encontrasse estes parceiros que são os educadores e que se propuseram a encarnar para ele um Outro vazio de saber, logo de gozo, mas regulado quanto ao olhar e quanto à voz, dócil em relação à sua construção e seu saber metonímico. Os educadores se prestaram a ser o lugar onde este saber pôde se localizar e se fixar.

Logo, o sintoma na psicose é uma ficção, delirante, que se fixa como saber novo. Yves consegue "se produzir" como sujeito, graças a esta construção que, uma vez ancorada na base que constituiu para ele a caixa de biscoito vazio, como órgão suplementar, foi em seguida se enriquecendo metonimicamente.

Esta construção sintomática se fixa como letra, não somente ela diz não ao Outro do gozo, mas ainda dá um nome próprio a Yves. Ele diz um não ao seu Outro real, fixando na letra um gozo que se encontrava desamarrado. Yves tenta pelo seu sintoma, num gesto de ironia, fazer do Outro um inexistente.

Um delírio como sintoma

Xavier, o paranóico, constrói um saber que ele deposita nos educadores, verificando-o ao mesmo tempo. E se Yves estava desde o começo preocupado pelo objeto oral, para Xavier o que o preocupava era o olhar e a voz.

No começo, a partir de certos ditos da diretora, ele dizia: "Aqui não se faz o que se quer, todo mundo dita a lei, eu não estou de acordo que se faça aqui o que se quer, sou eu que dito a lei aqui."

Em seguida ele começou, nas diferentes oficinas, a elaborar uma construção com os educadores. Ele desenhava, fazia recortes, e com a cola fabricava uma casa, com portas e janelas bloqueadas, dentro dela ele prendia a tempestade. Ele podia assim circular como bem entendia, ao abrigo do trovão e dos relâmpagos.

Xavier pôde assim ocupar uma posição que lhe permitia seguir com o olhar tudo o que acontecia com os adultos e as outras crianças em torno dele. Por exemplo, subia no balanço e lá de cima ele tinha uma visão que abrangia todo o jardim. Depois ele conseguiu se juntar com as outras crianças, rir, aprender e no fim se reintegrar à escola.

Fazer da fala letra

Se as construções de Yves e de Xavier puderam se inscrever, foi graças aos educadores que se colocaram junto aos dois como secretários, tabeliões: eles atuaram.

Existe uma diferença entre as construções de Yves e de Xavier? Os sintomas de Yves e de Xavier têm a mesma estrutura e a mesma função, como em Schreber e Joyce? Esta estrutura não é estrutura de verdade, mas estrutura de cifra, estes sintomas são escrituras que fixam e limitam o gozo.

A função destas escrituras é de operar um esvaziamento do sentido: através de uma fixação da ficção sintomática enquanto saber, e assim o saber total do Outro louco é descompletado. Esta criação de saber, vazia de sentido, tem função de letra, ela introduz uma subtração no lugar do Outro, fazendo-o inexistir.

O sujeito se produz como efeito da letra que fura o Outro. "Só a letra faz furo", diz Lacan[9]. Graças à letra do sintoma, Yves e Xavier encontram um nome no universo, introduzindo uma descontinuidade no saber total do Outro real.

Introduzir uma descontinuidade no real

Resta uma questão crucial que nos apaixona: se na esquizofrenia, enquanto ela constitui uma "medida da psicose"[10], encontramos "o único sujeito que não se defende através do simbólico", "porque para ele o simbólico é real"[11], como explicar as manobras que Yves aplica ao seu órgão suplementar, e seus circuitos intermináveis?

Já tentamos demonstrar a função sintomática destas manobras, mas fica esta questão crucial: se tudo é real, será possível forçar este real pela invenção, por uma versão do simbólico que escape ao real?

Pippo virava sempre as costas, ele vivia fechado no seu mundo como se fosse surdo, mudo e cego. Durante horas, e mesmo na cama, ele batia com um copo na vidraça alternando este movimento com um barulho dos lábios. Como operamos para que esta construção cesse de não se inscrever?

Pippo não tratava o real com o simbólico, mas sim seu Outro real com sua "batida-barulho". Um educador tomou a iniciativa de tocar um acorde de violão para cada "toque" de Pippo. Quando Pippo parava, ele parava também, e quando Pippo retomava, ele retomava. Depois de um certo tempo, Pippo se virou e olhou o educador que se pôs a cantar: "Pippo está aqui, Pippo está aqui." Isto se repetiu semanas e semanas, até o dia em que Pippo interrompeu seu "toque-toque" para ir tocar no violão do educador, e finalmente se sentar no colo deste, no lugar do violão, para mordê-lo e sorrir.

O educador tentou introduzir uma certa distância, ocupando o lugar do destinatário do real da "batida-barulho", que não conseguia se inscrever simbolicamente. O educador forçou este real retomando-o por sua conta pelo acorde de violão, um dos dois tempos deste + e – realizado. E quando Pippo se virou para verificar de onde vinha a réplica, uma descontinuidade se introduziu, que fez sinal da presença do sujeito. O educador introduziu, com o acorde de violão, uma descontinuidade no real do "toque-toque". E esta descontinuidade fez sorrir o sujeito.

É certo que as crianças psicóticas como as neuróticas conseguem construir um sintoma, sozinhas, escondidinhas; mas podemos ajudar nesta fabricação, podemos ajudar uma construção sintomática a se inscrever e vir "contrastar" com o real. Devemos a Jacques Lacan e à sua orientação de saber abrir sem impor uma via para o sujeito, permitindo-o forçar e contrastar o real.

NOTAS

1. Lacan, J., "Duas notas sobre a criança", *Opção Lacaniana*, 21, São Paulo, Eolia, 1998, p.5.
2. Ibid, p.13.
3. Nesse serviço são recebidas crianças psicóticas e com perturbações graves da personalidade.
4. Título da terceira Journée du RI^3 (Réseau international d'institution infantile), que ocorreu em 1 e 2 de fevereiro de 1997, em Bruxelas. Este título foi proposto por J.-A. Miller.
5. Antenne 110, "L'autiste: un psychotique au travail", *Préliminaire*, 5, 1993, p.7-18.
6. Miller, J.-A., "Clínica irônica", *Matemas I*, Rio de Janeiro, Jorge Zahar, 1996.
7. Ibid.
8. Laurent, É., "Réflexions sur l'autisme", *Bulletin Petite Enfance*, 10, 1997, p.43.
9. Lacan, J., "Conférences et entretiens dans des universités nord-americaines" (1975), *Scilicet*, 6/7, Paris, Editions du Seuil, 1976, p.60.
10. Miller, J.-A., "Clínica irônica", op.cit.
11. Ibid.

Faltas morais chamadas depressões

Pierre Skriabine

A clínica psicanalítica refuta toda e qualquer idéia de entidade que possa ser chamada de *depressão*.

Esta refutação é, hoje mais do que nunca, uma exigência ética em face da degradação do sujeito que se encontra reduzido ao consumo das supostas pílulas da felicidade diante da obscenidade de um discurso psicologizante que engloba, indiferenciadamente, sob o nome de depressão, sofrimentos bastante diferentes. Ela é uma exigência ética diante da extensão contemporânea do termo depressão, que é apenas um dos sintomas do mal-estar na civilização proveniente da fragmentação do discurso da ciência e da precariedade, enfatizada por Lacan, do nosso modo de gozo. E, por último, exigência ética porque ela concerne a função da psicanálise quanto aos efeitos regressivos sofridos pela medicina e psiquiatria devido aos seus progressos em direção à ciência: se a farmacologia opera (e às vezes ela é indispensável), ela só é operante quanto aos processos somáticos e a sua própria eficiência oculta o que está em causa. A clínica psicanalítica opera na vertente da causa, sobre o que é da alçada do sujeito e, por isso, ela explica o particular de cada depressão.

Duas referências

As duas grandes referências que nos orientam na clínica das depressões — tanto em Freud quanto em Lacan — põem em cena a relação do sujeito ao gozo.

Freud aborda a questão através de *Luto e melancolia*.[1] Os afetos depressivos acompanham o trabalho do luto cuja função é de simbolizar a perda do objeto e realizar uma redistribuição da libido. A conseqüência do trabalho do luto é o alívio do sujeito — através de um efeito de elação — diante do peso do objeto. Mas, quando o sujeito pena ao elaborar esta perda, ele sofre efeitos depressivos. Freud apresenta assim a luta entre o eu e o objeto: ou o eu triunfa através do luto, ou é a sombra do objeto que cai sobre ele, como é o caso da melancolia. O sujeito encontra-se, então, identificado a este resto, a este rébus, ao objeto que só funciona para ele enquanto objeto de gozo do qual ele não pode se separar, e não como objeto-causa de desejo.

Em *Televisão*, Lacan trata a questão do afeto através da série: angústia, tristeza e gaio saber. Ele afirma que a tristeza que qualificamos de depressão "é simplesmente uma falta moral, (...) covardia moral que só se situa, em última instância, a partir do pensamento, ou seja, do dever de bem-dizer ou de orientar-se no inconsciente, na estrutura"[2]. E ele acrescenta: "(...) por menos que essa covardia, por ser rechaço do inconsciente, vá até a psicose, é o retorno no real do que é rechaçado da linguagem; é a excitação maníaca por meio da qual esse retorno se torna mortal".

Dizendo de outra maneira, trata-se aí de uma escapatória, de uma falta simbólica, de uma renúncia do sujeito que cede ao seu desejo diante do gozo desprendendo-se do simbólico e entregando-se ao gozo. Isto o afeta de forma depressiva.

Diversidade e estruturas

Essas referências orientam-nos em meio à diversidade das manifestações depressivas que, por sua vez, refletem a difração do significante "depressão" na clínica freudiana e lacaniana: luto, angústia, inibição, desamparo, tristeza, covardia moral, nojo de si, dor de existir.

A clínica psicanalítica deverá, então, explicar essas diversas formas de depressão elaborando a maneira que cada sujeito tem de se inscrever, com o seu sofrimento, numa estrutura articulável. Façamos um apanhado.

A depressão pode se constituir numa forma de defesa e numa tentativa de ocultamento diante da castração: tomemos como exemplo o neurótico que, ao invés de assumir a castração, prefere a culpa, a falta, a depreciação de si mesmo como o preço a ser pago pela sua denegação da realidade da castração. Mas, quando a castração não funciona efetivamente para um sujeito, trata-se, dentre outros motivos, de depressão melancólica.

No caso do sujeito histérico, são os afetos depressivos que acompanham o efeito de deflação fálica quando o sujeito se encontra — em análise ou não — destituído da sua posição de identificação imaginária ao falo. Já numa outra perspectiva, o sujeito histérico poderá também utilizar a depressão — enquanto estado em que o significante se encontra sem domínio e sem efeito — a fim de desbancar o mestre, o significante-mestre, o tapa-buraco da impotência do significante fálico que a histérica se empenha em demonstrar.

Na clínica diferencial, a depressão poderá também se encontrar referenciada ao Outro, tanto na identificação quanto na alienação. A queda das identificações ideais mostra para o sujeito o seu vínculo ao objeto *a* — o que as identificações escondiam até então —, e o sujeito descobre que o que interessa ao Outro não é o ideal, mas sim o objeto. Os efeitos depressivos produzidos por esta descoberta não se confundem com a depressão enquanto traço de identificação; este é o caso, por exemplo, de um sujeito que se identifica ao objeto amado, também deprimido, do qual ele retirou esse traço.

Os efeitos depressivos podem, geralmente, ser associados à alienação: o sujeito sofre precisamente do seu status de sujeito e ele se vê como um fantoche à mercê de um Outro onipresente. A depressão enquanto defesa contra o esmagamento desse Outro se traduz por uma espécie de *hors service* do Outro: o Outro não responde mais, o sujeito não associa mais, nenhum saber vale para ele, e a interpretação deixa de ser produtiva.

Gozo e depressão

A relação ao objeto explica, sob um outro ângulo, a natureza das manifestações depressivas. Explicaremos mais adiante esta abordagem a partir da questão: em que o gozo e a depressão são solidários? Isso parece especialmente manifesto no mundo contemporâneo.

Se a depressão é, ao que parece, um fenômeno moderno (pelo menos a extensão atingida por este significante), e contemporâneo ao nascimento da psicanálise, os afetos depressivos sempre existiram, e não somente nas sociedades envolvidas com o discurso da ciência.

Seria o ser falante estruturalmente propenso à depressão pelo simples fato de ser faltante — de significante e de ser —, ou isso é próprio ao sujeito moderno? Não seria, antes de mais nada, a maneira de lidar com a falta que estaria em jogo na depressão ? Um ser de falta não tem duas escolhas para situar a sua relação ao gozo: ou ele age apesar da falta, alegando a função estruturante e criadora dela, assumindo a castração e se tornando um sujeito desejante — esta é a via do desejo; ou, ao contrário, ele preenche a falta encobrindo-a ao preço da renúncia ao desejo, ao preço da renúncia pulsional em troca de uma saturação de gozo — esta é a via da depressão.

Se Lacan observa que o sujeito é feliz em todas as modalidades de encontro com o objeto — que seja sob o signo da angústia, da tristeza ou do gaio saber —, é porque este objeto presentifica o mais-gozar do qual o sujeito se sustenta: o objeto perdido que ele tenta reencontrar através da repetição. A sensibilidade ao afeto depressivo característica dos sujeitos de nossas sociedades se constitui numa modalidade de encontro com o objeto e, conseqüentemente, num modo de gozo. Esta sensibilidade não provém, então, do desvio e da precariedade que caracterizam o modo de gozo desses sujeitos "que, doravante, só se situa a partir do mais-gozar[3]"?

Lacan nos ensinou que no ser falante, pelo fato mesmo dele falar, o gozo encontra-se emparelhado ao significante: o corolário é a renúncia forçada a um gozo mítico, um gozo sexual que escaparia aos desfilamentos do significante — eis a formulação lacaniana da castração. Mas um gozo residual subsiste e ele passa pela linguagem: trata-se de um gozo pulsional que não atinge o objeto mas que, no entanto, traz a sua marca. Lacan o nomeia mais-gozar, gozo a mais que supre a falta e a compensa.

É este mais-gozar que anima o sujeito; ele é necessário ao andamento da máquina, observa Lacan em *Radiophonie*[4]. Mas não pode ser muito, pois aí o sujeito se encontrará entregue à gulodice[5] de um supereu feroz que exigirá que ele renuncie a esta satisfação pulsional e que, conseqüentemente, ceda de seu desejo. Encontra-se aí toda a extensão do *Mal-estar na civilização* tal qual Freud o analisou: um *ceder de seu desejo* que é acompanhado de efeitos depressivos. Além do mais, a renúncia ao gozo pulsional exigida pelo supereu, longe de apaziguar esta exigência, a reforça: "(...) a despeito da renúncia efetuada (...) o desejo persiste e não pode ser escondido do supereu (...) — ocorre o sentimento de culpa[6]."

A isso vêm juntar-se os efeitos da ciência que, na sua colusão com o liberalismo capitalista, mina os fundamentos do discurso do mestre. Esta indicação de Lacan que aparece particularmente na "Note aux Italiens"[7] foi desenvolvida por J.-A. Miller[8]. A subversão introduzida pelo sujeito na posição de mestre tem por conseqüência o desmoronamento da função reguladora que o discurso do mestre representa para o gozo. O mestre extorquia o mais-de-gozar do sujeito e com isso barrava o gozo. Esta função de parapeito desbancada pela aliança da ciência com o liberalismo permite que o sujeito recupere o mais-de-gozar, mais-de-gozar ele próprio atingido por esta ciência que faz a fantasia entrar no real, e de maneira desregrada.

Daí a precariedade do nosso modo de gozo que se resume, de agora em diante, num mais-de-gozar desregrado. O que Lacan indica, especialmente em *Televisão*, é que o gozo contemporâneo, ordenado pela barra sobre o Outro, não é mais situável a partir da castração: com a queda dos ideais, não é mais a partir do significante-mestre que o gozo poderá ser situado, este só é ordenável no mais-de-gozar, mais-de-gozar reduzido a um objeto de consumo. Ao sujeito, observava recentemente J.-A. Miller, só resta a identificação ao consumidor: "Você tem direito ao mais-de-gozar, mesmo se ele não lhe serve para nada[9]."

É claro que o sujeito pode recusar esse mais-de-gozar ao fazer uma escolha ética pela renúncia ao desespero, como observou C. Soler evocando "esses deprimidos (...) os anoréxicos do ano 2000, os nauseabundos dos mais-de-gozar *ready made* desta época (...)[10]". A esse respeito, G. Morel lembrava[11] o termo forjado por Lacan no *Avesso da psicanálise*, a palavra *lathouse* empregada para nomear esses objetos produzidos pela ciência moderna e a potência universal das suas fórmulas: esses objetos — que são os mesmos para todas as pessoas — ocupam para o sujeito o lugar do objeto *a*. Eles constituem uma categoria contemporânea, a de objeto *pronto-para-gozar*, mas eles não têm nada a ver com o particular da fantasia de cada sujeito nem com o desejo que essa fantasia sustenta. Esses objetos universais, que são maus substitutos (*Ersätze*), fazem ressoar o vazio da pulsão criando tristeza e tédio (e todos participam do mesmo gozo). Desta maneira, eles acompanham a depressão.

Assim, mesmo que o sujeito escolha reaver esse mais-de-gozar moderno separado da pulsão, os afetos depressivos serão os indicadores desta escolha do sujeito feita em detrimento de seu desejo.

Sair do estereótipo universal

O supereu se desvela: ele exige a renúncia ao gozo na medida em que se trata do gozo pulsional; ao mesmo tempo ele impele ao gozo a partir do momento que este pode se encontrar separado da pulsão, tornando-se apenas um gozo que veda a castração. O imperativo de gozo do supereu "Goza da renúncia ao gozo!" é o paradigma disso: a renúncia ao gozo pulsional é, em si mesma, um objeto pronto-para-gozar universal; a religião não esperou a ciência para descobri-lo.

Eu tenho a impressão de estar num abismo profundo, não consigo fazer mais nada, os lugares tornam-se tristes, sou puxada para trás. É desta maneira que uma jovem descreve os momentos de depressão e de inibição toda vez que é confrontada a uma mãe que comanda a sua vida. Uma série de sonhos mostra como que depois de suas fases de *brincalhona*, onde ela se vê numa espécie de ereção entusiasta, sucedem-se períodos de decepção e depressão onde o órgão feminino figura sob a forma depreciada e ingênua do sexo masculino invertido. Logo depois ela orna a angústia perante o vazio da castração preenchendo-a com objetos de consumo disponíveis em profusão, sem poder se controlar: pacotes de biscoitos, imagens de televisão constantemente mudadas pelo controle-remoto, romances água-com-açucar da série Harlequin, objetos estereotipados, industrializados, com os quais ela se empanturra. Isso faz com que se sinta culpada e triste por ceder a esse gozo insípido e solitário que a imobiliza na inibição.

A sociedade contemporânea faz, assim, o ninho da depressão ao fornecer ao sujeito — e à vontade — um mais-de-gozar asséptico, fora do desejo, uma pura tampa ao vazio pulsional. Renunciar a esse *pronto-para-gozar* é o preço de um possível acesso ao risco do desejo; é o que o trabalho de análise permite.

NOTAS

1. Freud, S., "Deuil et mélancolie" (1915), *Métapsychologie*, Paris, Gallimard, 1968, p.147-74.
2. Lacan, J., *Télévision* (1973), Paris, Seuil, 1973, p.39.
3. Ibid., p.54.
4. Lacan, J., "Radiophonie" (1970), *Scilicet*, 2/3, Paris, Seuil, 1970, p.86.
5. Lacan, J., *Télévision*, (1973), op.cit., p.48.
6. Freud, S., *Malaise dans la civilisation* (1929), Paris, PUF, 1971, p.85.
7. Lacan, J., "Note aux Italiens" (1974), *Ornicar?*, 25, Paris, Navarin, 1982, p.8.
8. Miller, J.-A., "Le banquet des analystes" (1989-90), lição de 4.4.1990, curso inédito.
9. Laurent, É., Miller, J.-A., "L'Autre qui n'existe pas et ses comités d'éthique" (1996-97), lição de 4.12.1996, curso inédito, à exceção da sessão de 20.11.1996, in *La Cause Freudienne*, 35, Paris, Navarin/Seuil, 1997, p.3-20.
10. Soler, C., "Dépression et psychose: le Grapp au CNIT", *La Lettre Mensuelle*, 135, Paris, Janeiro, 1995, p.9.
11. Morel, G., "La force de vacuité", *La Lettre Mensuelle*, 152, Paris, setembro-outubro 1996, p.8 e 9.

Como a ciência desculpabiliza

Vicente Palomera

O sentimento de culpa é um dos maiores sintomas do mal-estar de nossa civilização. Foi na culpa onde Freud verificou um afeto que não mentia. Para ele, se alguém se acusava de algo, não havia por que o declarar inocente. Lacan manteve esta observação indicando que não devíamos desculpabilizar o sujeito. Adverte-nos que, para chegar a esta observação, foi necessário um árduo percurso. A culpa tem tanto a ver com a verdade do sujeito que sua elucidação acompanha, historicamente, o descobrimento da psicanálise. Recordemos que Lacan fez do sonho de Freud sobre "a injeção de Irma" um desejo de declarar-se inocente[1]. Era o começo da psicanálise.

Os limites éticos do sintoma

Em 1893, Freud decidiu publicar um trabalho intitulado. "Um caso de cura pelo hipnotismo"[2]. Tratava de conferir a tal caso virtude comprobatória de um tratamento terapêutico. A paciente que Freud atendia era uma mãe incapaz de amamentar a seu filho recém-nascido. Mediante a terapia por sugestão hipnótica, Freud consegue fazer desaparecer o sintoma que se apresenta com seus dois outros filhos, aplicando-lhe o mesmo tratamento com igual êxito. Freud apresentava, assim, um controle do êxito terapêutico. Não obstante, mostra sua perplexidade pela desconfiança da paciente e do aflito esposo frente ao assombroso resultado terapêutico. Ao nascer o terceiro filho — e colocarem-se as mesmas demandas à mãe — esta mostrou-se incapaz, uma vez mais, de satisfazê-las. Freud encontra a paciente no mesmo estado das ocasiões anteriores, porém, desta vez, irritadíssima consigo mesma por não poder eliminar, por sua própria vontade, os sintomas. Após se repetir o êxito terapêutico, a paciente abandonou sua reserva e confessou a Freud os motivos que guiaram sua conduta para com ele: "Me dava vergonha que algo como a hipnose alcançasse resultado, onde eu, com toda minha força de vontade, resultei impotente." Freud se dá conta de que o êxito terapêutico não fez vencer a aversão dela e de seu marido em relação à terapia.

Como não ver que o sentimento de vergonha da paciente é o correlato do esforço de Freud para objetivar e domesticar o sintoma e que, nesta domesticação do gozo do sintoma, a verdade ficava esquecida? Este caso, dentre outros, levou Freud a renunciar ao poder da sugestão em prol de um saber que se libera mediante a fala do paciente. O caso é um categórico desmentido a todo tratamento psicoterapêutico que pretenda deixar de lado a verdade que está em jogo no sintoma. Substitua-se, agora, o método catártico por qualquer tratamento psiquiátrico ou psicoterapêutico e nos encontraremos no mesmo terreno do paradoxo levantado pela paciente de Freud. Como se pode observar, de imediato, a questão levantada é eminentemente ética.

Após abandonar a sugestão, Freud pôde colocar em evidência que o ser de verdade do sintoma só se produz com um consentimento do sujeito, obtido pela operação psicanalítica, operação definida como a ativação da verdade no lugar do saber.

Ao contrário, todo sintoma não reconhecido é incorporado, imediatamente, ao falso ser do sujeito que se afirma no "não penso". Falso ser que traduz um modo de ser no qual o sujeito ignora o que é para o Outro e que permite, ao sujeito, desimplicar-se dos pensamentos que podem cruzar em sua mente, pensamentos que se reduzem a algumas representações que dão forma ao ser inflado do imaginário — ao narcisismo do eu — que encobrem o ser do "não penso".

A objetivação científica do sintoma

A mensagem científica eleva à segunda potência esta vertente do "não penso" ao chegar a apresentar a objetivação do sintoma como uma anomalia no organismo. Assim, o sofrimento subjetivo é explicado por uma disfunção cerebral a ser estudada pelas neurociências. A causa latente dessa disfunção se revelaria em uma marca genética a ser descoberta pela genética molecular.

Os autores de um livro recente sobre a esquizofrenia sintetizam esta posição ao escreverem: "Esta enfermidade pode ser comparada com outras enfermidades de caráter crônico: a epilepsia, a diabetes, a síndrome de Down, a esclerose múltipla, o reumatismo e, inclusive, às vezes, o câncer; a única diferença importante é que em todos estes tipos de enfermidades a comunicação verbal e afetiva se mantém, enquanto que na esquizofrenia esta comunicação acaba afetada e, nos casos graves, acaba incompreensível."[3] O "verbal e afetivo" ficam relegados, simplesmente, ao compartimento do incompreensível. Esta mesma tendência é observável no campo das neuroses. Nem o psicótico nem o neurótico são portadores então de modos de gozo inadequados, somente são portadores de uma enfermidade.

Devido à objetivação científica, a psiquiatria aspira pois a despojar o sintoma daquela dimensão moral que antigamente tinha no discurso social. Se diante do olhar do Outro social o sintoma aparecia antes com esta carga de vergonha ou culpa que denunciava que a anomalia que irrompia no sintoma era anomalia do gozo, agora o domínio do discurso da ciência apaga esta dimensão inerente ao mal-estar do sintoma. As conseqüências são vistas, sob a assepsia científica, no desamparo crescente do sujeito, na solidão de sua relação com um gozo que não consegue reduzir-se aos produtos que a tecnologia científica e o capitalismo oferecem.

O mal-estar, implicado no sintoma, não é o que o sujeito moderno ignora. O real do sintoma se apresenta no impossível de suportar do vínculo social, cujo recurso está no que Lacan, acertadamente, denominou o "universo mórbido da falta".

Nesta perspectiva, o programa da ciência se resume em ser um saber que liquida com o sintoma, saber que permite inventar intervenções terapêuticas de toda ordem para triunfar sobre esse real.

Advertimos, entretanto, que os tratamentos do sintoma resultantes da ciência não atuam sobre o sintoma mas sobre os afetos que o sujeito manifesta. O que o discurso da ciência oferece ao sujeito são produtos para que o sintoma se torne suportável e, portanto, para que se possa esquecê-lo.

Por outro lado, esta objetivação do sintoma se apóia nessa ordem da realidade que sustenta a física: uma extensão que tem seu fundamento na *partes extra partes* cartesiana. Este "organicismo" — tal como lembra Lacan em seu escrito sobre "a causalidade psíquica"[4] — desconhece qualquer realidade que não implique uma extensão onde as relações de causalidade determinadas sejam prováveis e experimentais, isto é, onde tudo que pertence à ordem da causa — inclusive o que deriva do mental — deve encontrar-se na extensão física sob o modo de uma "inervação molecular".

Justamente o que Lacan opôs a este organicismo foi o registro do sentido, isto é, assinalou que existe um sentido do real, que existe uma ordem de realidade *sui generis,* não redutível à relação de causa e efeito.

A inocência satisfeita

Está cada vez mais na ordem do dia: os sujeitos se queixam daquilo que para eles faz sintoma, mas nessa queixa o ser do sintoma se reduz ao que, de seu ser, não está em conformidade ao ser social. É por isso que Lacan enfatizou, desde o princípio, que a queixa é um modo de satisfazer-se com o sintoma, de satisfazer-se com a desconformidade na ordem do mundo.

As duas vertentes do sintoma como real — o real do organismo para a ciência e o real do que perturba e impede a uniformização dos sujeitos e instala a desarmonia no vínculo social — convêm à posição da "bela alma", na qual, prazerosamente, se pode satisfazer o neurótico.

Se Lacan adotou essa figura hegeliana foi para situar a posição do neurótico em relação ao sintoma. A extinção da dimensão subjetiva e ética do sintoma operada pela ciência alimenta a inocência proclamada pela bela alma, ao fazer do sintoma o signo de que o sujeito é somente vítima, signo do que ele é como objeto de uma enfermidade[4].

Também a denúncia do mal-estar subjetivo — como signo do que não pode obedecer ao programa social — alimenta a forma em que a bela alma não se implica em sua particularidade, ao remeter ao Outro social a responsabilidade do que lhe aflige.

A ciência, portanto, ignora o sintoma no seu vínculo com a dimensão subjetiva particular, pois, como temos assinalado, para ela não existe sentido do real. Nesta vertente, a ciência esvazia a mensagem do sintoma.

O discurso social, por sua parte, contribui para a ignorância do sintoma como marca particular de um sujeito, na medida em que uniformiza os humanos segundo o Ideal que os realizaria sem essa dissonância do sintoma que perturba a vida social.

Esta é a razão pela qual o sentido com que a psicoterapia alimenta o sintoma se apóia na referência Ideal do que permitiria acomodar o eu a seu mundo — e na interpretação das carências que impedem a realização de um eu com o qual o sujeito possa gostar de si mesmo e não perturbar os outros.

O mal-estar do sintoma

Pode ocorrer que o sintoma faça um furo na couraça de representações nas quais o sujeito acomoda seu eu, mas sabemos bem que o sujeito pode satisfazer-se com queixar-se e sofrer por tal furo. Só quando o sintoma confronta o sujeito com o fracasso no domínio de si mesmo- que algo nele o faça não ser "dono de sua casa" —, surge o desgosto de si mesmo e o saber da falsidade da imagem de si mesmo, aquela com a qual antes podia tamponar sua fenda interior. Lacan destacou, precisamente, que se o sujeito não começa se fazendo a pergunta para saber o que é e o que não é, não existe razão da existência do verdadeiro ou falso, nem distinção entre realidade e aparência.

Pois bem, essa pergunta só surge quando o sintoma conduz a ela. A pergunta que o sintoma introduz faz do sujeito o portador da ignorância, do não saber o que está sobre seu ser de verdade.

O neurótico cultiva essa verdade da sua falta a ser e evita as conjunturas nas quais se pode apresentar essa resposta inesperada do seu sintoma. Mas a verdade da falta a ser não lhe poupa a questão da verdade que pode responder ao ser que situa o mal-estar do sintoma.

O mal-estar do sintoma não é ignorado pelo sujeito como resposta desprazerosa; o que ele ignora daquilo que não quer saber é a verdade que responde ao sintoma, o ser de verdade que sobre ele, como sujeito, traz o sintoma à luz do dia.

O sujeito não quer saber da verdade do que ele é no seu sintoma. Mas, na medida em que não pode se esquivar da maneira que o sintoma o divide, porque está dividido sem saber desse outro que existe nele e que se manifesta no estranho do sintoma, está impelido a saber.

A dimensão do ser de verdade do sintoma é criada pelo sintoma mesmo, na medida em que o sintoma insiste como o que resiste a obedecer à razão, o que se insurge como irredutível ao diálogo da razão.

O sintoma adquire seu status psicanalítico de sintoma de um sujeito, próprio e particular desse sujeito, quando é isolado como esse nó instalado no subjetivo que, de nenhuma maneira, com diálogo razoável e lógico poderia ser resolvido.

Como responder a partir do sintoma?

Responder a partir do sintoma como ser de verdade do sujeito não é interpretá-lo, isto é, alimentá-lo de sentido, mas sim consiste em devolver ao sujeito esse ser de verdade do sintoma como enigma articulado em um nó de significantes. Para tal, o psicanalista deve implicar o sujeito em seu sintoma, instaurando a verdade do sujeito do sintoma nos significantes que articulam o enigma do sintoma.

Responder a partir do sintoma é possibilitar o consentimento do ser ao simbólico das falas nas quais se diz. Consentimento que não tem nada a ver com a boa vontade manifestada pelo sujeito, nem com a má vontade que se possa opor ao saber. Isto tem sua razão no fato de que o sintoma é uma verdade que se faz valer no descrédito da razão, verdade que se faz valer resistindo-se ao saber. O sintoma apresenta a verdade na má vontade do gozo, de um gozo que satisfaz a vontade da pulsão e sua exigência às expensas do sujeito.

O consentimento do sujeito à verdade de seu sintoma, como verdade do ser que se cifra no seu inconsciente, é um consentimento a que o real do gozo do sintoma esteja habitado pelo simbólico que o inconsciente transporta ao real. É o contrário ao rechaço subjetivo ao gozo do sintoma, que se declara na vergonha ou na culpa. Esse rechaço alimenta a queixa do sujeito e lhe impulsiona a buscar um remédio para acalmar, reduzir esse gozo que desagrada. E, nessa domesticação do gozo do sintoma, a verdade deste é esquecida.

O sujeito só poderá alcançar esse ser de verdade se o sintoma adquire o valor de uma verdade incontestável e inesquecível, verdade presa a uma parte do real. Esta é a razão pela qual, em psicanálise, a partir da pergunta pela mensagem do sintoma o sujeito terá a ocasião de isolar o que havia de seu ser nessa resposta que se lhe impunha do sintoma e saber como seu sintoma era a resposta com a qual, como sujeito, se havia arranjado frente ao traumático do real do gozo.

NOTAS

1. Lacan, J., O Seminário, livro 2: *O eu na teoria de Freud e na técnica da psicanálise*, Rio de Janeiro, Jorge Zahar, 1985.
2. Freud, S., "Um caso de cura pelo hipnotismo", *ESB*, I, Rio de Janeiro, Imago, 1976, p.169-71.
3. Sole, A. y Cohi, A., *¿Sabes qué es la esquizofrenia?*, Barcelona, Folio, 1996.
4. Lacan, J., "Formulações sobre a causalidade psíquica" (1946), *Escritos*, Rio de Janeiro, Jorge Zahar, 1998.
5. Lacan, J., ibidem.

Nascimento e vicissitudes do sintoma

Pierre Sidon

"... Vocês podem continuar fazendo suas brincadeirinhas, há uma que não é engraçada, que é a castração."
Lacan, *O avesso da psicanálise*, p.193

Do seu nascimento ao seu declínio eventual, eis a perspectiva de uma epopéia narrando as vicissitudes de um conceito cujo nascimento na clínica é certamente bem situado, e seu uso, hoje, foracluído na clínica psiquiátrica do DSM.[1] Depois da idade de ouro da psiquiatria clássica, cuja riqueza nosográfica era tão importante quanto seu incessante remanejo, não seria legítimo se lamentar sobre a inanidade de uma clínica hoje unificada em torno da depressão, *continuum* vital cujas variações são mais propícias à medida e à regulação quimioterápica? Teremos passado assim de uma clínica que situou da maneira mais próxima possível a causalidade do fenômeno humano a uma clínica comportamental cujos pressupostos organicistas estão mais de acordo com os modelos da experimentação animal. Mas ao longo do caminho, esta longa maturação clínica terá visto nascer a psicanálise.

Também, em vez deste percurso diacrônico possível, não seria fecundo substituí-lo, num segundo tempo, por uma pesquisa da estrutura que age no fenômeno do aparecimento do conceito de sintoma e depois no desaparecimento de seu uso na prática clínica?

O que se tornou o sintoma?

Não é necessário retornar ao nascimento da clínica, cujo leito é feito, na idade clássica, de uma segregação da miséria; mas, salienta Lacan, "só começa a se ter uma idéia do sintoma a partir do momento em que o louco é isolado.[2]

O corte

Ponto de partida de Freud, a histérica, quanto a ela, encarna um enigma a ser decifrado por um mestre. Supondo que existe um saber na perturbação,

Freud a faz passar de um *status* de signo — que representa algo (doença) para alguém (o médico) — ao *status* de significante, que representa o sujeito para um outro significante: Freud faz falar o sintoma. Este dispositivo de suposição de um saber do Outro é inaugural do "corte" de Freud em relação a Charcot.[3] Ele institui o conceito de inconsciente do qual faz parte o psicanalista, pois endereçado a ele, e toma um lugar na era da ingerência progressiva da ciência na medicina,[4] com os seus efeitos de objetivação do sintoma; fica uma queixa, uma fala aprisionada (*en souffrance*) a delivrar. Esta separação introduzida na medicina deixa o lugar livre para um outro discurso. Aliás é o psicanalista que ocupa este lugar da medicina roída por dentro pela ciência, o que justifica Lacan em se tornar "missionário do médico", "de prosseguir e manter na sua própria vida a descoberta de Freud".[5]

Num primeiro tempo, esta virada toma, no entanto, a forma de um ato de força, pois marcado pelo procedimento catártico inventado por Breuer. E é somente com o novo procedimento da associação livre, a partir de então única regra da psicanálise, que a sugestão se aloja no seu último reduto psicanalítico na enunciação sóbria da regra fundamental: "Dizer tudo o que lhe passa pela cabeça."[6]

No entanto, enquanto a fala do sujeito é liberada dos seus entraves, nem por isso Freud vai se deixar levar por um procedimento hermenêutico,[7] ele continua a buscar a causa, de natureza sexual, em conformidade com suas hipóteses iniciais.[8] Mas esta causa, seja ela de abuso ou insuficiência da satisfação sexual, leva Freud a concluir que era incurável.[9]

É que, segundo Jacques-Alain Miller, "existe aí a noção de uma relação direta da causa ao efeito". No entanto, diz ele, no que concerne à histeria, a causalidade alegada por Freud o leva a "dar uma volta pelo Outro, ou seja, neste caso, pelo homem".[10] De fato, a escutá-lo, a histérica é a paciente de uma causa traumática, real e passada.[11] O importante para Freud é desde então elucidar o mistério "de uma causa passada que continua a agir".[12] Pois bem, é o esquecimento desta causa, primeira e traumática, que constitui uma segunda causa; ou seja, a invenção do recalque.[13] O sintoma será lido daí em diante como "terceiro tempo do recalque", o tempo do retorno do recalcado.[14]

O excedente

Quanto ao Lacan psiquiatra que faz sua entrada pela paranóia, embora aluno de Clérambault, ele aborda os fenômenos, munido da "relação de compreensão" jaspersiana. Ele parte das ciências humanas, do lado da causalidade do sentido pela liberdade.[15] No entanto, se ele foi um dos primeiros leitores de Jaspers na França, foi também o primeiro a abandoná-lo e, desde 1935, Lacan reconhece a importância do automatismo mental, formulado em termos organicistas[16] porém "mais próximo daquilo que se pode construir como análise estrutural do que qualquer outro esforço clínico na psiquiatria francesa.[17] Freud mesmo tinha formulado certas hipóteses em termos organicistas e, "não somente seu cientificismo não o incomodou", afirma Lacan, mas era absolutamente necessário que ele fosse cientificista".[18] A razão desta homenagem do psicanalista ao psiquiatra reside nisto, ou seja "nesta pesquisa dos limites da significação",[19] as teorias atomísticas se revelando particularmente aptas para ilustrar a estrutura significante.[20]

No entanto Lacan desdobra, em 1953, em Roma, uma concepção do inconsciente como história, o vivido sendo marcado de uma historicidade primária.[21] Esta formulação não deixa lugar para o traumatismo; o que é visado numa análise é então um reconhecimento possível do desejo através de uma reabsorção completa do sintoma particular no universal de um sentido coletivizável.[22] Depois Lacan vai marcar a ex-sistência da ordem simbólica e sua autonomia em relação ao ser vivo: se trata de uma lei que rege uma rede material feita de significantes.[23] Logo ele vai se apoiar na lingüística sausurriana na qual ele substitui a separação radical significante/significado por uma relação de causalidade; o significante que regula o significado torna-se a relação causal do sujeito.[24] A via está aberta para uma reformulação sincrônica do sintoma freudiano, compatível com a dupla causa: "O mecanismo do duplo gatilho da metáfora é o mesmo que determina o sintoma no sentido analítico."[25]

Porém é num tempo ulterior que Lacan reencontra Freud, pela conceitualização de um resto traumático inassimilável pela operação do significante. Ou seja, segundo Jacques-Alain Miller, a reformulação do "excedente de sexualidade" (*Sexuelliiberschissig*) do Freud das cartas a Fliess.[26] É a "defesa" contra este excedente que produz o sintoma,[27] mas "o excedente sexual", diz ele, "impede a tradução (em imagens verbais)", intuição fulgurante que o obriga a tirar conseqüências (a pulsão de morte em jogo no masoquismo e sobretudo a reação terapêutica negativa),[28] e que Lacan poderá escrever, desde então, como operação, não sem resto, do significante sobre o gozo.

E no entanto ele não atribui a Freud esta descoberta.

Relação atravessada

"É muito difícil não enxergar, desde antes da psicanálise, introduzir-se uma dimensão que poderia se chamar do sintoma, que se articula pelo fato que ela representa o retorno da verdade como tal na falha de um saber", disse Lacan em 1966. "Esta dimensão", acrescenta, "mesmo se ela não é explícita, está altamente diferenciada na crítica de Marx. E... uma parte da virada que ele opera a partir de Hegel é constituída pelo retorno (materialista, por lhe dar figura e corpo) da questão da verdade... Nós só falamos disso para denotar o salto que constitui a operação freudiana. Ela se distingue por articular claramente o status do sintoma com o sentido, pois ela é a operação própria do sintoma, nos dois sentidos... O sintoma se tornava vago pelo fato de representar alguma irrupção da verdade. Mas de fato o sintoma é verdade, pois fabricado com a mesma madeira com a qual se a fabrica, se nós colocamos materialisticamente que a verdade é o que se instaura com a cadeia significante."[29]

Por que Lacan faz êste "*excursus*" no campo social, fora da psicanálise, e antes dela, neste artigo de 1966 que introduz a quarta parte de seus *Escritos*? Esta volta que ele dá deixa tanto mais perplexo que o seu título testemunha uma impaciência retroativa a querer, enfim, abordar o "sujeito" ao vivo: "Do sujeito enfim em questão" é o seu título no qual este "enfim" afetivo, embora sem exclamação, ressoa até o "T.t.y.m.u.p.t." enigmático (abreviação em francês da frase que significa: tu começaste um pouco tarde), que conclui, no exergo da "Instância da letra no inconsciente", este mesmo capítulo quarto.

Observemos em primeiro lugar que a referência à "dialética da consciência de si" de Hegel, que percorre todo o ensino de Lacan, torna-se mais específica em 1953, no seu artigo dos *Escritos* "Função e campo da fala..."[30] constituindo o princípio mesmo do que governa a palavra de Freud. No máximo Lacan introduz uma ressalva pelo fato que Freud teria efetuado um "descentramento", mas isto não coloca em questão "a identidade fundamental do particular com o universal"[31].

Num primeiro tempo, na *Introdução à crítica da filosofia do direito,* ou dos *Manuscritos de 1844,* Marx acredita também no advento de um Homem, o Proletário, que é o substituto do Espírito, da Idéia ou da Razão hegeliana. Se trata, segundo Étienne Balibar, de uma "concepção humanista e naturalista do comunismo, pensado como a reconciliação do homem com seu próprio trabalho e com a natureza".[32]

Se vê que o otimismo domina nestas duas perspectivas de "reconciliação" pela assunção do particular no universal, não importando a diferença entre os meios.

No entanto, depois do fracasso das revoluções de 1848, Marx começa a construção da crítica da economia política, que se concretizará no Livro I do *Capital*. Trata-se de arrancar sua verdade ao funcionamento do aparelho do discurso capitalista e de fazer o diagnóstico do corpo social considerado como doente. É o "sintoma social", ou seja, as lutas e convulsões violentas que agitam este corpo. Ele é o *signo* de uma verdade subjacente, que no entanto ele *não é*. Daí o termo de vago empregado por Lacan no que concerne ao sintoma como "alguma irrupção de verdade" na crítica de Marx. Esta verdade é a extorsão da mais-valia pelo excesso de trabalho arrancado ao proletariado. "Marx", explica Pierre Naveau, "retoma a questão da verdade e anuncia qual é o saldo da operação de divisão (da consciência em Hegel). Este saldo é a mais-valia."[33]

Lacan vai também se afastar do idealismo hegeliano. Em 1960, ele marca nitidamente a distância que separa a consciência infeliz como "suspensão de um saber" em Hegel, do mal-estar na civilização como "o que não pode se articular senão de través na relação que separa o sujeito e o sexo"[34] em Freud. É, acrescenta Lacan, o erro de Hegel, enganado pela "transparência do Eu em ato à custa da opacidade do significante que o determina", pelo fato de ter deixado operar "o deslize pelo qual o *Bewusstsein* serve para cobrir a confusão do *Selbst*".[35] Hegel, cujo "discurso do mestre e escravo... parece ter sido suficientemente refutado por certos achados de Marx,"[36] dirá (ironicamente!) Lacan em 1970, antes de dar uma grande risada diante da "engraçadíssima"[37] *Fenomenologia do espírito*. De fato, explica Pierre Bruno, a dialética hegeliana "reduz o trabalho da verdade, isto é, o trabalho do particular, a uma astúcia da razão".[38] Esta astúcia da razão, diretora da história, que devia preencher a falha que constitui a verdade do saber,[39] Lacan a qualifica de "astúcia do raciocinador (Hegel)" que queria nos levar a crer "que estejamos nos aproximando no que quer que seja da ascensão do escravo".[40] Longe disso, pois o escravo, liberado pela passagem do feudalismo ao capitalismo, tornou-se proletário, isto é, foi reduzido a um valor mercantil; seu saber lhe é alienado, seu gozo retirado.[41]

É pois para revisar sua referência ao idealismo hegeliano que Lacan se apóia daí em diante em Marx, no seu caminho em direção a Freud: "Eu substituí uma referência à energética por uma referência à economia política que nos tempos atuais será difícil de dizer que ela é menos materialista."[42] O que está em jogo na psicanálise será daí em diante recentrado na questão do gozo.

O salto

Desde então, o que se passa com o tratamento do sintoma? "O sintoma não se cura do mesmo modo na dialética marxista e na psicanálise", previne no entanto Lacan, que acrescenta: "Na psicanálise, ele tem a ver com algo que é a tradução em palavras de seu valor de verdade."[43]

Para Marx, o sofrimento que manifesta o sintoma social é portador de um questionamento do laço social sob a forma atual, isto é, doente; é a revolução. É que ele não conta, explica Pierre Naveau,[44] com a regulação do sistema que a luta social, e o próprio corpo médico, denunciando o capitalismo selvagem, contribuíram para manter e reforçar. Não é porque "a inteligência da mais-valia não é suficiente para fazer valer a verdade contra o fetichismo",[45] como observa Pierre Bruno? De fato, o "caráter místico da mercadoria", "caráter enigmático do produto do trabalho, desde que ele toma a forma de uma mercadoria",[46] não pode desaparecer pela simples operação da crítica marxista da ideologia (do livre contrato entre o capitalismo e o proletário). É que, acrescenta Pierre Bruno, "o trabalho do sintoma não pára com a sua dissipação como verdade, mas sim que o mais importante se situa na relação com o real, cuja incontornabilidade é por ele demonstrada, real da não-absorção da verdade no saber".[47]

De fato, nos diz Lacan, Marx "nos encosta na parede ao chamar a atenção de que não existe nada mais a reconhecer para que algo seja derrubado; não a parede, claro, mas a maneira de contorná-la".[48] É que esta parede, que é o real da estrutura, não existe nenhuma esperança que seja derrubada; e as revoluções reconduzem, como o próprio nome indica, a um "retorno ao mestre que dispõe da arte de as tornar úteis".[49] É provavelmente porque Marx situou o sintoma como signo de uma verdade, e não como verdade mesma, que ele deve recobri-la de um sentido (o despojamento do proletário como "messias do futuro").[50] Por causa disso Lenin "passando ao ato não obtém nada a mais que o que se chama regressão na psicanálise: ou seja, os tempos de um discurso que não foram pronunciados na realidade, sobretudo porque são impronunciáveis".[51] Enfim, a esperança de contabilização do mais-de-gozar, que se tornou possível pela sua formalização como mais-valia, faz aparecer a miragem de uma justiça distributiva; para que tal justiça seja regulada, instala-se uma nova tirania do saber[52] que exclui o lugar da verdade e anula o que Marx[53] tinha superado.

Qual é o "salto da operação freudiana" evocado por Lacan? Ele se caracteriza por ser "a operação própria do sintoma nos dois sentidos": seja da decifração do sintoma como metáfora significante, mas indissociável, da existência da diferença significante como real; seja da fantasia, segundo Jacques-Alain Miller.[54] Fantasia como axioma organizador do sintoma, apenas visto no fim da análise.

Em virtude disto, promete Lacan, numa referência célebre ao psicanalista situado "objetivamente" como santo: ele pode encarar a saída do discurso capitalista.[55] Mas não se trata de uma saída coletiva, como salienta a menção que ela "não constituirá um progresso se é somente para alguns".

O capitalista continua rindo com o truque da mais-valia. Face a este discurso capitalista, sempre em crise, mas "loucament astucioso" e que "anda de rodinhas",[56] Lacan promete que "quanto mais somos santos, mais a gente ri". Não se trata, sem dúvida alguma, de uma ação de massa, pois a mais-valia "causa do desejo a partir do qual uma economia rega seu princípio" produz insaciavelmente a falta-a-gozar; ela se acumula como capital de um lado e, do outro, "estende o consumo..., sem o qual esta produção seria vã, justamente por não oferecer um gozo a partir do qual ela pudesse diminuir".[57]

Neste contexto de discurso, Lacan dá um valor à psicanálise, ela mesma, como sintoma, pois ela fracassa diante do real que insiste.[58] Se ela é vitoriosa, diz Lacan, ela deixará um lugar para a religião. É então, mantendo o valor do sintoma como efeito do real, que ela poderá opor-se a este real desenfreado dando apoio ao discurso da ciência.

E também, sem que se tome em conta uma referência fora da cadeia significante, nenhum fim (fora do *acting-out*) se pode esperar de uma operação consagrada a decifrar o sintoma ao infinito derramando "sentido aos barbotões para o barco sexual".[59] Ora é disto que se sustenta a eficácia de uma prática psicoterápica que depende do único desejo terapêutico. Este desejo, observa Jacques-Alain Miller, é um dialeto do discurso do mestre,[60] e como tal, ele se caracteriza por "romper a fantasia" a fim de restabelecer a ordem. Esta orientação clínica, idealizada[61], de "inspiração analítica", conheceu, e conhece ainda hoje, sucessos. Mas não se deve desconhecer sua impotência face à expiração de uma clínica atual DeSsiMada. Ela continuará certamente trazendo um suplemento de alma para uma psiquiatria "cosmética", segundo a expressão de Éric Laurent, com seus efeitos devastadores de segregação.

Para se opor à "proletarização contemporânea dos sujeitos",[62] retomaremos antes a palavra de ordem do "envelope formal do sintoma", última homenagem prestada por Lacan a Clérambault.[63] Marcaremos assim a necessidade de uma clínica do real, real que supõe este envelope[64]: "O impasse sexual secreta as ficções que racionalizam o impossível de onde ele provém... eu leio aí, como Freud, o convite ao real que responde por isso."[65]

NOTAS

1. O termo "histeria" desapareceu nessa classificação de ambição universal.

2. Lacan, J., "Petit discours aux psychiatres" (1967), Conferência pronunciada no Hospital Sainte-Anne em 10.11.1967, inédita.

3. Cottet, S., *Freud e o desejo do analista*, Rio de Janeiro, Jorge Zahar, 1989.

4. Lacan, J., "Posição do inconsciente" (1964), *Escritos*, Rio de Janeiro, Jorge Zahar, 1998, p.848.

5. Lacan, J., "Psychanalyse et médecine" (1967), *Lettres de L'École Freudienne de Paris*, 1, 1967, p.34-61.

6. Freud, S., "La méthode psychanalytique de Freud" (1904), *La Technique psychanalytique*, Paris, PUF, 1953, p.94.

7. Miller, J.-A., "Cause et consentement" (1987-88), lição de 16.12.1987, inédito.

8. Freud, S., "Manuscrit B. Étiologie des névroses" (1893), *La Naissance de la psychanalyse*, Paris, PUF, 1956, p.61.

9. Ibid.

10. Miller, J.-A., "Cause et consentement" (1987-88), op.cit.

11. Freud, S., Breuer, J., "Psychothérapie de l'hystérie", *Études sur l'hystérie* (1895), Paris, PUF, 1956, p.205-48.

12. Miller, J.-A., "Cause et consentement", (1987-88), op.cit.

13. Ibid.

14. Freud, S., "Remarques biographiques sur l'autobiographie d'un cas de paranoia: *Dementia paranoides* (Le président Schreber)" (1911), *Cinq psychanalyses*, Paris, PUF, 1954, p.312.

15. Lacan, J., "Formulações sobre a causalidade psíquica" (1946), *Escritos*, op.cit., p.178-9.

16. Lacan, J., "Intervention après l'exposé de Daniel Lagache" (1935), *L'Évolution Psychiatrique*, fascículo 1, 1936, p.26.

17. Lacan, J., "De nossos antecedentes" (1966), *Escritos*, op.cit., p.69.

18. "Interview de Jacques Lacan par G. Lapouge", *Le Figaro Littéraire.*

19. Lacan, J., "Formulações sobre a causalidade psíquica" (1946), *Escritos*, op.cit., p.168-9.

20. Lacan, J., O Seminário, livro 7, *A ética da psicanálise* (1959-60), Rio de Janeiro, Jorge Zahar, 1995.

21. "Interview de Jacques Lacan par G. Lapouge", *Le Figaro Littéraire.*

22. Lacan, J., "Função e campo da fala e da linguagem em psicanálise" (1953), *Escritos*, op.cit., p.224-5 e 270.

23. Miller, J.-A., "Cause et consentement" (1987-88), lição de 9.12.1987, op.cit.

24. Ibid.

25. Lacan, J., "A instância da letra no inconsciente ou a razão desde Freud" (1957), *Escritos*, op.cit., p.522.

26. Miller, J.-A., "Cause et consentement" (1987-88), lição de 16.12.1987, op.cit.

27. Freud, S., "Lettre n.46 a Wilhelm Fliess de 20.5.1896" (1896), *La Naissance de la psychanalyse*, op.cit., p.148.

28. Freud, S., "Au-delà du principe de plaisir" (1920), *Essais de psychanalyse*, Paris, Payot, 1981, p.41-115.

29. Lacan, J., "Do sujeito enfim em questão" (1966), *Escritos*, op.cit., p.234, 235-6.

30. Lacan, J., "Função e campo da fala e da linguagem em psicanálise" (1953), *Escritos*, op.cit., p.238-324.

31. Ibid., p.293.

32. Balibar, E., *A filosofia de Marx*, Rio de Janeiro, Jorge Zahar, 1995.

33. Naveau, P., "Marx et le retour de la vérité dans le savoir", *Marx et Lénine, Freud et Lacan*, séries da Découverte Freudienne, vol.9, 1991, p.138.

34. Lacan, J., "Subversão do sujeito e dialética do desejo" (1960), *Escritos*, op.cit., p.813.

35. Ibid., p.823-4.
36. Lacan, J., O Seminário, livro 17, *O avesso da psicanálise* (1969-70), Rio de Janeiro, Jorge Zahar, 1992.
37. Ibid.
38. Bruno, P., "Partition Marx, Freud, Lacan", *Barca!*, 1, 1993, p.34.
39. Naveau, P., "Marx et le retour de la vérité dans le savoir", *Marx et Lénine, Freud et Lacan*, op.cit., p.138.
40. Lacan, J., O Seminário, livro 17, *O avesso da psicanálise* (1969-70), op.cit.
41. Lacan, J., "Radiophonie" (1970), *Scilicet*, 2/3, Paris, Seuil, 1970.
42. Lacan, J., Le Séminaire, livre XVI, "D'un Autre à l'autre" (1968-69), lição de 20.11.1968, inédito.
43. Lacan, J., "Le savoir du psychanalyste" (1970), Leçons de Sainte-Anne, lição de 2.12.1970, inédito.
44. Naveau, P., "Marx et le retour de la vérité dans le savoir", *Marx et Lénine, Freud et Lacan*, op.cit.
45. Bruno, P., "Partition Marx, Freud, Lacan", *Barca!*, 1, op.cit., p.36.
46. Marx, K., *Le Capital*, livre I, Paris, Flammarion, 1985, p.68-9.
47. Bruno, P., "Partition Marx, Freud, Lacan", *Barca!*, 1, op.cit., p.37.
48. Lacan, J., "Radiophonie" (1970), *Scilicet*, 2/3, op.cit., p.87.
49. Ibid.
50. Bruno, P., "Partition Marx Freud, Lacan", *Barca!*, 1, op.cit., p.37.
51. Lacan, J., "Radiophonie" (1970), *Scilicet*, 2/2, op.cit., p.77.
52. Lacan, J., O Seminário, livro 17, *O avesso da psicanálise* (1969-70), op.cit.
53. Bruno, P., "Partition Marx, Freud Lacan", *Barca!*, 1, op.cit., p.53.
54. Miller, J.-A., "Du symptôme au fantasme et retour" (1982-83), lição de 3.11.1982, curso inédito.
55. Lacan, J., *Televisão* (1973), Rio de Janeiro, Jorge Zahar, 1993.
56. Lacan, J., "Conférence à Milan" (1972), 12.5.1972, inédito.
57. Lacan, J., "Radiophonie" (1970), *Scilicet*, 2/3, op.cit., p.87.
58. Lacan, J., "La troisième" (1974), *Lettres de l'École Freudienne de Paris*, 16, 11.11.1974, p.178-203.
59. Lacan, J., *Televisão* (1973), op.cit.
60. Miller, J.-A.., "Du symptôme au fantasme et retour" (1982-83), op.cit.
61. Miller, J.-A., "Pour la passe, ou dialectique du désir et fixité du fantasme", *Delenda*, 2, outubro 1980.
62. Soler, C., "Incidence politique du psychanalyste", *La Cause Freudienne*, 19, novembro, 1991, p.60.
63. Lacan, J., "De nossos antecedentes" (1966), *Escritos*, op.cit., p.69.
64. Miller, J.-A., "Réflexions sur l'enveloppe formelle du symptôme", *Actes de l'École de la Cause Freudienne*, IX, Paris, 1985, p.67-70.
65. Lacan, J., *Televisão* (1973), op.cit.

O futuro da psiquiatria: a psicanálise

Guy Briole

Graças à psicanálise, a psiquiatria pôde ser algo mais que um "jardim das espécies". Foi também nas afinidades desta interface que ela encontrou sua originalidade e foi buscar a força de interrogação que permitia sua diferenciação da medicina. Discurso, sujeito, transferência, abertura, ruptura asilar, loucura, sociedade, todos estes significantes atravessavam a prática psiquiátrica e a animavam. De fato, mesmo desordenado, este movimento dos significantes da psicanálise dava uma alma à psiquiatria e sustentava seu dinamismo criador. Tudo isso constituía uma abertura para a fala e sua força subversiva. Mas, no mesmo tempo e sobretudo no meio universitário, se organizavam as pequenas ilhas de resistência contra este movimento. Desde o começo dos anos 80, o desenvolvimento acelerado das neurociências e a influência determinante da American Psychiatric Association modificaram profundamente a prática psiquiátrica.

O casal surdo-mudo

Hoje em dia a psiquiatria está atualizada. Ela se tornou americana, logo moderna! Ela queria arquivar as abordagens clínicas de Kraeppelin e de Clérambault — que Lacan retomou numa dimensão estrutural — e o debate com Henri Ey, no capítulo "Histórico". Eis então a psiquiatria restaurada pela ciência, enfim admitida no círculo do mundo científico que sustenta, que infiltra, ou mesmo que encarna a indústria farmacêutica que não hesita mais em se vestir, nestas circunstâncias, com o véu pudico das neurociências.

Este é o resultado de uma longa caminhada, organizada há muito tempo, contra a ruptura epistemológica produzida pela invenção de Freud. A psiquiatria utilizou uma defesa: integrar na sua clínica os conceitos freudianos. Não existe manual de psiquiatria que não retome os significantes da psicanálise, que não remodele os conceitos deformando progressivamente seus sentidos. O imperativo é de gerir o "dizer" que poderia levar à psicanálise. Este objetivo é perseguido com paciência, às vezes com paixão e sempre com obstinação.

O processo foi levado até à produção de um manual de diagnóstico que é a referência internacional do psiquiatra. Este manual se pretende *ateórico,* obtendo assim o acordo mínimo de uma comunidade psiquiátrica internacional que, "errando"[1] entre CID e DSM, caminha numa errância que abandona o vivaz de sua prática no atoleiro da ciência.

Seria interessante interrogar sobre a pertinência dos diagnósticos tais quais eles são feitos através das "árvores decisionais". Sublinhemos aqui uma inversão: não é o discurso do sujeito que é levado em conta, mas o resultado da cotação das respostas aos questionários, aferidos e validados cientificamente! Então, mais nada se opõe à elevação do sintoma, da síndrome — por exemplo a depressão, a lentidão, a deficiência... Logo, nada impede a promoção de um esfacelamento que leva à explosão das entidades clínicas freudianas: a neurose obsessiva desaparece detrás da "perturbação obsessivo-compulsiva" e a histeria se encontra dissolvida nas "perturbações dissociativas".

O objetivo é absorver o singular no transnosográfico e, a partir da ciência, chegar à universalização do diagnóstico. As neurociências permitiriam o afinamento diagnóstico levando-o até o sítio receptor considerado como o alvo, cujas coordenadas foram aferidas, e em função do qual se vai dar o psicotrópico adequado.

No fim de um tal procedimento se atinge o assintótico ideal do ateórico com a receita universal da molécula adequada às coordenadas do alvo. Dito de outra maneira, a resposta seria independente do sujeito que receita e do paciente. Graças a este procedimento se chega ao bastante científico "duplo cego", no qual o que se evidencia é que nada se vê, que nada se sabe. Em vez do "duplo cego" é a dupla surdo-mudo que melhor convém nesta prática. Nesta dupla é o surdo que impõe ao outro que seja mudo. A receita é assim liberada da transferência constrangedora. Mas não completamente, pois o detentor do saber científico pode pensar que isto lhe fornece prerrogativas. Porque é claro que esta prática, desvalorizada pela ciência, não exclui a subjetividade mas a desloca em direção ao poder e à cientificidade que oculta o sujeito.

A resposta cega

Esta prática se exerce contra o sujeito, se organiza contra a psicanálise, mas sem que os psiquiatras a tenham previsto. Ela se volta contra a especificidade, e até mesmo contra a existência da psiquiatria. A universalização das árvores decisionais e a integração das "etapas computacionais"[2] do tratamento da informação não necessitam mais a qualificação do psiquiatra nem para o diagnóstico, nem tampouco para o tratamento. É isto que os poderes políticos americanos entenderam bem, na política econômica da saúde, enviando os psiquiatras aos laboratórios clínicos, deixando aos psicólogos cognitivo-comportamentalistas[3] o encargo das relações enquanto o clínico geral se encarrega da receita. A poderosa *American Psychiatric Association* vacila nas suas bases e a psiquiatria internacional treme diante daquilo que ela receia ter gerado: a sua própria perda. Neste caso, sobretudo na França, a resposta contra esta política está se organizando, principalmente na universidade, a toda velocidade e seguindo três direções :

— *A faculdade quer leis*

Os universitários fazem pressão sobre os poderes públicos para que eles façam leis para regulamentar as práticas clínicas, como as que já existem no nível europeu. As faculdades de medicina, restauradas pelo legislador, seriam a garantia de uma formação racional dos tratamentos de qualidade por um preço razoável.

— *O subterfúgio: uma defesa do sujeito*

A segunda direção testemunha uma vontade de abertura em relação a um "sujeito" que a psiquiatria biológica teria negligenciado. Ela deve então jogar suas "novas cartas" seguindo uma orientação "integradora de fatores heterogêneos em interação dinâmica e funcional".[4]

Desde que um sujeito é percebido, num tempo de uma respiração apenas, logo ele é substituído pelo indivíduo que os novos modelos de pesquisa ajuntam em grupos homogêneos. Estes novos modelos integram, além da neurobiologia, diferentes disciplinas como a psicologia cognitiva, a lingüística, a inteligência artificial e... a filosofia. Não se faz nenhuma menção da psicanálise e isto tem certamente uma relação com o fato que ela resiste a se deixar "integrar".

Assim a unidade de pesquisa do CNRS (CNRS URA 1957) fixou seu objetivo de conduzir um estudo da personalidade[5] em função de dois "paradigmas": o temperamento e o esforço mental (*processus effortful)*! O estudo do temperamento permite abordar o "estilo cognitivo com o qual os indivíduos interagem com o mundo".[6] Os aspectos estilísticos dependem do *how* (como) do comportamento e não do *what* (seu conteúdo) nem do *why* (sua motivação). Assim se poderia redistribuir "uma nova contabilidade entre o inato e o adquirido". Um tal programa faz medo pela segregação que reintroduz.

Quanto à unidade do INSERM 405, ela se propõe, a partir das ciências cognitivas, estudar os sintomas como "resultantes de fatores biológicos, sociais, e/ou culturais".[7] A modelização animal da perturbação cognitiva é rica de esperanças. Ela repousa sobre o postulado de uma continuidade biológica do animal ao homem, transponível aos comportamentos! Ela encontra, segundo os pesquisadores, um limite com o sintoma que os envia a uma profunda interrogação: "O que seria um rato esquizofrênico?"![8]

— *A transferência, domínio do mestre*

A terceira direção concerne à relação transferencial que a abordagem científica havia reduzido ao *epsilon* do erro. "Psicoterapia" é o significante-mestre deste retorno da transferência ao centro das preocupações dos psiquiatras — salvo por algumas nuanças. Se as técnicas psicoterápicas se desenvolvem, se diversificam, não é em ligação ou com referência à psicanálise mas, pelo contrário, uma busca de uma validação científica. É necessário (segundo este ponto de vista) pôr estas psicoterapias em conformidade com critérios "científicos" de indicação, de realização e de avaliação.

Assim a formação dos psiquiatras como psicoterapeutas se tornou a preocupação prioritária dos professores de psiquiatria visando a prepará-los em vários tipos de psicoterapia. Esta formação é concebida como um ensino para o qual a estrutura universitária seria adequada à aquisição do saber necessário.

O modelo deste ensino é realizado no aprendizado das teorias cognitivo-comportamentais ou sistêmicas. A psicanálise é mantida num lugar marginal, como uma questão pessoal, com a qual a universidade não tem nada a ver. Ser formado para "a relação" no meio universitário colocaria um problema por causa das "relações afetivas" que poderiam existir entre professores e estudantes. Mas ninguém precisa se inquietar porque "algo que existe em todo canto" não constitui um obstáculo real...! E é assim que os professores de psiquiatria resolvem a questão da transferência — para formar os estudantes em técnicas psicoterápicas que não necessitam uma implicação pessoal do psiquiatra. No que concerne às técnicas que "implicam" o terapeuta, se diz que esta formação poderia se fazer fora da universidade, por exemplo, com um psicanalista. No entanto certos universitários acham esta posição rígida demais, julgando que algo pode ser organizado dentro do ensino universitário. É o Mestre que regula a transferência e então se promove, ao mesmo tempo e misturado, o tutorado, o controle psicoterápico *in situ,* a dinâmica de grupo, a análise das situações de crise, e mesmo... a experiência corporal de grupo. Enfim, o refinamento da formação é atingido nos grupos nos quais os estudantes podem eles mesmos escolher o nível de implicação pessoal (mais ou menos profundo) que querem adquirir.

A psiquiatria e suas questões

De fato, a "psiquiatria moderna" persiste em nada querer saber do sujeito, que continua a ser-lhe um estorvo. O sujeito para ela não passa de um artefato e enquanto tal ele é excluído, foracluído. O sujeito da psiquiatria moderna sofre o mesmo tratamento que o sujeito da ciência, é aquele que não tem escolha e nada tem a dizer. Esta concepção do sujeito supõe a rejeição, a *Verwerfung,* de um saber que já está presente no sujeito mas que também vai advir — como o saber do inconsciente. O psiquiatra moderno não se deixa entulhar de crenças nem de preconceitos. O sujeito da psiquiatria científica é um sujeito de fatos referenciados, verificados; ali onde o sujeito da psicanálise é um sujeito do dizer, para o qual é considerada a posição que ele toma em relação aos seus ditos. Este sujeito é um *sujeito responsável* que "deve assumir sua própria causalidade".[9]

Ao contrário do existencialismo, não se trata de assumir sua liberdade, mas sua causalidade. Quando a causa não é mais assumida pelo sujeito, ela é transferida para qualquer lugar, por exemplo, na biologia, na genética, no meio, os *live events*, etc. Ela é reportada principalmente ao lesional, e seria fundamental que os psiquiatras retomassem o debate de Jacques Lacan com Henri Ey sobre a questão da *liberdade em relação à causa.*[10] Quando um sujeito situa a causa dos seus sintomas no acontecimento ou na lesão, ele não é mais um sujeito livre e responsável, mas um sujeito submetido a uma relação particular com o déficit. A causa não é um dado desde o começo. O que será construído pelo sujeito como tal não se pode saber *a priori*. Dito de outra maneira, quando a causa é situada alhures, determinada desde o início, o paradoxo para o sujeito é que ele não dispõe de nenhuma liberdade e se encontra jogado na alienação.

O sujeito livre é aquele que assume sua causa. A partir daí, os psiquiatras podiam se sentir interrogados. O "Pequeno discurso aos psiquiatras"[11] de Lacan continua sendo um texto da atualidade: o psiquiatra frente à doença mental está "envolvido, quer ele queira ou não. Ele está irredutivelmente envolvido". O psiquiatra não tem necessidade do psicanalista para situar a angústia que suscita o doente mental, ele a conhece. Em compensação, seria judicioso que o psiquiatra se voltasse para o psicanalista para saber o que ele faz quando evita esta angústia e para que se torne claro o que ele coloca neste lugar. Se ele não recuasse diante destas questões, sua prática poderia mudar e o futuro da psiquiatria também.

Mas é o inverso que acontece, o psiquiatra teima em rejeitar o sujeito do significante tentando reabsorvê-lo no sujeito da ciência. Que o sujeito da ciência seja foracluído não impede que se manifestem os efeitos do inconsciente. Então o psiquiatra deveria obstinar-se na ilusão de ajudar o paciente ali onde ele pode encontrar um apoio na ciência para responder à demanda social e política? Deve ele ser o servidor devotado da "causa-acamada", segundo a expressão de Jacques-Alain Miller, através de um procedimento que tende à uma separação radical do signo e do sintoma, ou seja, que o separa do discurso do sujeito? Pode ele sobreviver participando ao reforço desta evolução "... que confere ao discurso do mestre seu estilo capitalista"[12]? Os psiquiatras se voltam ainda para a universidade, cujos relaxamento do discurso e pensamento reforça o domínio do poder político. Que no discurso universitário o "tudo-saber"[13] esteja no lugar de comando determina uma "tirania do saber", na qual a psiquiatria moderna se encontra, ela também, aspirada na aceleração vertiginosa de novas produções de saber — sem fim.

No "ponto atual dos nossos conhecimentos", é esta resposta de saber dada pelo psiquiatra moderno: ele é voluntariamente pedagogo com seus pacientes, a partir do seu intuito de dar consistência a uma ciência em relação à qual o "saber disjuntivo", que é o saber do inconsciente, permanece estrangeiro.

O caminho a percorrer seria, em relação ao sujeito, passar do *a-teórico* à *teoria do objeto a*. Dito de outra maneira, se trata, para o psiquiatra, de passar do aviso dos Comitês de ética à questão sobre a ética do ato. Aí está o futuro da psiquiatria, e ele passa irremediavelmente pela psicanálise.

NOTAS

1. ICD: Classification Internationale des Troubles Mentaux et des Troubles du Comportement de l'Organisation Mondiale de la Santé; DSM: Manual Diagnostique et Statistique des trobles Mentaux de l'American Psychiatry Association.

2. Duval, S., Pierson, A., Jouvent, R., "L'approche clinico-expérimental de la personnalité", *Pour la Recherche, Bulletin de la Fédération Française de Psychiatrie*, 12, março 1997, p.5.

3. Lieberman, J., Rush, J., "Redefining the role of psychiatry in medicine", *American Journal of Psychiatry*, 11, novembro 1996, p.1388-97.

4. Darcourt, G., Thurin, J.M., "Editorial", *Pour la Recherche*, op.cit., p.1.

5. Duval, S., Pierson, A., Jouvent, R., "L'approche clinico-expérimentale de la personnalité", *Pour la Recherche*, op.cit., p.4.

6. Ibid.
7. Danion, J.M., "La psychopathologie cognitive", *Pour la Recherche*, op.cit., p.6
8. Ibid.
9. Lacan, J., "A ciência e a verdade", *Escritos*, Rio de Janeiro, Jorge Zahar, 1998, p.879.
10. Lacan, J., "Formulações sobre a causalidade psíquica", *Escritos*, op.cit., p.152-173.
11. Lacan, J. "Petit discours aux psychiatres", conferência pronunciada no Hospital Sainte-Anne, 10.11.1967, inédita.
12. Lacan, J., O Seminário, livro 17, *O avesso da psicanálise*, Rio de Janeiro, Jorge Zahar, 1992, p.160.
13. Ibid., p.29.

Bibliografia

Freud

"Um caso de tratamento por hipnotismo bem-sucedido" (1892-93), *ESB*, I, Rio de Janeiro, Imago, 1976.
"As psiconeuroses de defesa" (1894), *ESB*, III, op.cit.
"Freud, S., Breuer, J., "Estudos sobre a histeria" (1895), *ESB*, II, op.cit.
"Novos comentários sobre as psiconeuroses de defesa" (1896), *ESB,* II, op.cit.
La Naissance de la psychanalyse, Paris, PUF, 1956.
A interpretação dos sonhos (1899), *ESB,* IV e V, op.cit.
"Fragmento da análise de um caso de histeria" (1901), *ESB,* VII, op.cit.
"A psicopatologia da vida cotidiana" (1901), *ESB,* VI, op.cit.
"O método psicanalítico de Freud" (1904), *ESB,* VII, op.cit.
"Três ensaios sobre a teoria da sexualidade" (1905), *ESB,* VIII, op.cit.
"Notas sobre um caso de neurose obsessiva (O Homem dos Ratos)" (1907-8), *ESB,* X, op.cit.
"Moral sexual 'civilizada' e doença nervosa moderna" (1908), *ESB,* IX, op.cit.
L'Homme aux rats. Journal d'une analyse (1909), Paris, PUF, 1974.
"Análise de uma fobia em um menino de 5 anos (O Pequeno Hans)" (1909), *ESB,* X, op.cit.
"Algumas observações gerais sobre ataques histéricos" (1909), *ESB,* IX, op.cit.
"Leonardo da Vinci e uma lembrança de sua infância" (1910), *ESB,* XI, op.cit.
"Nota psicanalítica sobre um relato autobiográfico de um caso de paranóia (*Dementia paranoides*)" (1911), *ESB*, XII, op.cit.
"Formulações sobre os dois princípios do funcionamento mental" (1911), *ESB,* XII, op.cit.
"Totem e tabu" (1912-13), *ESB,* XIII, op.cit.
"A disposição à neurose obsessiva" (1913), *ESB,* XII, op.cit.
"Sobre o início do tratamento" (1913), *ESB,* XII, op.cit.
"O tema dos três escrínios" (1913), *ESB,* XIII, op.cit.
"Sobre a história do movimento psicanalítico" (1914), *ESB,* XIV, op.cit.
"Sobre o narcisismo: uma introdução" (1914), *ESB,* XIV, op.cit.

"Recordar, repetir, elaborar" (1914), *ESB,* XII, op.cit.
"Conferências introdutórias à psicanálise" (1915-17), *ESB,* XV, op.cit.
Freud, S., Ferenczi, S., *Correspondance* (1914-19), t.II, Paris, Calmann-Lévy, 1966, p.58-9.
"Trabalhos sobre metapsicologia", *ESB*, XIV, op.cit.
"As transformações das pulsões exemplificadas no erotismo anal" (1917), *ESB,* XVII, op.cit.
"Lettre à Georg Grodeck de 5.6.1917" (1917), *Correspondance* (1873-1939), Paris, Gallimard, 1979, p.344-6.
"Linhas de progresso na terapia psicanalítica" (1918), *ESB,* XVII, op.cit.
"Da história de uma neurose infantil" (1918), *ESB,* XVII, op.cit.
"Para-além do princípio de prazer" (1920), *ESB,* XVIII, op.cit.
"A psicogênese de um caso de homossexualidade feminina" (1920), *ESB,* XVIII, op.cit.
"Psicologia das massas e análise do eu" (1921), *ESB,* XVIII, op.cit.
"O eu e o isso" (1923), *ESB,* XIX, op.cit.
"Uma neurose demonológica do século XVII" (1923), *ESB,* XIX, op.cit.
"Neurose e psicose" (1924), *ESB,* XIX, op.cit.
"Um estudo autobiográfico" (1925), *ESB,* XX, op.cit.
"Inibição, sintoma e angústia" (1925), *ESB,* XX, op.cit.
"A questão da análise leiga" (1926), *ESB,* XX, op.cit.
Freud, S., Abraham, K., *Correspondance* (1907-26), Paris, Gallimard, 1969.
"Fetichismo" (1927), *ESB,* XXI, op.cit.
"O mal-estar na civilização", *ESB* (1929), XXI, op.cit.
"Novas conferências introdutórias à psicanálise" (1933), *ESB,* XXIII, op.cit.
"Análise terminável e interminável" (1937), *ESB,* XXIII, op.cit.
"Clivagem do eu no processo de defesa" (1938), *ESB,* XXIII, op.cit.
"Achados, idéias, problemas" (1938), *ESB,* XXIII, op.cit.
Freud, S., Weiss, E., *Lettres sur la pratique psychanalytique,* Toulouse, Privat, 1975.

Lacan

Escritos (1966), Rio de Janeiro, Jorge Zahar, 1998.
1946 "Formulações sobre a causalidade psíquica"
1949 "O estádio do espelho como formador da função do Eu"
1953 "Função e campo da fala e da linguagem em psicanálise"
1955 "Variantes do tratamento-padrão"
1957 "A psicanálise e seu ensino"
1957 "A instância da letra no inconsciente ou a razão desde Freud"
1957 "De uma questão preliminar a todo tratamento possível da psicose"
1958 "A direção do tratamento e os princípios de seu poder"
1960 "Observação sobre o relatório de Daniel Lagache: 'Psicanálise e estrutura da personalidade'"

1960 "Diretrizes para um congresso sobre a sexualidade feminina"
1960 "Subversão do sujeito e dialética do desejo no inconsciente freudiano"
1963 "Kant com Sade"
1964 "Posição do inconsciente"
1965 "A ciência e a verdade"
1966 "O seminário sobre 'A carta roubada'"
1966 "De nossos antecedentes"
1966 "Do sujeito enfim em questão"

O Seminário, texto estabelecido por Jacques-Alain Miller e publicado na coleção Campo Freudiano no Brasil, por Jorge Zahar Editor
1954-55 O Seminário, livro 2, *O eu na teoria de Freud e na técnica psicanalítica,* 1985
1955-56 O Seminário, livro 3, *As psicoses,* 1985, 2ª ed.rev., 1988
1956-57 O Seminário, livro 4, *A relação de objeto, 1995*
1959-60 O Seminário, livro 7, *A ética da psicanálise, 1988*
1960-61 O Seminário, livro 8, *A transferência, 1992*
1964 O Seminário, livro 11, *Os quatro conceitos fundamentais da psicanálise,* 1979, 2ª ed. rev., 1995
1969-70 O Seminário, livro 17, *O avesso da psicanálise, 1992*
1972-73 O Seminário, livro 20, *Mais, ainda,* 1982, 2ª ed. rev., 1989

Le Séminaire, texto estabelecido por Jacques-Alain Miller; lições publicadas na revista do Champ Freudien, *Ornicar?,* por Lyse e Navarin
1974-75 Le Séminaire, livre XXII, "RSI", lição de 10.12.1974, 2, 1975, p.91; lição de 18.2.1975, 4, 1975, p.106
1975-76 Le Séminaire, livre XXIII, "Le sinthome", lição de 18.11.1975, 6, 1976, p.9; lição de 11.5.1976, 11, 1977, p.4
1976-77 Le Séminaire, livre XXIV, "L'insu que sait de l'une-bévue s'aile à mourre", lições de 16.11 e 14.12.1976, 12/13, p.5-16; lições de 19.4 e 17.51977, 17/18, 1979, p.6, 8, 9, 12-4, 16-9

Os Seminários inéditos

1962-63 Le Séminaire, livre X, "L'angoisse", lições de 16 e 23.1, 12 e 19.6.1963
1968-69 Le Séminaire, livre XVI, "D'un Autre à l'autre", lições de 20.11.1968 e 14.5.1969
1973-74 Le Séminaire, livre XXI, "Les non-dupes errent", lição de 19.2.1974
1978-79 Le Séminaire, livre XXVI, "La topologie et le temps", lições de 9, 16 e 13.3.1979

Outros textos

1935 "Intervention après l'exposé de Daniel Lagache", *L'Évolution Psychiatrique*, fascículo 1, 1936, p.26

1938 *Os complexos familiares na formação do indivíduo,* Rio de Janeiro, Jorge Zahar, 1987

1960 "Conférence à Bruxelles", *Quarto,* 50, 1992, p.19

1966 "Présentation des Mémoires du Président Schreber", *Cahier pour l'Analyse*, 5, revista do Cercle d'Épistémologie de I'ENS, Paris, Le Graphe, Seuil, 1966, p.74

1966 "Interview de Jacques Lacan, par G. Lapouge", *Le Figaro Littéraire,* 29.12.1966

1967 "Proposition du 9 octobre 1967 sur le psychanalyste de I'École" (la versão), *Analytica,* 8, Paris, Lyse, 1978, p.16

1967 "Petit discours aux psychiatres", conferência pronunciada no Hospital Sainte-Anne, 10. 12.1967, inédita

1967 "La méprise du sujet supposé savoir", *Scilicet*, 1, Paris, Seuil, 1968, p.31

1970 "Le savoir du psychanalyste", Leçons de Sainte-Anne, lição de 2.12.1970, inédito.

1971 "Lituraterre" (publicado pela primeira vez na revista *Littérature,* 3, 197 1), *Ornicar?*, 41, Paris, Navarin, 1987, p.10

1972 "... Ou pire. Compte rendu pour l'Annuaire de I'École Pratique des Hautes Études du Séminaire de l'année 1971-72", *Scilicet*, 5, Paris, Seuil, 1975, p.10

1972 "Conférence à Milan", 12.5.1972, inédito

1972 "L'étourdit", *Scilicet,* 4, Paris, Seuil, 1973, p.8, 9, 15, 31, 34

1973 *Televisão,* Rio de Janeiro, Jorge Zahar, 1993

1974 "Notes aux Italiens", *Ornicar?,* 25, Paris, Navarin, 1982, p.8

1974 "Conférence de presse le 29 octobre 1974 au Centre Culturel Français", *Lettres de l'École Freudienne de Paris,* 16, 11.11.1974, p.6-26

1974 "La troisième", *Lettres de l'École Freudienne de Paris,* 16, 11.11.1974, p.178-203

1975 "Conférence à Genève sur le symptôme", *Le Bloc-Notes de la Psychanalyse*, 5, Genebra, 1985, p.12, 17

1975 "Conférences et entretens dans des Universités nord-américaines", *Scilicet*, 6/7, Paris, Seuil, 1976, p.60

1975 "Joyce le symptôme I", *Joyce avec Lacan,* Paris, Navarin, 1987, p.24

1977 "Propos sur l'hystérie", *Quarto,* 2, 1981, p.5, 6

1986 "Deux notes sur l'enfant", *Ornicar?,* 37, Paris, Navarin, 1986, p.13-4

Outros autores

Abraham, K., "Préliminaires à l'investigation et au traitement psychanalytique de la folie maniaco-dépressive et des états voisins" (1912), *Rêve et mythe* (1907-13), 1, Paris, Payot, 1965, p.99-113

Aichhorn, A., *Jeunesse à l'abandon* (1925), Paris, 1973

André, S., A *impostura perversa* (1993), Rio de Janeiro, Jorge Zahar, 1995

Antenne 110, "L'autiste: un psychotique au travail", *Préliminaire*, 5, 1993, p.7-18

Association de la Fondation du Champ Freudien, *La conclusion de la cure,* Paris, Eolia, 1994

Associação Mundial de Psicanálise, *Como terminam as análises* (1994), Rio de Janeiro, Jorge Zahar, 1995

Associação Mundial de Psicanálise, *Os poderes da palavra* (1996), Rio de Janeiro, Jorge Zahar, 1996

Balibar, E., A *filosofia de Marx* (1993), Rio de Janeiro, Jorge Zahar, 1995

Bercherie, P., "Présentation", in Bleuler, E., "L'invention de l'autisme", *Analytica*, 52, Paris, Navarin, 1988

Bercherie, P., *La Genèse des concepts freudiens,* Paris, Navarin, 1983, cap. XVI

Besançon, G., "Théories en psychosomatique", *Encyclopédie médico-chirurgicale, Psychiatrie,* Paris, Éd. Téchniques, 1992, p.7

Binswanger, L., *Mélancolie et manie* (1960), Paris, PUF, 1987

Bruno, P., "Ça tire", *La Cause Freudienne,* 32, Paris, Navarin, Seuil, 1996, p.90-3

Bruno, P., "Partition Marx, Freud, Lacan", *Barca!*, 1, 1993, p.34, 36, 37, 53

Cevasco, R., "Sur le symptôme dans l'expérience analytique", Seção Catalunha da EEP, dezembro 1996

Coletivo, "Cinq malades en dermatologie", *Recueil,* 7, Angers, janeiro 1990

Conferências "L'inconscient homosexuel" da Seção clínica de Paris-Ile de France, 1996/1997, inédito

Contribuição da École de Ia Cause Freudienne, "Structure du fétichisme" (relator J.-L. Gault), "Fétichisme et phobie" (relator G. Clastres), *Traits de perversion dans les structures cliniques,* textos reunidos pela Associação da Fundação do Campo Freudiano, Paris, Navarin, 1990, p.26-34 e 141-8

Cottet, S., "La fausse énigme de l'état d'âme", *La Cause Freudienne,* 23, Paris, Navarin/Seuil, p.60-5

Cottet, S., *Freud e o desejo do psicanalista* (1982), Rio de Janeiro, Jorgo Zahar, 1989

Cottet, S., "La sortie de l'analyse", *La Problematique freudienne de la sortie d'analyse,* EEP, Seção francófona, 1994

Cottet, S., Clastres, G. et al., "Demande, désir, jouissance dans la névrose obsessionnelle", *Hystérie et obsession,* textos reunidos pela Associação da Fundação do Campo Freudiano, Paris, Navarin, 1986

D'Angelo, L., "L'homosexualité masculina: développement historique et conceptuel dans l'oeuvre de Freud", tese de DEA, sob a direção de J.-A. Miller, defendida na Universidade de Paris VIII-Saint-Denis, 1984

Danion, J.M., "La psychopathologie cognitive", *Pour la Recherche, Bulletin de la Fédération Française de Psychiatrie,* 12, março 1997, p.6

Dantzer, R., *L'Illusion psychosomatique,* Paris, Odile Jacob, 1989

Darcourt, G., Thurin, J.M., "Éditorial", *Pour Ia Recherche, Bulletin de Ia Fédération Française de Psychiatrie,* op.cit., p.1

Deutsch, H., "Préface", *La Psychanalyse des névroses,* Paris, Payot, 1970, p.9-12

Deutsch, H., "Préface", *La Psychanalyse des femmes* (1945), t.I, Paris, PUF, 1949, p.1

Deutsch, H., "La névrose hystérique de destinée" (1930), *La Psychanalyse des névroses,* op.cit., p.22-33

Durif, F., "Diagnostique et prévention précoces dans la schzophrénie", *Innovation & Psychiatrie,* 6, Janssen, novembro 1996

Duval, S., Pierson, A., Jouven, R., "L'approche clinico-expérimentale de la personnalité", *Pour la Recherche, Bulletin de la Fédération Française de Psychiatrie,* op.cit., p.4-5

Etchegoyen, H., Miller, J.-A., *Silence brisé,* Paris, Agalma/Seuil, 1997

Fenichel, O., "The symbolic equation: Girl = *Phallus", Psychoanalytic Quarterly,* XX, vol.3, 1949

Freud, A., *Le Moi et les mécanismes de défenses* (1946), Paris, PUF, 1949

Grivois, H., "Pour en finir avee Clérambault", *Synapse,* 131, NHA, dezembro 1996

Guir, J., "Paroles meurtrières, des phénomènes psychosomatiques", *L'Âne,* 6, Paris, Seuil, outono 1982, p.10-11.

Hamon, M.Ch. et al., *Féminité mascarade,* Paris, Seuil, 1994

Hamon, M.Ch., *Pourquoi les femmes aiment-elles les hommes? Et pas plutôt leur mère,* Paris, Seuil, 1992

Hardy-Baylé, M.Ch., "Cognition et psychose", *Halopsy,* 14, Janssen-Cilag, novembro 1995

Horne, B., "Esa sombra espesa", trabalho apresentado à EFP-Espanha, Seção Catalunha, fevereiro 1997

Kanner, L., in Berquez, G., *L'Autisme infantile, introduction à une clinique relationnelle selon Kanner,* Paris, PUF, 1983

Klein, M., *Essais de psychanalyse,* Paris, Payot, 1980: "L'analyse des jeunes enfants" (1923), p.110, 112, 121, 123, 125; "Contribution à l'étude de la psychogenèse des tics" (1925), p.159; "La personnification dans le jeu des enfants" (1929), p.245, 246, 250

Kress Rozen, N., Deutsch, H., "Une théorie de la femme", *Ornicar?,* 15, Lyse, verão 1978

Laplanche, J., Pontalis, J.-B., *Vocabulário da psicanálise,* S. Paulo, Martins Fontes, 1985

Laurent, É., Séminaire de la Section clinique de Paris (1985-86), inédito

Laurent, É., "Mélancolie, douleur d'exister, lâcheté morale", *Ornicar?*, 47, Bruxelas, 1991, p.3

Laurent, É., "Considérations actuelles sur les perversions", *Quarto,* 43, Bruxelas, 1991, p.3

Laurent, É., "Les positions féminines de l'être" (1992-93), seminário da Seção clínica de Paris, inédito

Laurent, É., "Styles de vie", *La Cause Freudienne,* 25, Paris, Navarin/Seuil, 1993, p.3

Laurent, É., "Réflexions sur l'autisme", *Bulletin Petite Enfance,* 10, 1997, p.43

Laurent, É., "Symptômes et transfert", *Finisterre freudiano,* Seção da Galícia da EEP-Espanha

Laurent, É., "L'Autre qui n'existe pas e ses comités d'éthique" (1996-97), lição de 4.12.1996, curso inédito, à exceção da sessão de 20.11.1996, in *La Cause Freudienne,* 35, Paris, Navarin/Seuil, 1997, p.3-20

Leguil, F., "La certitude en psychanalyse", *La Cause Freudienne,* 25, Paris, Navarin/Seuil, setembro 1993, p.85-97

Lieberman, J., Rush, J., "Redefining the role of psychiatry in medicine", *American Journal of Psychiatry,* 11, novembro 1996, 153, p.1388-97

Marty, P., Nicotlaïdis, N., *Psychosomatique, pensée vivante,* Bordeaux, L'Esprit du Temps, 1996, p.96, 102

Marx, K., *Le Capital,* livre 1, Paris, Flammarion, 1985, p.68-9

Merlet, A., "Changer d'écriture", *Analytica,* 48, Paris, Navarin, 1987, p.79-88

Meltzer, D., *Explorations dans le monde de l'autisme,* Paris, Payot, 1980

Miller, D., "Le savoir sur l'autisme dans I'IPA", séries La Découverte Freudienne, vol.VIII, Toulouse, Presses Universitaires du Mirail, 1992, p.182

Miller, J.-A., "Supplément topologique à la question préliminaire", *Actes de l'EFP, Les Psychoses, 1979*

Miller, J.-A., "Pour la passe, ou dialectique du désir et fixité du fantasme", *Delenda*, 2, outubro 1980

Miller, J.-A., "Du symptôme au fantasme et retour" (1982-83), lição de 3.11.1982, curso inédito

Miller, J.-A., "1, 2, 3, 4" (1984-85), lição de 29.5.1985, curso inédito

Miller, J.-A., "Clinique sous transfert", *Ornicar?*, 29, Paris, Navarin, 1984

Miller, J.-A., "Réflexions sur l'enveloppe formelle du symptôme", *Actes de l'École de la Cause Freudienne,* IX, Paris, 1985, p.67-70

Miller, J.-A., "Extimité" (1985-86), lição de 21.1.1986

Miller, J.-A., "$H_2 0$", *Matemas II,* B. Aires, Manantial, 1985, p.139, 140

Miller, J.-A., "Ce qui fais insigne" (1986-87), lições de 11, 25.3 e 29.4.1987, curso inédito

Miller, J. A., "Introduccit in Variantes de la cura-tipo", *Umbrales del análisis,* B. Aires, Manantial, 1986

Miller, J.-A., "Quelques réflexions sur le phénomène psychosomatique", *Analytica*, 48, Paris, Navarin, 1986, p.113-26

Miller, J.-A., "Cause et consentement" (1987-88), lições de 9.12.1987, 20.4 e 1.6.1988, curso inédito.

Miller, J.-A., "Sur la leçon des psychoses", *Actes de l'ECF,* XIII, 1987

Miller, J.-A., "Intervention à la Journée du GREPS du 14 janvier 1989", inédito

Miller, J.-A., "Le banquet des analystes" (1989-90), lição de 4.4.1990, curso inédito

Miller, J.-A., "La psicosis en el texto de Lacan", *La Psicosis en el texto,* B. Aires, Manantial, 1990, p.125

Miller, J.-A., "Donc" (1993-94), curso inédito

Miller, J.-A., "Sobre la insignia", *Metafora y delírio, Estudios psicoanalicos, 1,* Eolia, 1993, p.42

Miller, J.-A., "Clinique ironique", *La Cause Freudienne,* 23, Paris, Navarin/Seuil, 1993, p.7-13

Miller, J.-A., "Siete observaciones sobre la creacion", *Cuadernos Andaluces de Psicoanálisis,* 12, Granada, 1993

Miller, J.-A., "Silet" (1994-95), curso inédito

Miller, J.-A., "Come iniziano le analisi", *La Cause Freudienne,* 29, Paris, Navarin/Seuil, 1995, p.15

Miller, J.-A., "La fuite du sens" (1995-96), lições de 3 1.1 e 20.3.1996, curso inédito

Miller, J.-A., "Le monologue de l'apparole", *La Cause Freudienne,* 34, Paris, Navarin, Seuil, outubro 1996

Miller, J.-A., "El inconsciente interprete", *Freudiana,* 17, Barcelona, 1996, p.10, 48

Miller, J.-A., *Lacan elucidado,* Rio de Janeiro, Jorge Zahar, 1997

Miller, J.-A., "Seminario de Barcelona, sobre *Die Wege der Symptombildung", Freudiana,* 19, 1997, p.7-56

Monseny, J., "Témoignage à la EBP-Bahia", em vias de publicação em *Agente,* Boletim da EBP-Bahia

Morel, G., "La force de vacuité", *La Lettre Mensuelle,* 152, Paris, setembro-outubro 1996, p.8-9

Morin, I., "Le désir du psychanalyste dans la passe", *La Cause Freudienne,* 27, Paris, Navarin/Seuil, 1994, p.603

Naveau, P., "Marx et le retour de la vérité dans le savoir", *Marx et Lénine, Freud et Lacan,* série da Découverte Freudíenne, vol.9, 199 1, p.13 8

Pereña, F., "Del relativismo a la contingencia", *Acentos,* 12, Boletim da EFP-Espanha, dezembro 1996

Rabanel, J.-R., "Sublimation et jouissance", *Une touche de réel: essaie sur la sublimation au sens de Freud et Lacan,* Nice, Z'Éditions, 1990, p.7-8

Reich, W., *L'Analyse caractérielle* (1928), Paris, Payot, 1971

Reik, T., "La compulsion d'aveu" (1926), *Le Besoin d'amour,* Paris, Payot, 1973

Rivière, J., "La féminité en tant que mascarade" (1929), *La Psychanalyse,* 7, Paris, PUF, 1964, p.202

Rivière, J., *The Inner World and Joan Rivière, collected papers: (1920-1958),* Londres-N. York, Karnac, 1991

Sachs, H., "Sur un motif de la formation du surmoi féminin" (1927), *Ornicar?, 29,* Paris, Navarin, 1984

Schreber, D.P., *Mémoires d'un névropathe* (1903), Paris, Seuil, 1975, cap.IV e p.247

Scilicet, 1, "Fétichisation d'un objet phobique", Paris, Seuil, 1968, p.154-67

Sharpe, E., *Dream Analysis,* Londres, Hogarth, 1937

Solá, J., *Sabes quê es la esquizofrenia?,* Barcelona, Folio, 1996

Soler, C., "Incidence politique du psychanalyste", *La Cause Freudienne,* 19, novembro 1991, p.60

Soler, C., "Innocence paranoyaque et indignité mélancolique", *Quarto,* 33/34, 1988, p.22-7

Soler, C., "La election paranoïaque", *Finales de análisis,* B. Aires, Manantial, 1988

Soler, C., "Les pouvoirs du symbolique" (1988-89), seminário da Seção clínica de Paris, lição de 25.1.1989, inédito

Soler, C., "Le problème de la sublimation", seminário do Campo Freudiano de Madri (1988-89), Instituto do Campo Freudiano-Seção clínica de Madri

Soler, C., *Variáveis do fim da análise*, S. Paulo, Papirus, 1993, p.200

Soler, C., "Dépression et psychose: le Grapp au CNIT", *La Lettre Mensuelle,* 135, Paris, janeiro 1995, p.9

Stevens, A., Vereecken, Ch., "La névrose obsessionnelle, dialecte de l'hystérie", *Hystérie et obsession,* Fundação do Campo Freudiano, Paris, Navarin, 1985, p.129-34

Stréliski, P. et al., "Psychosomatique et psychanalyse", *Synapse,* 123, fevereiro 1996, p.18-26

Tower, L., "Contre-transfert" (1955), *Le Contre-transfert,* Paris, Navarin, 1987

Tustin, F., *Autisme et psychose de l'enfant,* Paris, Seuil, 1977

Tustin, F., *Les États autistiques chez l'enfant,* Paris, Seuil, 1986

Valabrega, J.-P., "Problèmes des théories psychosomatiques", *Encyclopédie médico-chirurgicale, Psychiatrie,* 1966, 37400 CIO (artigo suprimido em 1980)

Valas, P., "Horizons de la psychosomatique", *Analytica,* 48, Paris, Navarin, 1987, p.87-112

Wartel, R., "Qu'attendent de nous les médecins?", *Analytica,* 48, op.cit., p.9-18

3ra. observação

...umo não há p. genital é preciso inventá-la, construí-la

...e-se fabrica-la

[$ < A(A) > a] uma mediação entre o $ e o gozo por intermédio da sçaõ do Outro

na droga é só o ... do A $<>a

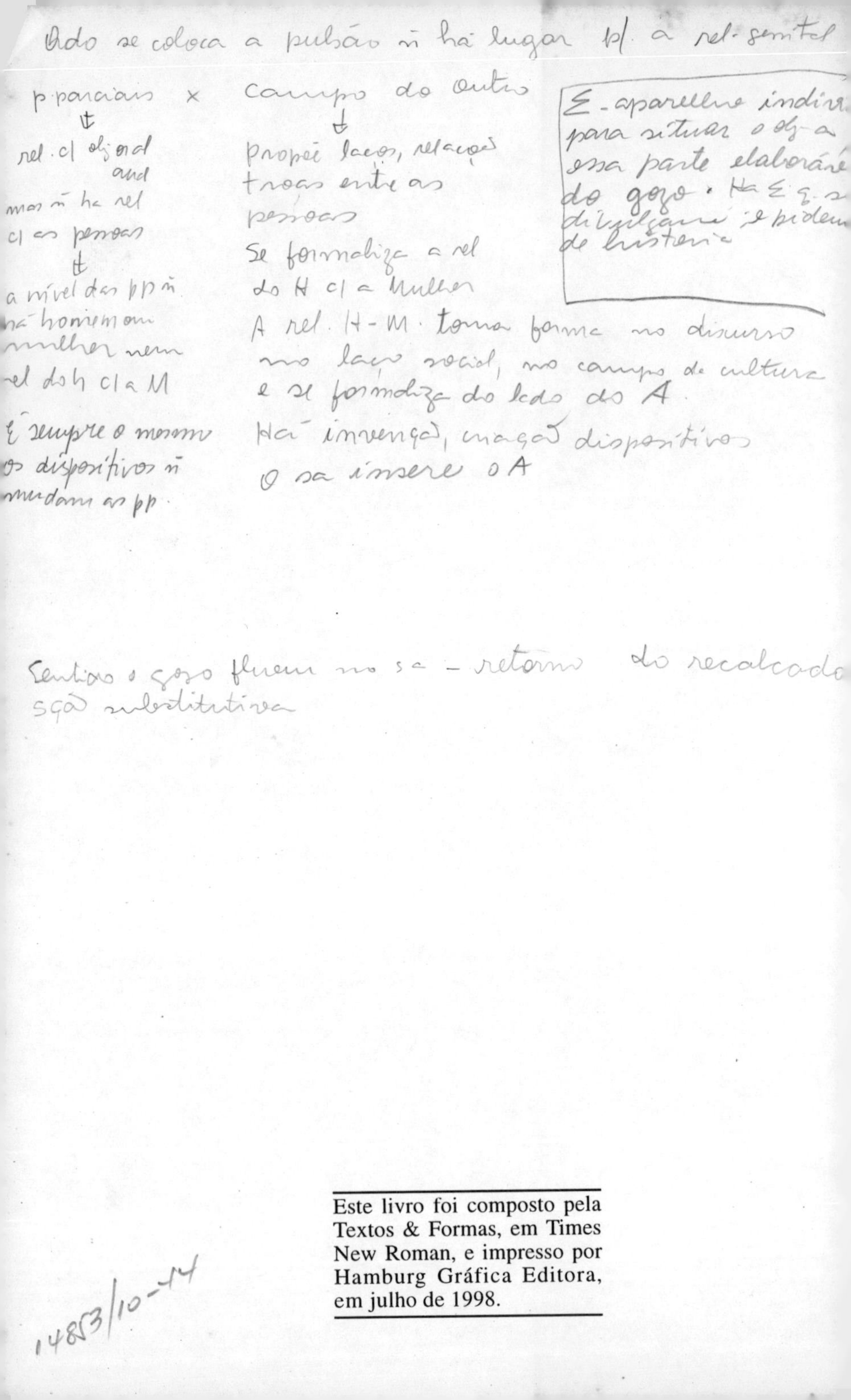

Este livro foi composto pela
Textos & Formas, em Times
New Roman, e impresso por
Hamburg Gráfica Editora,
em julho de 1998.